集　人文社科之思

刊　专业学术之声

集 刊 名：东方金融评论
主办单位：上海外国语大学
主　　编：章玉贵
副 主 编：张　瑾

（No.3）ORIENTAL FINANCIAL REVIEW

第三辑

集刊序列号：PIJ-2019-367
中国集刊网：www.jikan.com.cn
集刊投约稿平台：www.iedol.cn

上海外国语大学 主办

Oriental
Financial
Review

东方金融评论

（第三辑）

章玉贵 主编

上海人民出版社

推进上海国际金融中心建设

——战略型人才是第一资源

章玉贵*

从全球经济与金融的发展逻辑,尤其是国际金融中心建设的历史经验来看,上海要如期建成具有全球影响力和竞争力的国际金融中心,既有赖于高度发达的金融要素市场和健全完善的金融生态环境的核心支撑;又需要上海以推进人民币计价的全球资产配置中心与资本的资产定价中心为突破口,形成广受国际认可的金融要素集聚平台与国际金融中心气质;更有赖于国家和上海培养和打造一批适应国际金融竞争生态、熟练掌握国际金融管理工具,有着强烈使命感与国家责任感的战略型金融人才。

国际金融中心建设更多是声誉机制建设

建设强大的国际金融中心是金融强国的必备要素。上海在加快推进具有全球影响力和竞争力的国际金融中心的进程中,正对标对表,围绕强化全球金融资源配置功能,加快构建更具国际竞争力的金融要素市场体系、金融机构体系、金融基础设施体系、金融产品体系,着力提升金融服务实体经济的能力和效率,稳步扩大金融领域高水平开放,持续深化跨境贸易和投融资便利化措施,优化升级人民币跨境支付系统(CIPS)功能,积极提升全球人民币金融资产配置功能和风险管理能力,做好"五篇大文章"。

---

* 章玉贵,国际金融论坛(IFF)学术委员、上海外国语大学国际金融贸易学院教授。

力争到 2035 年，基本形成国际金融中心的"纽伦沪"格局。

国际金融中心建设有其内生规律，上海作为国际底蕴深厚的社会主义现代化国际大都市和我国参与国际金融顶层分工的"正印先锋"，近年来在中央的大力支持下显著加快了推进国际金融中心建设的步伐，在有效对标纽约和伦敦等主要国际金融中心的先进管理经验与国际化的运营规则的同时，植根于中国作为全球最大新兴经济体的基本国情，将建成以人民币计价的全球财富配置中心与资本的资产定价中心作为突破口，以高标准的先行先试引领中国金融改革与开放发展。并在要素市场发育、制度环境建设、金融资产定价、资源配置能力、机构集聚效应、高端人才培养以及对外服务能力等方面不断取得进展。尤其在推进全球性人民币产品创新、交易、定价和清算中心地位建设等方面取得了显著进展。

不过，从国际金融中心发展经验与实现路径来看，其建设本身就是一个极为复杂的系统性国家工程，一个国家或地区要出现世界级的金融中心，除了历史底蕴、区位优势、营商环境、管理效率与实体经济依托之外，还必须拥有高度发达、国际化、流动性很强的金融市场，特别是被国际金融界广泛认可的金融气质，即其本身应具有良好的国际声誉，包括完善的金融制度与法治体系，行政管理部门高效有序的金融服务意识，更需要所有市场参与主体对发展金融产业的高度认同感、浓郁的金融财富氛围、宽松的创新环境，以及无时不在的风险防范意识和强大的防范化解风险的能力。

从历史的经验来看，全球金融要素配置力的提升早已不局限于一国或地区（城市）本身的努力，而是需要有关国际市场主体的深度介入与合作共赢。因此，上海能否显著提升全球金融要素资源配置能力，不仅取决于中国经济发展能级的提升、人民币国际化的进度，以及金融要素市场的深度与广度，还要看包括美西方金融资本在内的国际金融资本会否将上海视作持续分享中国经济发展红利、金融高水平开放和人民币国际化红利的主要平台，以及国际产业与金融资本会否无后顾之忧地将上海作为其在亚太乃至全球价值链管理的枢纽。

因此，国际金融中心的战略规划与整体推进，尽管政府的有为至关重要，但另一关键要素或关键变量还在于声誉机制建设。政府往往在营造金融生态方面拥有较大的行为空间，以及在执行能力保障方面更能发挥关键作用。

战略型金融人才是金融中心建设胜负手

金融作为国家核心竞争力的重要组成部分，某种意义上说，是对一国（地区）科技、产出、创意尤其是财富配置与资产定价能力，以及国际沟通与协调能力的全面"萃取"。随着当今世界主要经济体之间的竞争越来越集中于对重要产业和核心科技主导权的争夺，科技、人才和教育日益成为三位一体的核心变量。其中战略型人才作为第一资源，更是美西方近年来越发关注的关键领域。放眼当下全球科技发展潮流，一些研发实力强大的超级企业或看似小微但紧密对接技术发展与市场需求的创新型企业，将在很大程度上引领科技和产业变迁趋势。相应地，一些掌握核心关键技术的战略型人才，将在很大程度上决定一国或地区在关键核心技术领域的自主可控度。

从支撑金融强国的基本要素来看，撇开建设金融强国的国际政经约束条件以及金融产业自身发育程度不说，战略型金融人才的欠缺是当前和今后一段时期制约我国建设金融强国的主要"瓶颈"之一。尤其当人才强国战略上升为国家核心战略时，高端金融人才的培养和造就不仅是建设金融强国的基础性依靠，更是能如期建成上海国际金融中心的胜负手，即战略引领力量。

从纽约、伦敦等主要国际金融中心的建设与发展经验来看，金融人才尤其是国际化高端金融人才占比乃至战略型金融人才的存量水平和创新活力，一定程度上决定了国际金融中心的发展能级与综合吸引力。所以，世界主要金融中心集聚了大批高端金融人才。上海也汇聚了大批国内外金融精英，近年来加快了金融人才高地建设。截至去年底，金融业从业人员超过50万人，高级金融人才超过800人，金融从业人员持有雇主认可的国际国内资格认证，如特许金融分析师（CFA）、注册会计师（CPA）、注册金融理财师（CFP）、金融风险管理师（FRM）、特许公认会计师（ACCA）等证书超过4万张。

上海对全球金融人才的吸引力不仅在于其为高端人才提供了富有竞争力的报酬体系，更在于其国际化、开放性、综合性的优势。同时，上海在城市治理、公共服务、文化生态等方面均已较为成熟，针对高层次人才的行政、医疗、教育等配套服务不断优化，更加宜居、宜业的营商环境，用独特的软实力、软环境，成为"外籍人才眼中最具吸引力的中国城市"。

不过，与纽约和伦敦等主要国际金融中心相比，上海在金融人才规模与层级方面差距明显，国际化高端金融人才缺口更大。特别是随着人工智能和金融科技的发展，国际金融中心建设所需的高端金融人才本身也面临着专业结构和能力结构的升级换代，一些具有 STEM（科学、技术、工程和数学类）专业背景的金融人才日益受到监管机构和金融市场主体的重视。

但就供给端而言，国内相关教育机构和在沪高校与其他培养教育机构对上述复合交叉型金融人才的培养难以满足市场需求，在金融领域开展国际交流的深度与广度仍显不足，在吸收全球顶尖金融教育资源尤其是生源方面与美欧领先同行相比仍存在较大差距。整体而言，上海在吸引海外高端金融人才服务国际金融中心建设方面还存在配套服务短板，导致真正扎根本地金融机构的顶尖金融人才还不是很多。包括复旦大学、上海交通大学、同济大学、华东师范大学、上海财经大学、上海外国语大学、上海纽约大学等在内的沪上知名高校都致力于培养适应全球金融发展趋势的创新型高级金融人才。从总体情况来看，上海高级金融人才的培养能级与建设国际金融中心的要求仍有较大差距。

相形之下，伦敦作为全球最有历史底蕴的顶尖金融中心，其金融服务水平长期位列世界第一，金融教育水平长期居于世界领先地位；伦敦作为全球最重要的外汇交易中心地位更是多年来无人可以撼动；伦敦还是全球顶尖金融专才和金融创意的集中地带。国际高端金融人才占比长期居于世界领先地位，如伦敦金融行业里 40% 以上的员工来自海外。

战略型金融人才培养需要多维体系支撑

可见，国际金融中心竞争的核心变量之一就是战略型金融人才的规模和影响。就加快推进上海国际金融中心建设而言，国内相关高校和研究机构作为教育、科技、人才的聚集地，如何围绕战略型金融人才培养这一目标，全面提高人才自主培养质量，通过教育、科技、人才和实践的协同融合，服务于国际金融中心建设，是新时期的重要使命。为此，特提出如下建议。

建议以塑造国际金融中心的"纽伦沪"格局为目标，借鉴当年伦敦建设国际金融中心时集中全英国金融资源的经验，基于国际投资者对上海国际金融气质相对较高的认可度，建议进一步加大对上海国际金融中心建设的多维支持与国际推广力度，吸引更多国际金融资本在沪独立展业，力争在未来十年吸引10万名以上富有竞争力的海内外青年金融专才来沪发展。

建议以"两个先行先试"为着力点，促进教育、科技、人才综合改革，有序扩大高等教育优质资源供给。依托现有高水平研究型大学，分期分批筹建数所包括综合性高水平研究型大学、理工类高水平研究型、创新型大学在内的高等教育机构。进一步优化学科专业布局，形成吸引全球"最强大脑"扎根上海，建设高水平人才高地，进而夯实国际金融中心建设的综合型人才保障体系。

建议继续进一步加大对金融人力资本与职业教育的投资，提高金融行业劳动资源的使用效率，重视提高专业化人力资本积累水平，尽快改变社会一般人力资本和专业化人力资本之间的相互脱节现象，强化金融科技、绿色金融、数字经济、跨境投资、风险管理等领域高素质金融人力资本的持续供给。

建议在对国内金融体系与市场主体以及海外金融资产进行全面"体检"的基础上，筛选出一批种子选手，参照贝莱德、高盛、摩根大通等国际顶尖金融机构的核心财务指标与竞争力要素，对标对表，力争在2030年之前培育出一批能与上述国际顶尖金融机构相抗衡的国有控股金融企业；建议加快培养一批能够适应国际金融竞争生态、熟练掌握国际金融管理工具，有着强烈使命感与国家责任感的金融机构负责人；建议特别优秀的战略型金融家可以适当延长服务年限，以让其能富有归属感地为上海国际金融中心建设贡献智慧和力量。

建议加大全球金融治理人才的培养和储备，进一步加强对国际金融中心声誉机制变化的动态追踪研究，提升重大国际金融议题的设计与创意能力以及国际协调力与领导力。

目　录

上市公司治理

Contents

Corporate Governance of Listed Companies

经济与发展

数字金融能够提升新质生产力吗?

——基于省级面板的实证研究

李 蕊 龚妙青*

摘要： 当前，信息技术迅猛发展，以数字金融为代表的数字经济正日渐成为全球经济增长的主要引擎。2024年政府工作报告提出，大力推进现代化产业体系建设，加快发展新质生产力。因此，在积极培育新兴产业和未来产业、深入数字化转型的大背景下，探明数字金融能否助力新质生产力的强劲发展具有重要意义。文章基于2011—2021年省级年度面板数据，实证分析了数字金融与新质生产力之间的关系，运用一系列拓展检验方法解决稳健性和内生性等问题以巩固基本检验的可信度，并采用分组回归的方式进行异质性检验。研究发现，数字金融对新质生产力有显著的提升作用且在不同地区、胡焕庸线两侧区域和不同金融监管强度下的效应有所不同；同时区域创新能力和数字人力资本水平在数字金融和新质生产力之间起到中介作用；进一步研究发现，地区市场化程度、互联网普及程度和数字金融政策支持力度均在数字金融和新质生产力之间起到显著的调节作用。在新时代背景下，本研究不仅拓宽了数字金融与新质生产力关系的研究视野，也为深化数字经济理论和实践提供了坚实的科学依据。

关键词： 数字金融 新质生产力 区域创新能力 数字人力资本

Abstract： The rapid development of information technology has made digital

---

* 李蕊，上海外国语大学国际金融贸易学院，金融硕士项目中心主任，副教授，博士，研究方向：数字金融，金融政策评估；龚妙青，本文通讯作者，上海外国语大学国际金融贸易学院，硕士研究生，研究方向：数字金融。

finance an increasingly important driver of global economic growth. The 2024 Government Work Report emphasizes the need to promote the construction of a modern industrial system and accelerate the development of new quality productivity. Therefore, it is crucial to explore whether digital finance can contribute to the robust development of new quality productivity in the context of cultivating emerging industries and deepening digital transformation. This paper empirically analyzes the relationship between digital finance and new quality productivity using provincial annual panel data from 2011 to 2021. It employs various robustness tests and addresses endogeneity issues to enhance the credibility of the basic tests. The results show that digital finance significantly promotes new quality productivity, which varies among different regions and regions on both sides of the Hu Line, as well as under different financial supervision intensities. Additionally, regional innovation ability and digital human capital act as mediators between digital finance and new quality productivity. Further research reveals that the marketization level of the district, internet penetration rate, and support for digital finance policies play significant moderating roles between digital finance and new quality productivity. Amidst China's new era, this paper not only expands our understanding of the link between digital finance and new quality productivity but also provides solid theoretical support for enhancing the quality and efficiency of the digital economy.

Keywords：Digital Finance；New Quality Productivity；Regional Innovation Capability；Digital Human Capital

一、引　言

发展新质生产力不仅是我国新时代经济发展的内在要求和关键支撑，也是建设社会主义现代化国家、推进高质量发展和实现中华民族伟大复兴中国梦的核心基础和重要基石。在2024年中国政府工作报告中，"大力推进现代化产业体系建设，加快发展新质生产力"被列为十项任务之首。在塑造发展新动能的道路上，国家培育壮大经营主体，加大项目投资建设力度，为实体持续注入高新动力，开辟多元领域新赛道，塑造持续发展新动能。当前，各地正因地制宜点燃发展新质生产力的"新引擎"，为构建现代化经济体系和实现高质量发展注入强劲动能。

随着互联网金融等新型金融业态的不断发展壮大，数字金融开始在金融系统内生根发芽，并循序向金融业的各个领域延伸。数字金融发展至今，在我国取得了诸多突破，其摆脱了对金融实体网点的依赖，借力数字化、信息化技术手段及基础设施铺设，让金融服务打破时间和空间的限制，触达更多更远的地区和受众。数字金融的兴起不仅为传统金融行业带来了新的活力，提升了服务效率，更是给金融服务的底层逻辑带来了革新。在我国发展新质生产力的道路上，数字金融紧密串联科技创新与产业发展，深度赋能实体经济发展，助力新型产业体系建设持续深化。作为"推进经济高质量发展"的战略部署内容之一，数字金融和新质生产力在其发展及推广历程中的影响效应究竟如何呢？明确这一问题，对于深刻认识数字金融的发展变革及其对提升新质生产力的影响机制具有十分重要的现实意义，从而有助于在加快发展新质生产力的时代号召之下，更好地研究数字金融对新质生产力的影响，充分发挥数字金融在提升新质生产力水平、打赢经济社会高质量发展持久战中的积极作用。

在与数字金融有关的既有文献中，研究者的关注点主要集中在两个方面：第一，从企业视角出发对数字金融的定义进行探讨，梳理其发展脉络，并分析数字金融如何影响企业信贷寻租及其创新（黄婷婷与高波，2023）。第二，从城乡差异的视角定义数字普惠金融，追踪其发展历程，并研究数字普惠金融对收入分配的影响机制（张碧琼与吴琬婷，2021）。在城乡收入差异方面，研究发现数字普惠金融对提升居民收入具有积极作用，尤其是对农村居民收入的影响更为显著，有助于减少城乡之间的收入差距。同时，数字普惠金融通过激发农村居民的创业活动，成为改善收入分配的关键途径，这种促进作用在小微和劳动密集型创业中尤为明显（张碧琼与吴琬婷，2021）。从空间关系的角度分析，中国的省域数字普惠金融、新型城镇化与城乡收入差距之间存在着显著的正相关关系，数字普惠金融发展及其覆盖广度、使用深度和数字化程度与新型城镇化对城乡收入差距的收敛效应显著（王永静与李慧，2021）。在结构性方面，中国数字普惠金融的发展总体上有利于缩小城乡收入差距，这种效应主要表现在覆盖广度和使用深度上，而数字化程度则可能影响城乡收入差距。此外，数字普惠金融不同业务在收敛城乡收入差距方面的效果也存在着显著差异（李牧辰与封思贤，2020）。

在与新质生产力有关的既有文献中，研究者的关注点主要集中在两个方面。第一，对新质生产力的概念进行了深入的理论拓展，并对其特性进行了详细分析。张辉和唐琦（2024）提出，新质生产力的"新"在于新型生产要素及其结合方式，"质"则体现在产业的高质量基础和动力。新质生产力不仅是对马克思主义生产力理论的继承与发展，而且与我国的实践探索紧密相连（魏崇辉，2023）。在现有的时代背景下，新质生产力不仅展现出颠覆性创新、产业链条新、发展质量高等特征，还融入了数字化、绿色化的时代特色（李晓华，2023）。第二，对关于发展新质生产力的必要性和实践路径进行了深入探讨。发展新质生产力是促进高质量发展的核心要素和关键驱动力（石建勋和徐玲，2024；贾若祥等，2024）；是实现中国特色现代化道路的关键一环（周文和何雨晴，2024）；也是构建现代化产业体系的必然选择（洪银兴，2024；黄群慧和盛方富，2024）。我们需要加强科技创新，打造有利于新质生产力发展的创新生态，通过原创性和颠覆性技术培育新的增长点（杨丹辉，2023）；同时，还需要加强制度保障，通过深化体制改革，优化资源配置，为新质生产力的成长提供有利的发展条件（曾立和谢鹏俊，2023；赵峰和季雷，2024）。

可以看到，现有对数字金融以及新质生产力的研究文献呈现出以下特点：第一，现有的数字金融相关文献主要集中于阐述数字金融的概念、数字金融的发展历程及其对企业经营绩效以及城乡收入差距的影响，视角较为固定和单一；第二，现有研究新质生产力的相关文献主要集中于定性分析，很少有文献对与新质生产力相关的影响因素进行实证检验；第三，厘清数字金融与新质生产力之间作用机制的相关实证研究文献较少。基于此，本文试图将数字金融与新质生产力建立联系，探讨数字金融对新质生产力的影响机制，并选取中国 31 个省/直辖市/自治区 2011—2021 年的面板数据，运用双固定效应模型评估数字金融对新质生产力的作用效果，运用一系列拓展检验方法解决稳健性和内生性等问题以巩固基本检验的可信度，并采用分组回归进行异质性检验，试图更为准确地回答数字金融通过何种机制对新质生产力水平产生影响。本文尝试为进一步提升新质生产力水平、打赢经济社会高质量发展持久战提供一些理论参考，并且进一步补充和丰富有关新质生产力内容的文献成果，为数字金融影响新质生产力方面的研究提供实证研究思路和启示。

二、特征事实与理论机制分析

（一）特征事实分析

在大数据、区块链、人工智能等技术推动下，金融业正在经历一场前所未有的变革，数字金融正在颠覆传统的金融形态，凭借其便捷、高效的特性提升了金融交易的透明度与规范性，同时也为广大用户带来更具普适性和惠民性的金融服务。与此同时，新质生产力注重技术含量、创新性和高效能，体现了经济发展向更加智能化、绿色化和高端化方向的转变。新质生产力作为经济发展的重要动力之一，在当今快速变化的经济环境中，其重要性愈发凸显。在互联网和人工智能技术飞速发展的时代大背景下，数字金融的进一步发展是否能够对新质生产力起到显著的推动作用？在进行实证研究之前，本文首先展示数字金融和新质生产力的特征性事实，为分析数字金融对新质生产力的影响提供初步的直观证据。

1. 金融数字化发展历程与现状。数字金融的发展最早可追溯至1998年在线支付工具 PayPal 的诞生；而中国的数字金融行业起步于2004年阿里巴巴支付宝开始正式独立运营，2013年阿里巴巴成功推出在线货币市场基金余额宝，这标志着中国的数字金融正式迈入了快速腾飞的阶段。尽管数字金融在促进金融创新、重塑市场结构、提升服务水平方面发挥了积极作用，但也伴随着金融风险和社会问题的增加。自2014年起，政府在工作报告中频繁提及"互联网金融"，关注点从其创新潜力逐渐转向风险防范，特别是监管机构对 P2P 行业的暂行管理办法出台后，整个数字金融行业曾一度陷入焦虑和不安。"轻舟已过万重山"，随着大数据、人工智能等技术的融合，以及新型风控、信贷模型和云计算、区块链等技术的应用，金融机构可快速实现业务开发集成，这也为数字金融的进一步发展开辟了新路径。当前，中国已成为全球数字金融企业的佼佼者，在毕马威发布的

《2018年全球金融科技100强》中，中国企业占据了前五中的三席。2020年我国数字金融用户总数超过10亿人，居全球第一，北京、上海、深圳等地推出了70多个金融科技创新试点，申请机构包括持牌金融机构以及金融科技公司。数字金融不仅为国家创造了众多就业机会，也为经济的稳健增长和高质量发展提供了有力支撑，现如今数字金融已成为推动中国经济发展的重要引擎。

2. 新质生产力发展历程与现状。在2023年9月7日举行的新时代推动东北全面振兴座谈会上，习近平总书记首次提出了"新质生产力"这一概念，强调它作为生产力的一种新形态。依照马克思和恩格斯的定义，生产力是满足人民需求的物质力量，不仅构成了人类历史的物质基础，还是社会存在及发展的核心推动力。自新中国成立以来，通过解放和发展生产力的政治实践，共产党人持续深化对生产力概念的理解，结合马克思主义的科技思想和中国的革命、建设、改革经验，发展了具有中国特色的马克思主义生产力理论。这一理论既为新质生产力的提出提供了坚实的理论基础，也为其实践发展提供了支持。目前，全球科技创新正处于一个活跃的高峰期，信息技术、生物技术、能源和新材料等领域的革命性技术层出不穷，推动了技术融合和多点突破。在这轮科技革命和产业变革中，新质生产力已成为占据发展先机、培育竞争新优势、积累发展新动能的先手棋，作为中国向自主创新和科技强国迈进的主力军。

从上述对典型事实的分析来看，数字金融与新质生产力二者之间具有直观的相关性。因此，数字金融的发展有助于提升新质生产力水平的这一判断得到了基本事实的初步支持。

（二）理论机制

数字金融是指通过互联网及信息技术手段与传统金融服务业态相结合的新一代金融服务，其核心是点对点的支付清算和非担保的交易交收。与数字金融相比，传统金融的服务模式存在着基础设施薄弱、网点覆盖率偏低的弊端，这严重制约了经济高质量发展；而数字金融可以将大数据、云计算、人工智能以及区块链技术融入现有金融服务体系中，利用数字信息技术拓宽金融服务范围，降低制度性交易成本，优化金融服务的外部环境。新质生产力是指通过技术创新、生产要素配置优化以及产业结构升级等手段，实现对生产方式、生产效率和产品质量的全面提升的能力。新质生产力能够促进全要素生产率的提高，推动经济结构优化和产业升级；有助于提升企业竞争力，推动创新型企业的涌现与壮大；有助于改善生产方式，减少资源消耗和环境污染，其对经济发展具有重要而深远的意义。因此，有必要探究数字金融对新质生产力的影响效应，厘清数字金融作用于新质生产力的机制。总体来看，数字金融对新质生产力的影响主要可以通过两种渠道来实现，即区域创新能力和数字人力资本水平。

1. 数字金融通过区域创新能力提升新质生产力水平。创新是我国建设科技强国的重大战略部署，也是形成新质生产力的重要环节（周文和许凌云，2023）。区域创新能力的提升不仅能够促进知识的创造和扩散，为企业提供源源不断的创新想法和技术，推动新质生产力的形成和发展；而且有助于加速技术转移和产业化升级，将研究成果转化为实际生产力，推动新质生产力的提升。翟绪权和夏鑫雨（2024）指出数字技术能够赋能创新链，提升企业的前瞻性技术布局能力，使得企业能够建立多元创新合作平台，降低技术学习成本，提升生产要素跟踪能力，从而为提升科技成果转化提供信心和动力。据此推断，数字金融能够通过区域创新能力提升新质生产力水平。

2. 数字金融通过数字人力资本提升新质生产力水平。形成和发展新质生产力需要提高劳动力素质，因为自主研发创新必须依靠高素质的劳动力，高新技术产业发展也必须依靠高素质的劳动力（简新华和聂长飞，2023）。数字人力资本越高的地区，将越注重培养员工的创新思维和能力，鼓励员工进行创新实践，这有助于企业不断推出新产品和服务，提升新质生产力；此外，还能够通过优化人力资源管理流程，提高人力资源的利用效率，降低人力成本，从而推动新质生产力的提升。张文武和张为付（2024）指出新质生产力的形成需要以知识为基础，以人才资源为支撑，只有培养和吸引拥有专业知识和技能的人才，才能够为新质生产力提供创新的动力；只有拥有充足的人才资源，才能推动相关产业的发展和壮大。综上所述，数字金融能够通过数字人力资本水平提升新质生产力水平。

三、研究设计与研究数据

（一）实证方法和模拟

1. 基础回归模型。在前文理论及现象描述的基础上，本文将进一步通过实证检验评估数字金融对新质生产力的影响效应，运用双固定效应模型评估数字金融对提升新质生产力的作用。

基本回归模型如下：

$$Newqual_{it} = \beta_0 + \beta_1 Digifin_{it} + \beta_2 Z_{it} + \mu_{it} + \alpha_{it} + \varepsilon_{it} \tag{1}$$

其中 $i = 1, 2, 3, \cdots, 31$；$t = 2011, 2012, 2013, \cdots, 2021$。

本文选择将北大数字普惠金融指数（$Digifin$）作为解释变量，其系数 β_1 反映了数字金融发展程度对于新质生产力的效应，其数值的正负与大小表示影响的方向和程度，值为正且越大时表示正向效应越大，即数字金融发展程度越高，新质生产力的水平将越高，否则相反。$Newqual$ 作为被解释变量，表示各省/直辖市/自治区的新质生产力发展水平；Z 作为一组控制变量，选取其他影响新质生产力水平的因素；i 表示样本省份/直辖市；t 表示年份；μ_{it} 为时间控制变量；α_{it} 为个体控制变量；ε_{it} 为误差项。

2. 拓展检验。本文采用变换样本时间、变换被解释变量和变换核心解释变量等方法进行稳健性检验，并对本文的异质性和内生性等问题进行进一步的拓展检验。

（二）变量和数据说明

1. 被解释变量。新质生产力这一概念覆盖了科技、绿色和数字三个重要维度，是新质生产力发展方向的重要标志，也是中国经济转型升级新趋势的直观体现（李晓华，2023；杨丹辉，2023；洪银兴，2024；黄群慧和盛方富，2024）。因此，本文参考卢江等（2024）方法，从科技生产力、绿色生产力和数字生产力三个方面考量，采用熵权-TOPSIS方法对指标进行赋权，构建新质生产力的综合评价体系，最终得到全国各省市的新质生产力水平数据。具体的评价指标体系如表1所示。

表 1　新质生产力评价指标体系

一级	二级	序号	三级	解　　释	单位	属性
科技生产力	创新生产力	A1	创新研发	国内专利授予数	个	+
		A2	创新产业	高技术产业业务收入	千元	+
		A3	创新产品	规上工业企业产业创新经费	万元	+
	技术生产力	A4	技术研发	规上工业企业 R&D 人员全时当量	h	+
绿色生产力	资源节约型生产力	B1	能源强度	能源消费量/国内生产总值	%	−
		B2	用水强度	工业用水量/国内生产总值	%	−
	环境友好型生产力	B3	废物利用	工业固体废物综合利用量/产生量	%	+
		B4	废水排放	工业废水排放/国内生产总值	%	−
		B5	废气排放	工业 SO_2 排放/国内生产总值	%	−
数字生产力	数字产业生产力	C1	电子信息制造	集成电路产量	亿块	+
		C2	电信业务通信	电信业务总量	亿元	+
	产业数字生产力	C3	网络普及率	互联网宽带接入端口数	万个	+
		C4	软件服务	软件业务收入	万元	+
		C5	数字信息	光缆线路长度/地区面积	m	+
		C6	电子商务	电子商务销售额	万元	+

2. 核心解释变量。本文的核心解释变量是数字金融发展程度，使用郭峰（2020）北大数字普惠金融指数，从数字金融覆盖广度、数字金融使用深度和普惠金融数字化程度等三个维度衡量各省份的数字金融发展程度。

3. 控制变量。参考相关研究（焦方义和杜瑄，2024；卢江等，2024），本文引入以下控制变量：外商投资水平（Fdi），用各地区外商直接投资额占地区生产总值的比重进行计算；人力资源水平（$LnHumcap$），用各省份每十万人口普通高等学校平均在校生人数取对数进行测算；基础设施水平（$LnInfra$），通过人均地区道路面积取对数的形式进行衡量；产业结构升级（$Industry$），以第三产业增加值占地区生产总值的比重进行计算；政策干预度（$Gover$），用一般公共财政支出占地区生产总值的比重进行衡量；技术市场发展水平（$Techmarket$），用技术市场成交额占地区生产总值的比重进行测算。

4. 其他变量。为解决稳健性问题，本文选择全要素生产力（Tfp）作为被解释变量的替换变量，衡量该省/直辖市/自治区的新质生产力水平；接着分别选择数字经济水平（*Digieco*）和金融科技指数（*Fintech*）作为被解释变量的替换变量，衡量该省市的数字金融发展程度。为解决内生性问题，本文选择了 1984 年每百人固定电话数与上一年全国信息技术服务收入的乘积（*Phone*）和各省/直辖市/自治区省会/首府到杭州的球面距离与各省/直辖市/自治区的数字普惠金融指数的乘积（*Distance*）作为衡量数字金融能够提升新质生产力的工具变量。

5. 数据与样本说明。考虑到各地区数据的可得性和真实性，选定2011—2021 年共 11 年作为样本时间区间，实证检验的对象为覆盖全大陆地区的 31 个省/直辖市/自治区，共产生 341 个样本的各省/直辖市/自治区面板数据。数据的主要来源为国家统计局、中国统计年鉴、省级统计年鉴和 Wind 数据库等。

表 1 为描述性统计结果。从中可以发现，新质生产力水平的均值为 20.742，标准差为 20.163，最大值为 87.680，最小值为 2.670，说明地区间的新质生产力水平差距较大。数字金融发展程度的均值为 230.344，标准差为 103.080，最大值为 431.930，最小值为 18.840，说明地区间的数字金融发展程度差距较大，且大部分处于中等发展水平。

表 2　主要变量的描述性统计

Variable	Obs	Mean	Std.dev.	Min	Max
Newqual	341	20.742	20.163	2.670	87.680
Digifin	341	230.344	103.080	18.840	431.930
Fdi	341	0.018	0.015	0.000	0.080
LnHumcap	341	7.845	0.297	6.987	8.633
LnInfra	341	2.731	0.361	1.396	3.288
Industry	341	0.497	0.089	0.327	0.837
Gover	341	0.028	0.030	0.009	0.218
Techmarket	341	0.026	0.044	0.000	0.187

四、实证结果与分析

（一）基本回归检验

表 3 对数字金融发展程度作用于新质生产力的基本回归结果进行了列

示。第（1）列为未加入控制变量时数字金融发展程度对新质生产力水平的影响结果，第（2）—（7）列为逐步加入控制变量的回归结果。

从整体上看，无论是否加入控制变量，核心解释变量 $Digifin$ 的回归系数均为正数，这说明数字金融对新质生产力呈现正向的促进作用，这与前文的研究假说一致。具体来看，在影响程度方面，未加入控制变量情况下数字金融对新质生产力的估计系数为 0.110 且在 1% 的水平上显著，加上控制变量后 $Digifin$ 的估计系数为 0.084 且在 1% 的水平上显著，R 平方增加了1.74 倍；在影响因素方面，技术市场发展水平与新质生产力水平呈正相关

表 3　基本回归检验结果

Newqual	（1）	（2）	（3）	（4）	（5）	（6）	（7）
Digifin	0.110 ***	0.107 ***	0.115 ***	0.088 ***	0.093 ***	0.093 ***	0.084 ***
	（0.034）	（0.032）	（0.037）	（0.029）	（0.032）	（0.031）	（0.029）
Fdi		43.929	33.053	52.240	46.743	46.370	46.701
		（33.826）	（36.105）	（31.439）	（33.245）	（33.174）	（29.422）
LnHumcap			7.206	12.404	12.618	12.575	14.366 *
			（5.770）	（7.715）	（7.803）	（7.918）	（7.536）
LnInfra				− 10.682 *	− 10.917 *	− 10.760	− 10.098 *
				（5.947）	（6.151）	（6.574）	（5.843）
Industry					− 18.092	− 18.863	− 29.707
					（28.513）	（26.690）	（26.424）
Gover						10.165	− 20.169
						（42.129）	（45.976）
Techmarket							60.300 ***
							（18.414）
cons	12.903 ***	12.017 ***	− 43.513	− 55.594	− 48.847	− 48.893	− 58.903
	（1.457）	（1.607）	（45.012）	（46.300）	（39.169）	（38.983）	（36.774）
时间固定效应	是	是	是	是	是	是	是
个体固定效应	是	是	是	是	是	是	是
N	341	341	341	341	341	341	341
R-sq	0.198	0.204	0.217	0.267	0.274	0.274	0.345

注：括号中报告聚类稳健标准误；*、**、*** 表示分别在 10%、5% 和 1% 的置信水平下显著。以下各表相同。

且在 1% 的水平上显著，人力资源水平和基础设施水平与新质生产力呈正相关且在 10% 的水平上显著。根据结果可知，相较于数字金融发展程度较低的省市，数字金融的深入发展使得地区的新质生产力水平有显著上升。

（二）稳健性检验

1. 变换样本时间。考虑到新质生产力水平在不同年份存在一定差异，且 2020 年后新冠疫情对生产力的发展产生了非常大的影响，为了减少异常年份对研究结果的不确定性，本文截取 2011—2019 年的样本进行回归，表 4 第（1）列显示了变换样本时间后的回归结果。如表 4 第（1）列所示，数字金融发展程度的回归系数在 10% 的水平上显著为正，结果并没有发生改变，这证明了数字金融对新质生产力具有正向的促进作用。

2. 变换被解释变量。本文通过变换一个同样能反映地区新质生产力水平的指标进行实证，来验证是否能产生与前文同样的结果。如果发现该指标的检验结果与前文交代的一致，就说明数字金融发展程度确实对新质生产力有正向促进作用。习近平总书记在中共中央政治局第十一次集体学习时指出，新质生产力以全要素生产率大幅提升为核心标志。因此，本文参考宋佳等（2024）做法，考虑将现有的被解释变量替换为全要素生产率（Tfp）来反映各省市的新质生产力水平，表 4 第（2）列显示了变换被解释变量后的回归结果。如表 4 第（2）列所示，用全要素生产率反映新质生产力水平的自变量回归系数在 5% 的水平上显著为正，这再次证明了数字金融发展程度对新质生产力水平具有正向的促进作用，本文的结果依然成立。

3. 变换核心解释变量。为进一步验证结果的稳健性，本文继续变换核心解释变量进行测试。通过变换一个同样能反映数字金融发展程度的指标实证验证是否能产生与前文同样的结果。如果发现该指标的检验结果与前文一致，就说明数字金融发展程度对新质生产力水平有正向促进作用的结论能够成立。本文参考唐松（2019）与刘敏楼（2022）的做法，考虑分别用数字经济水平 $Digieco$（赵涛等，2020）和金融科技指数 $Fintech$（盛天翔和范从来，2020）来反映各省市的数字金融发展程度。表 4 第（3）—（4）列显示了变换核心解释变量后的回归结果。如表 4 第（3）列所示，用数字经济水平反映地区数字金融发展程度的回归系数在10%的水平上显著为正；如表4第（4）列所示，用金融科技指数反映地区数字金融发展程度的回归系数在1%的水平上显著为正，这再次证明了数字金融发展程度对新质生产力水平具有正向的促进作用，本文的结论依然成立。

4. 核心解释变量滞后一期。由于数字金融对新质生产力的影响可能存在滞后性，本文将所有解释变量与控制变量滞后一期以缓解内生性问题，表4第（5）列显示了将核心解释变量滞后一期所得到的回归结果。如表4第（5）列所示，滞后一期的数字金融回归系数在10%的水平上显著为正，这再次证明了数字金融发展程度对新质生产力水平具有正向的促进作用，本文的结果依然成立。

表 4　稳健性检验结果

	（1）	（2）	（3）	（4）	（5）
	Newqual	*Tfp*	*Newqual*	*Newqual*	*Newqual*
Digifin	0.004 * （0.002）	0.090 ** （0.033）			
Digieco			80.063 * （44.697）		
Fintech				0.052 *** （0.017）	
L.Digifin					0.061 * （0.035）
cons	3.971 * （2.102）	−62.128 （54.496）	−104.197 * （54.050）	−64.979 * （34.289）	−40.634 （31.544）
控制变量	是	是	是	是	是
时间固定效应	是	是	是	是	是
个体固定效应	是	是	是	是	是
N	310	279	341	341	310
R-sq	0.876	0.338	0.350	0.430	0.316

（三）内生性检验

考虑到前文的实证检验结果中不排除存在反向因果导致的内生性问题，

即新质生产力水平越高的省/直辖市/自治区其数字金融发展程度越高，为加强结论的可靠程度，本文采用工具变量法检验数字金融发展程度可能存在的内生性问题。

参考黄群慧等（2019）与柏培文和张云（2021）的做法，本文拟将1984 年每百人固定电话数和各省/直辖市/自治区省会/首府到杭州的球面距离作为工作变量。选择这两个工具变量理论上的合理性在于：在相关性上，中国的互联网技术发展是从固定电话普及开始的，当地历史上的电信基础设施的技术水平和使用习惯等因素将会影响到后续阶段互联网技术的应用；数字金融的发展程度受到地理空间因素影响，且呈现出与杭州相距越远则推广难度越大的特点。在排他性上，1984 年每百人固定电话数和各省/直辖市/自治区省会/首府到杭州的球面距离本身不会直接提升新质生产力水平，而是需要通过数字金融发展程度来促进新质生产力的发展。

由于本研究样本为均衡面板数据，只采用 1984 年每百人固定电话数和各省/直辖市/自治区省会/首府到杭州的球面距离作为工具变量会因为固定效应模型的应用出现难以度量的问题。因此，借鉴黄群慧等（2019）的做法，本文通过引入与时间相关的变量构造交互项，最终以 1984 年每百人固定电话数与上一年全国信息技术服务收入的乘积（*Phone*）和各省/直辖市/自治区省会/首府到杭州的球面距离与各省/直辖市/自治区的数字普惠金融指数的乘积（*Distance*）作为工具变量。

1. 豪斯曼检验（Hausman）。本文分别进行 OLS 和 IV 回归判断是否具有内生的解释变量，得到最终 p 值为 0.000 0 小于 0.01，这说明可在 1% 的显著性水平认为解释变量存在内生性。

2. 2SLS 估计。由前文可知存在内生性变量，因此引入工具变量继续检验，具体方法是把具有内生性的解释变量用工具变量进行替换，分别为 *Phone* 和 *Distance*。表 5 显示了替换为工具变量的估计结果。第（1）列通过第一阶段的回归结果可以看到，*Phone* 与自变量 *Digifin* 在 5% 的显著性水平上正相关，*Distance* 与自变量 *Digifin* 在 1% 的显著性水平上负相关，这说明工具变量与金融数字化程度确实存在显著的相关关系。第（2）列显示了工具变量回归的第二阶段结果，当被解释变量为 *Newqual* 时，第一阶段产生的用于代替内生变量的拟合值与被解释变量 *Newqual* 的估计系数为 0.312 3

且在1%的显著性水平上正相关，故即使考虑金融数字化程度这一核心解释变量的内生性问题，本文的基本结果依然成立。

表5 工具变量估计结果

	（1）	（2）
	Digifin	*Newqual*
Phone	0.000 4 ** （0.000 1）	
Distance	−0.004 3 *** （0.001 1）	
Digifin		0.312 3 *** （0.060 2）
控制变量	是	是
时间固定效应	是	是
个体固定效应	是	是
N	341	341
R-sq	0.974	0.227

3. 过度识别检验。在过度识别情况下（工具变量数量大于自变量数量）可运用"过度识别检验"判断工具变量与扰动项的关系，其原假设为"所有工具变量都是外生的"。通过过度识别检验的结果可知，Hansen J 的统计量结果显示 p 值为 0.807 9，大于 0.05，即接受原假设，前文所述的所有工具变量均是外生的，与扰动项不相关。

4. 弱工具变量检验。从表5第一阶段的回归结果可知，工具变量 *Phone* 和 *Distance* 对自变量 *Digifin* 有较好的解释力，p 值都小于 0.05。同时，在第一阶段的回归中的 F 统计量值为 27.34，大于临界值 10，因而可以排除本文选取的工具变量可能为弱工具变量的情况，工具变量检验的结果十分稳健。

（四）异质性检验

1. 区域异质性。由于基础设施、生产效率、自然资源等因素呈现非均衡分布，我国各区域新质生产力的情况存在差异，数字金融提升新质生产力的作用可能在不同区域存在异质性。因此，为检验不同地区的数字金融对提升新质生产力是否存在区别，本文按照地理位置将 31 个省/直辖市/自治区划分为东北地区、东部地区、中部地区和西部地区四个区域，采用分组回归的方式探究不同地区数字金融发展程度对新质生产力的促进作用。表 6 第（3）列 *Digifin* 的回归系数为 0.441 且在 5% 的水平显著，说明在中部地区数字金融对于新质生产力有着显著的正向作用；第（1）列、第（2）列和第（3）列 *Digifin* 的回归系数分别为 0.152、0.064 和 −0.004 且表现为非统计学显著，说明在东北地区、东部地区和西部地区数字金融对提升新质生产力并未起到明显作用。此外，分别将表 6 第（3）列与第（1）列、第（2）列和第（4）列进行 Chow 检验，得到组间系数差异 p 值为0.000。

根据上述结果可以得出结论：不同地区的数字金融发展程度对于新质生产力的促进作用并不相同。原因可能是东部地区经济发达、生产更为高效，新质生产力水平相较其他地区更高，从而使得数字金融对新质生产力的推动作用较不显著；东北地区和西部地区面积较大，数字金融发展相对较晚，数字基础设施建设不完善，从而使得数字金融对新质生产力形成的作用效果不明显（焦方义和杜瑄，2024）。因此，相较于东部地区、东北地区和西部地区，数字金融对新质生产力在中部地区表现出更强的促进作用。

2. 胡焕庸线异质性。胡焕庸线是关于中国人口密度和环境差异的一条重要的地理分界线。胡焕庸线西北侧面积较大，人口却仅占 4%；而东南侧面积仅占全国的 36%，人口却占到了 96%（王开泳和邓羽，2016）。因此，为检验胡焕庸线两侧地区的数字金融发展程度对提升新质生产力水平是否存在区别，本文按胡焕庸线将 31 个省/直辖市/自治区划分为西北半壁和东南半壁两个区域，采用分组回归的方式探究不同地区数字金融发展程度对新质生产力的促进作用。表 6 第（6）列 *Digifin* 的回归系数为 0.133 且在 1% 的水平显著，说明在东南半壁数字金融对于新质生产力有着明显的正面效应；第（5）列 *Digifin* 的回归系数为 0.066 且表现为非统计学显著，说明在西北半壁数字金融对新质生产力未起到明显作用。此外，将第（5）列和第（6）列进行 Chow 检验，得到组间系数差异 p 值为 0.016。

表 6　异质性检验结果

Newqual	区域异质性				胡焕庸线		金融监管	
	(1)	(2)	(3)	(4)	(5)	(6)	(7)	(8)
	东北地区	东部地区	中部地区	西部地区	西北半壁	东南半壁	弱金融监管	强金融监管
Digifin	0.152 (0.090)	0.064 (0.063)	0.441** (0.119)	-0.004 (0.039)	0.066 (0.081)	0.133*** (0.043)	0.020 (0.044)	0.144** (0.056)
Fdi	-9.809 (16.760)	64.608 (63.377)	675.945* (276.885)	-39.411 (35.160)	-1.543 (83.935)	39.350 (32.608)	67.535** (28.968)	-14.977 (49.843)
LnHumcap	-11.444 (11.059)	23.295** (9.324)	33.066** (10.840)	2.571 (2.000)	-2.613 (6.260)	18.311** (7.648)	10.111* (5.661)	23.506* (11.876)
LnInfra	-10.202 (6.176)	0.531 (5.708)	-42.107** (13.128)	0.213 (1.168)	1.659 (1.077)	-14.226 (9.730)	-5.940 (4.292)	-11.520 (7.942)
Industry	-24.325** (4.601)	35.720 (48.753)	-63.242** (24.269)	11.014 (14.736)	28.905 (34.732)	-44.152* (25.635)	-34.298** (16.300)	-50.815 (40.977)
Gover	286.682 (153.256)	-94.537 (541.942)	-694.895 (497.516)	-4.972 (7.844)	31.973 (28.260)	-52.560 (221.903)	87.887 (125.528)	-56.122 (57.954)
Techmarket	-34.813* (10.877)	108.217*** (26.598)	-36.648 (106.019)	30.787*** (7.093)	32.625** (12.522)	72.410*** (20.902)	38.677* (20.861)	91.340*** (29.719)
cons	123.391 (103.352)	-177.003* (84.871)	-119.517* (43.622)	-16.957 (9.545)	2.930 (43.148)	-73.215* (37.936)	-34.995 (40.379)	-115.302* (61.025)
时间固定效应	是	是	是	是	是	是	是	是
个体固定效应	是	是	是	是	是	是	是	是
N	33	110	66	132	66	275	170	171
R-sq	0.936	0.712	0.748	0.641	0.642	0.401	0.434	0.393
Chow Test		8.49			1.920		1.400	
p-value		0.000***			0.016**		0.059*	

根据上述结果可以得出结论：胡焕庸线两侧不同地区的数字金融发展程度对新质生产力的促进作用并不相同。原因可能是地广人稀的地域特征会对该区域的经济发展和要素流动造成不利影响（王兵等，2021），胡焕庸线西北半壁的省市人口基数低且难以吸引优秀人才；而东南半壁的省市有较好的发展机会和制度环境，这些都为数字金融提升新质生产力提供了积极作用。

3. 金融监管强度异质性。适度的金融监管是使得数字金融能够平稳高效发展的重要保障。因此，为检验不同金融监管强度下的数字金融发展程度对提升新质生产力的效用是否存在差别，本文参考唐松（2020）的研究方法，采用金融监管支出占当地金融业增加值的比重作为地方金融监管强度（$LnFinRegulation$）的代理变量，同时以金融监管强度的中位数为标准将样本划分为高监管区域和低监管区域（郑万腾等，2022），探究不同金融监管强度下数字金融对新质生产力的作用。表 6 第（8）列 $Digifin$ 的回归系数为 0.144 且在 5% 的水平显著，说明在强金融监管强度下数字金融发展程度对新质生产力水平有着明显的正面效应；第（7）列 $Digifin$ 的回归系数为 0.020 且表现为非统计学显著，说明在弱金融监管强度下数字金融对新质生产力未起到明显作用。此外，将第（7）列和第（8）列进行 Chow 检验，得到组间系数差异 p 值为 0.016。

根据上述结果可以得出结论：不同金融监管强度下的数字金融发展程度提升新质生产力的效用并不相同。原因可能是金融监管可以保障数字金融的健康有序发展，因此在强金融监管区域，数字金融对提升新质生产力表现出明显的正向作用。

五、进一步分析

（一）机制检验

本文通过一系列检验对数字金融对新质生产力的影响进行了评估，论证了数字金融发展有利于提升新质生产力水平。那么数字金融通过什么机制对新质生产力水平产生影响呢？基于前文理论机制部分的剖析，本节参考江艇（2022）的研究方法运用中介效应两步法，结合前文模型（1）对金融数字化程度抑制官员腐败水平的效应进行机制检验。

参考杨博旭等（2022）的做法，本文拟选用《中国区域创新能力报告》中的创新能力综合指数的自然对数值度量该地区的区域创新能力（*LnInnovate*），具体模型为：

$$LnInnovate_{it} = \beta_0 + \beta_1 Digifin_{it} + \beta_2 Z_{it} + \mu_{it} + \alpha_{it} + \varepsilon_{it} \qquad (2)$$

参考尹西明等（2023）的做法，本文拟选取各省市信息传输、软件和信息技术服务业城镇单位就业人员的自然对数值衡量该地区的数字人力资本水平（*LnDigihum*），具体模型为：

$$LnDigihum_{it} = \beta_0 + \beta_1 Digifin_{it} + \beta_2 Z_{it} + \mu_{it} + \alpha_{it} + \varepsilon_{it} \qquad (3)$$

表7第（2）列和第（3）列报告了数字金融与区域创新能力和数字人力资本水平之间的回归结果，第（2）列数字金融（*Digifin*）的回归系数为0.001，且在5%水平上显著，说明数字金融发展程度越高，区域创新能力越强；第（3）列数字金融（*Digifin*）的回归系数为0.010，且在1%水平上显著，说明金融发展程度越高，数字人力资本水平越强。

第（1）列和第（2）列、第（1）列和第（3）列分别报告了区域创新能力、数字人力资本水平在数字金融发展程度与新质生产力水平之间的中介效应。结合前文的理论综述和上述结果可见，数字金融发展程度对新质生产力水平的影响通过区域创新能力和数字人力资本水平发挥作用。当数字金融发展程度越高时，区域创新能力、数字人力资本水平随之上升，创新是我国建设科技强国的重大战略部署，也是形成新质生产力的重要环节（周文和许凌云，2023；翟绪权和夏鑫雨，2024）；自主研发创新与高新技术产业的发展需要依靠高素质劳动力，人力资本水平是形成和发展新质生产力的中坚力量（简新华和聂长飞，2023；张文武和张为付，2024）。因此，数字金融发展程度能够通过区域创新能力和数字人力资本水平对新质生产力产生正向影响。

（二）关于调节效应的进一步讨论

1. 市场化程度。在市场化程度较高的环境中，数字金融能够为企业提供更加多样化和高效的融资渠道和更加灵活的金融产品，以满足不同类型

表 7 机制检验结果

	（1）	（2）	（3）
	Newqual	*LnInnovate*	*LnDigihum*
Digifin	0.084 *** （0.029）	0.001 ** （0.001）	0.010 *** （0.002）
Fdi	46.701 （29.422）	1.923 *** （0.468）	−2.59 （1.897）
LnHumcap	14.366 * （7.536）	0.221 ** （0.097）	−0.482 （0.342）
LnInfra	−10.098 * （5.843）	0.022 （0.067）	−0.161 （0.195）
Industry	−29.707 （26.424）	−0.910 ** （0.332）	0.405 （1.046）
Gover	−20.169 （45.976）	0.852 （0.784）	−5.425 ** （2.208）
Techmarket	60.300 *** （18.414）	0.327 （0.246）	1.490 （0.976）
Cons	−58.903 （36.774）	1.855 ** （0.713）	14.422 *** （2.380）
时间固定效应	是	是	是
个体固定效应	是	是	是
N	341	341	341
R-sq	0.345	0.334	0.696

和规模企业的融资需求，这将有助于企业专注于技术创新和产品质量提升，促进新质生产力的发展；而在市场化程度较低的环境中，金融资源的配置可能会受到非市场化因素的影响，导致数字金融对企业投资效率的提升效果大打折扣（王澎涵等，2022），从而削弱新质生产力的发展。

综上所述，市场化程度很可能在数字金融和新质生产力之间产生调节效应。本文使用王小鲁等（2018）的《中国分省份市场化指数报告》中的各省份市场化总指数（*Market*）作为衡量市场化程度的调节变量。参考张岳和周应恒（2022）的做法，本文运用调节效应对数字金融发展程度对新质生产力水平的促进作用进行检验。表 8 第（2）列，*Digifin×Internet* 的回归系数为 0.008，通过了 1% 的显著性水平检验。该结果说明，当市场化程度越高时，数字金融对新质生产力的促进作用会越强。

2. 互联网普及率。互联网的普及有利于数字金融的发展，从而使得用户获取金融服务的门槛大幅降低，金融服务能够更加广泛地覆盖到传统金融服务难以触及的地区和群体（崔冉和王家隆，2023），这为新质生产力的发展提供了更为广泛的用户基础和市场空间。此外，随着互联网的普及，互联网技术的应用大大提高了数字金融服务的效率，例如利用在线支付、电子钱包等工具使得资金转账和支付过程更加快捷，减少了交易时间和成本，为新质生产力的发展提供了强有力的金融支持。

本文使用中国互联网络信息中心发布的《中国互联网络发展状况统计报告》，选取互联网普及率作为衡量地区互联网普及程度（*Internet*）的调节变量；参考张岳和周应恒（2022）做法，本文运用调节效应对数字金融发展程度对新质生产力水平的促进作用进行检验。表 6 第（2）列，*Digifin×Internet* 的回归系数为 0.001，通过了 1% 的显著性水平检验。该结果说明，当地区互联网普及程度越高时，数字金融对新质生产力的促进作用会越强。

3. 数字金融政策。数字金融政策对于数字金融提升新质生产力具有重要作用，政府能够通过制定和实施一系列支持性政策，鼓励金融机构和科技企业加大研发投入，加强对数字金融领域人才的培养和引进，为数字金融的发展创造有利环境，进而促进新质生产力的提升。

本文参考聂秀华等（2021）的研究方法，由于 2014 年数字金融首次出现在政府工作报告中，这标志着数字金融以全新的姿态进入中国经济金融发展序列，随之出台的各种扶持措施和配套政策也使得数字金融发挥出更大的作用。因此本文以 2014 年为分界线，将 2014 年以前的样本赋值为 0，2014 年及以后的样本赋值为 1，将其作为衡量数字金融政策支持力度（*Polsupport*）的调节变量；参考张岳和周应恒（2022）做法，本文运用调节效应对数字金融发展程度对新质生产力水平的促进作用进行检验。表 8 第（4）列，*Digifin×Polsupport* 的回归系数为 0.143，通过了 1% 的显著性水平检验。该结果说明，当金融政策的支持力度越强时，数字金融对新质生产力的促进作用会越强。

表 8 调节效应的检验结果

Newqual	（1）	（2）	（3）	（4）
Digifin	0.084*** （0.029）	−0.095 （0.071）	−0.055 （0.066）	−0.095 （0.056）
Market		−2.004** （0.923）		
Digifin×Market		0.008*** （0.003）		
Internet			−0.207* （0.104）	
Digifin×Internet			0.001** （0.000）	
Polsupport				−21.555* （10.914）
Digifin×Polsupport				0.143*** （0.039）
Cons	−58.903 （36.774）	−46.43 （31.497）	−95.346** （35.057）	−99.668** （41.119）
控制变量	是	是	是	是
时间固定效应	是	是	是	是
个体固定效应	是	是	是	是
N	341	341	341	341
R-sq	0.345	0.446	0.398	0.427

六、结论与政策启示

本文通过典型事实描述、理论分析及实证检验研究了数字金融对新质生产力的影响效果。首先，对数字金融和新质生产力进行了特征事实分析，直观上判定两者之间可能存在正相关关系；其次，对数字金融通过区域创新能力和数字人力资本影响新质生产力的作用机制进行了理论上的分析；再次，本文基于 2011—2021 年省级年度面板数据，以官员腐败水平作为被解释变量，以金融数字化程度作为核心解释变量，加入外商投资、人力资源水平、基础设施水平、产业结构升级、政策干预度、技术市场发展水平等影响因素作为控制变量，验证了数字金融对新质生产力的促进作用。在此基础上，采用稳健性检验和工具变量法以增强基本检验的可靠性；同时运用分组回归的方式进行异质性检验，探究不同地区、胡焕庸线两侧区域和不同金融监管强度下数字金融发展程度对新质生产力的不同促进作用；并对区域创新能力、数字人力资本水平对数字金融提升新质生产力的效应进行了机制检验，最后对市场化程度、互联网普及度和数字金融政策扶持力度的调节效应进行了检验。本文主要得出以下结论。

第一，通过基本回归检验后发现，数字金融对新质生产力的估计系数为 0.084 且在 1% 的水平上显著，可见数字金融对新质生产力具有十分明显的提升作用。接着，本文进一步采用稳健性检验和工具变量法检验后发现基本结论依然成立。本文通过变换样本时间、更换被解释变量、更换核心解释变量这 3 种稳健性检验方法验证了结论的可靠性。最后通过工具变量法解决内生性问题，结果显示即使考虑数字金融这一变量的内生性问题并将可能被遗漏的工具变量因素纳入回归分析后，本文的基本结论依然成立。

第二，运用分组回归进行异质性检验后发现，不同地区的金融数字化程度对于官员腐败的抑制作用并不相同。首先，相较于东部地区、东北地区和西部地区，数字金融对新质生产力在中部地区表现出更强的促进作用。其次，胡焕庸线两侧不同地区的数字金融发展程度对新质生产力的促进作用并不相同，在东南半壁数字金融对新质生产力表现出更强的促进作用。最后，不同金融监管强度下的数字金融发展程度提升新质生产力的效用并不相同。在强金融监管区域数字金融对提升新质生产力表现出更加明显的正向作用。

第三，通过对区域创新能力、数字人力资本水平两项影响机制进行分析得出，数字金融发展程度与区域创新能力、数字人力资本水平之间存在着显著的正相关关系，同时区域创新能力和数字人力资本水平能够对新质生产力产生一定的促进和提升作用。

第四，通过对地区市场化程度、互联网普及度和数字金融政策支持力度三项调节效应进行分析得到，当地区市场化程度、互联网普及度，以及数字金融政策支持力度越高时，数字金融对新质生产力的提升作用越大。

本文的研究结论对发展数字金融和提升新质生产力具有一定的现实启示：第一，加强数字金融基础设施建设。提高金融网络覆盖率，推动金融行业云计算、区块链等技术的发展，提高金融服务的便捷性和安全性，为金融业务创新和新质生产力发展提供数据支持。第二，优化数字金融政策环境。制定支持数字金融高质量发展的政策，如税收优惠、财政补贴等，鼓励金融机构加大科技创新投入，与科技创新企业合作，为实体经济提供全方位、多层次的金融服务，共同推动新质生产力发展。第三，加大数字金融人才培养和引进力度。建立数字金融人才培养体系，加强金融机构与高校、科研院所的合作，促进产学研一体化；提高金融从业人员的科技创新能力和业务素质，推动我国数字金融领域的发展和创新，为我国新质生产力的发展提供人才支持和前进动力。

在新时代背景下，本文研究不仅拓宽了数字金融与新质生产力关系的研究视野，也为深化数字经济理论和实践提供了坚实的科学依据。面向未来，我国应进一步优化数字金融发展环境，推动数字金融与实体经济深度融合，以数字化转型引领新质生产力的跃升，为构建现代化经济体系和实现高质量发展持续注入强劲动能。

参考文献

柏培文、张云，2021，《数字经济、人口红利下降与中低技能劳动者权益》，《经济研究》第 5 期。

崔冉、王家隆，2023，《互联网、数字普惠金融与农村居民相对贫困》，《宏观经济研究》第 3 期。

郭峰、王靖一、王芳等，2020，《测度中国数字普惠金融发展：指数编制与空间特征》，《经济学（季刊）》第 4 期。

洪银兴，2024，《发展新质生产力 建设现代化产业体系》，《当代经济研究》第 2 期。

黄婷婷、高波、苗真子，2023，《数字金融发展、信贷寻租与企业创新——基于中小板上市企业的研究》，《郑州大学学报（哲学社会科学版）》第 2 期。

黄群慧、盛方富，2024，《新质生产力系统：要素特质、结构承载与功能取向》，《改革》第 2 期。

黄群慧、余泳泽、张松林，2019，《互联网发展与制造业生产率提升：内在机制与中国经验》，《中国工业经济》第 8 期。

贾若祥、王继源、窦红涛，2024，《以新质生产力推动区域高质量发展》，《改革》第 3 期。

简新华、聂长飞，2023，《论新质生产力的形成发展及其作用发挥——新质生产力的政治经济学解读》，《南昌大学学报（人文社会科学版）》第 6 期。

江艇，2022，《因果推断经验研究中的中介效应与调节效应》，《中国工业经济》第 5 期。

焦方义、杜瑄，2024，《论数字经济推动新质生产力形成的路径》，《工业技术经济》第 3 期。

李晓华，2023，《新质生产力的主要特征与形成机制》，《人民论坛》第 21 期。

李牧辰、封思贤、谢星，2020，《数字普惠金融对城乡收入差距的异质性影响研究》，《南京农业大学学报（社会科学版）》第 3 期。

刘敏楼、黄旭、孙俊，《数字金融对绿色发展的影响机制》，《中国人口·资源与环境》第 6 期。

卢江、郭子昂、王煜萍，《新质生产力发展水平、区域差异与提升路径》，《重庆大学学报（社会科学版）》。

聂秀华、江萍、郑晓佳、吴青，2021，《数字金融与区域技术创新水平研究》，《金融研究》第 3 期。

盛天翔、范从来，2020，《金融科技、最优银行业市场结构与小微企业信贷供给》，《金融研究》第 6 期。

石建勋、徐玲，2024，《加快形成新质生产力的重大战略意义及实现路径研究》，《财经问题研究》第 1 期。

宋佳、张金昌、潘艺，2024，《ESG 发展对企业新质生产力影响的研究——来自中国 A 股上市企业的经验证据》，《当代经济管理》。

唐松、赖晓冰、黄锐，2019，《金融科技创新如何影响全要素生产率：促进还是抑制？——理论分析框架与区域实践》，《中国软科学》第 7 期。

唐松、伍旭川、祝佳，2020，《数字金融与企业技术创新——结构特征、机制识别与金融监管下的效应差异》，《管理世界》第 5 期。

王开泳、邓羽，2016，《新型城镇化能否突破"胡焕庸线"——兼论"胡焕庸线"的地理学内涵》，《地理研究》第 5 期。

王小鲁、胡李鹏、樊纲，2021，《中国分省份市场化指数报告》，北京：社会科学文献出版社。

王永静、李慧，2021，《数字普惠金融、新型城镇化与城乡收入差距》，《统计与决策》第 6 期。

王兵、徐霞、吴福象，2021，《研发要素流动的时空特征及对中国经济高质量发展的影响》，《经济地理》第 11 期。

王澎涵、杨有振、范瑞，2022，《数字普惠金融对中小企业投资效率的影响》，《河北经贸大学学报》第 6 期。

魏崇辉，2023，《新质生产力的基本意涵、历史演进与实践路径》，《理论与改革》第 6 期。

杨丹辉，2023，《科学把握新质生产力的发展趋向》，《人民论坛》第 21 期。

杨博旭、柳卸林、王宁，2022，《中国区域创新能力时空演变和趋势分析》，《科技管理研究》第 7 期。

尹西明、陈泰伦、金珺、高雨辰，2023，《数字基础设施如何促进区域高质量发展：基于中国 279 个地级市的实证研究》，《中国软科学》第 12 期。

曾立、谢鹏俊，2023，《加快形成新质生产力的出场语境、功能定位与实践进路》，《经济纵横》第 12 期。

翟绪权、夏鑫雨，2024，《数字经济加快形成新质生产力的机制构成与实践路径》，《福建师范大学学报（哲学社会科学版）》第 1 期。

张碧琼、吴琬婷，2021，《数字普惠金融、创业与收入分配——基于中国城乡差异视角的实证研究》，《金融评论》第 2 期。

张辉、唐琦，2024，《新质生产力形成的条件、方向及着力点》，《学习与探索》第 1 期。

张文武、张为付，2024，《加快形成新质生产力：理论逻辑、主体架构与实现路径》，《南京社会科学》第 1 期。

张岳、周应恒，2022，《数字金融发展对农村金融机构经营风险的影响——基于金融监管强度调节效应的分析》，《中国农村经济》第 4 期。

赵峰、季雷，2024，《新质生产力的科学内涵、构成要素和制度保障机制》，《学习与探索》第 1 期。

赵涛、张智、梁上坤，2020，《数字经济、创业活跃度与高质量发展——来自中国城市的经验证据》，《管理世界》第 10 期。

郑万腾、赵红岩、赵梦婵，2022，《数字金融发展有利于环境污染治理吗？——兼议地方资源竞争的调节作用》，《产业经济研究》第 1 期。

中国互联网络信息中心，2022，《中国互联网络发展状况统计报告》，北京：中国互联网络信息中心。

中国科技发展战略研究小组，2005，《中国区域创新能力报告》，北京：知识产权出版社。

周文、何雨晴，2024，《新质生产力：中国式现代化的新动能与新路径》，《财经问题研究》第 4 期。

周文、许凌云，2023，《论新质生产力：内涵特征与重要着力点》，《改革》第 10 期。

人口老龄化、金融科技与城乡收入差距

吴　璇　李煜鑫[*]

摘要：随着我国经济的飞速发展，城乡收入差距逐渐拉开。缩小城乡收入差距、迈向共同富裕是社会主义的本质要求。由于天然的普惠特性，金融科技有助于缩小城乡收入差距。然而，金融科技对城乡收入差距的影响是否会受到不断老化的人口结构的影响？这是本文重点探究的问题。本文以 2011 年至 2022 年间我国 31 个省市的面板数据以随机效应模型进行回归，结果发现：首先，金融科技对城乡收入差距会造成显著影响，短期来看金融科技的发展会使得城乡收入差距扩大，而长期金融科技的发展则会收敛城乡收入差距。其次，人口老龄化的加深会抑制金融科技收敛城乡收入差距的作用。再次，金融科技对城乡收入差距的作用在城乡人口流动性方面体现出异质性，地区城乡人口流动性越高，金融科技对于城乡收入差距的收敛作用越弱，甚至仅呈现出扩大作用。本文的研究成果将为我国缩小城乡收入差距、实现共同富裕相关政策的制定提供依据和参考。

关键词：金融科技　城乡收入差距　人口老龄化

Abstract：With the rapid development of China's economy, the income gap between urban and rural areas has gradually widened. Narrowing this urban-rural income gap and moving towards common prosperity is an essential requirement of socialism. Due to its inherently inclusive nature, financial technology can help re-

---

＊　吴璇，上海外国语大学国际金融贸易学院研究生。李煜鑫，通讯作者，上海外国语大学国际金融贸易学院副教授，主要研究方向为人口老龄化、国际经济和国际金融。

duce the urban-rural income gap. However, will the impact of financial technology on this income gap be affected by an aging population structure? This is the main issue explored in this paper. Using panel data from 31 provinces and cities in China from 2011 to 2022, the paper conducts regression analysis with a random effects model and finds: Firstly, financial technology significantly impacts the urban-rural income gap. In the short term, the development of financial technology tends to widen this gap, while in the long term, it helps to narrow it. Secondly, population aging inhibits the role of financial technology in narrowing the urban-rural income gap. Thirdly, the impact of financial technology on this income gap shows heterogeneity in terms of urban-rural population mobility; regions with higher mobility show a weaker convergence effect of financial technology on narrowing the income gap, or even only shows an expanding effect. The findings of this paper will provide a basis and reference for the formulation of policies aimed at reducing the urban-rural income gap and achieving common prosperity in China.

Keywords: Fintech; Rural-urban income gap; Population aging

一、前　言

习近平总书记在党的二十大报告中指出："中国式现代化是全体人民共同富裕的现代化。"党的十八大以来，实现全体人民共同富裕摆在更加重要的位置上。缩小城乡差距是共同富裕的重要内容，其中最主要的城乡差距是收入差距。在经历改革开放初期之后的高速发展后，我国区域间的发展差异也被逐渐拉开。由于经济的粗犷发展，我国形成典型城乡二元经济结构，在城市中形成发达的工业经济，而农村仍保持着最原始最基本的生产活动，生产效率的不同带来了城乡人民收入的差异。世界银行公开数据显示，2010 年我国基尼系数达到了 43.7% 的水平，贫富差距较大。近年来随着各类有关"三农"文件的出台，各种惠农惠民政策的实施以及持续进行的脱贫攻坚战略的成功，我国城乡收入差距得到了一定的缓解，城乡收入比由峰值的 3.33 持续下降至 2.5，但距离真正的共同富裕还有距离。

近年来，我国金融科技迅速发展，对于我国乡村振兴、农村增收、缩小城乡收入差距都有着重大意义。金融科技可以使金融服务脱离物理网点限制，通过移动网络服务农村客户，还可以通过技术因素促进农村农业现代化以及产业升级，实现长远的农村居民增收，进而缩小城乡收入差距。然而，金融科技的使用强烈依赖于数字基础设施水平。我国城乡之间的互联网设施仍存在差距，导致农村地区居民无法充分接受金融科技的服务。此外，金融的逐利性不会因为金融科技而改变，其在金融资源配置上可能会有所偏向。在此基础上，金融科技究竟对城乡收入差距会有怎样的影响还不明确。

此外，随着人口老龄化程度的加深，也给我国社会和经济发展带来了前所未有的挑战。更多老年人口可能会带来数字鸿沟问题，使得金融科技无法充分地渗透到每一个经济实体当中。此外，虽然农村就业环境得到一定改善，但仍有大批劳动力选择离开乡村到城市进行就业以获取相对高的收入，在这种人口流动的背景下，乡村老龄化会进一步加深，形成恶性循环，扩大城乡收入差距。

在此背景下，本文将探究金融科技对于城乡收入差距的影响，并进一步分析人口老龄化在这一影响中所起到的作用。共同富裕作为社会主义的基本需求，以及中国式现代化的重要环节，是我国必须达成的目标和任务，因此研究城乡收入差距对于改善城乡二元经济结构，完善收入分配体系，最终实现共同富裕有着重要意义。此外，金融科技的发展是我国成为金融强国的必由之路，对于我国金融体系完善，金融资源配置，防范重大金融风险都提供了支撑力量，且由于金融科技天然的普惠性质，势必会对城乡收入差距造成一定影响。因此研究金融科技对城乡收入差距的影响，有助于认清金融科技在我国推进共同富裕中的重要地位，使金融科技发挥更全面、更具针对性的作用。本文的贡献在于从老龄化角度考量金融科技对于城乡收入差距的影响。同时，在老龄化的基础之上考虑到城乡人口流动作为异质性分析的划分条件。城乡人口大面积流动是我国城乡二元结构的特色之一，这一结构本身也可能会影响金融科技对减少城乡收入差距的作用。

二、文献综述

（一）金融科技定义与发展

在金融科技的定义及发展方面，根据金融稳定理事会，金融科技是基于一系列技术创新，如大数据、人工智能、区块链等，应用于支付、借贷、理财、零售、保险、结算这六大金融领域的未来金融主要趋势。Chen（2016）认为金融科技的重点在于面向人们的现实生活提供更优质的服务，而非单纯地只有对金融行业的优化这一职能；易宪容（2017）指出金融科技是在大数据背景之下，通过现代科学技术以及数据挖掘而诞生的金融产品与服务，有着低成本、高便利的优点，具有广阔的发展前景；黄益平等（2018）则认为金融科技更侧重于技术领域；黄昊（2021）认为金融科技的诸多优点也伴随着其破坏式创新带来的很多风险，通过英美两大金融强国的监管经验分析，为我国金融科技发展提供参考。

（二）金融科技测度

在金融科技的测度方面，郭品和沈悦（2015）以"文本挖掘法"为基础，构建有关互联网金融的词库，计算得出"互联网金融指数"用以评价互联网金融发展水平；这一方法受到学界广泛认可，黄锐等（2016）利用该方法构建的互联网金融指数测度出互联网金融发展会使商业银行盈利能力增加；刘园等（2018）以这种方法构建金融科技指数，发现金融科技对于实体企业投资效率起到先抑制再提高的作用；王小燕等（2019）则利用该指数发现金融科技可以显著促进企业技术创新。乔海曙（2019）以主成分分析法计算金融科技发展动力指数，测度了 10 个国家在 2010 年至 2015年间的金融科技发展水平；许世琴等（2020）运用 DEA-BCC 模型对科技金融产出与投入之间的效率进行测度，发现我国整体金融科技效率处于低水平，且省与省之间存在较大差异；宋敏等（2021）则以地区金融科技公司以及经营相关业务的公司数量作为标准度量一个地区的金融科技发展水平；王小华等（2023）在参考以往相关指数编制的基础上，沿用盛天翔（2020）应用的百度搜索指数数据，用熵值法以及层次分析法进行指数构建。

（三）金融科技研究维度与影响

研究维度层面上，孙继国等（2022）以省份数据研究分析，发现金融科技经由缓解融资约束，推进土地流转、加强农村创新能力等渠道促进乡村振兴；李明贤等（2023）运用 2013 年至 2020 年的面板数据，对金融科技与农户增收之间的关系进行研究。孙继国与侯非凡（2021）基于地级以上城市数据，以中介效应模型研究发现，金融科技通过推动产业结构升级从而增加农民就业机会。张羽等（2021）以 118 个国家的数据发现金融科技的发展对于收入差距问题起到先增大后缩小的非线性影响；范德胜等（2023）应用 73 个国家及地区在 2013 年至 2019 年的数据研究发现金融科技的发展可以显著改善收入不平等现状。微观层面，西南财经大学依托调查形成的中国家庭金融调查数据库（CHFS）为各领域学者提供数据支撑；杨盼盼等（2021）认为地区金融科技的发展可以通过缓解家庭信贷所受到的各种约束，显著地提高该地区内家庭的资产；尹振涛等（2021）借助CHFS 数据分析发现金融科技的发展会通过提高农民收入，支持农民创业，以及减缓城乡收入差距进而影响农村家庭幸福感。

在作用渠道方面，除前文提到过的"提供就业机会""缓解融资约束"等之外，鲁钊阳等（2021）认为金融科技可以促进企业创新，且改善收入分配；卜银伟等（2022）认为金融科技发展会带来高新技术，赋能农村业务，为农业发展增添新动力；李海奇等（2022）认为金融科技可以推进我国产业结构升级以及合理化；孟娜娜等（2019）认为金融科技的发展会倒逼传统金融业寻求创新，从而促进整体金融发展；王小华等（2022）认为金融科技的发展可以通过提升金融可得性、降低服务成本、提升金融风险防控这三方面缩小城乡收入差距；Yoke Wang Tok 等（2022）认为金融科技可以降低运营成本、提升金融效率，可以促进普惠性发展，使得农村或贫困人口获益；郭露等（2023）认为金融科技的发展可以缓解家庭多维相对脆弱性，进而在避免家庭陷入多维相对贫困方面做出贡献。

除以上方面的积极影响之外，也有学者对金融科技的发展提出担忧，李文红等（2017）认为金融科技的发展会影响传统金融机构的运营，对其形成挑战，在信息科技的加持下可能会带来更多操作风险，为监管提出了新的挑战；李展与叶蜀君（2019）也同样认识到金融科技本质上是一种金融创新，在其运行过程当中也会产生未知的风险和不确定性；李娜等（2021）提出农村金融科技监管存在难点问题，包括如何保障数据安全，传统农村金融风险防范的落后，农村金融业务风险外溢等亟须解决的问题。

国内外有关金融科技的研究已形成一定规模。许多学者已经通过渠道机制分析挖掘了金融科技对城乡收入差距的作用，而考虑外部变量调节作用的文献较少。本文选取金融科技对于城乡收入差距的影响作为研究对象，并考虑老龄化加深对于这一作用的影响效果，符合我国的基本国情。同时，以城乡人口流动差异的视角进行异质性分析，为金融科技影响城乡收入差距的研究提供了新的角度。此外，在省级层面，金融科技与城乡收入差距的非线性效应的相关研究较少，本文在前人基础上，考虑了省级层面金融科技的发展是否对城乡收入差距产生倒 U 形效应。本文研究内容在充分参考上述文献的情况下，一定程度上拓宽了该领域研究视角与研究模型。

三、理论分析与研究假说

根据经济理论以及我国情况的分析，金融科技的发展会对城乡收入差距产生综合复杂的影响，既会以缓解金融排斥，促进农村产业升级，带动乡村振兴等渠道对城乡收入差距产生收敛作用，又会以数字鸿沟与金融偏倚扩大城乡收入差距；此外金融科技的发展能以间接效应，通过完善我国金融结构，提高资源配置效率进而带来经济增长。而根据库兹涅茨曲线理论，经济增长会对城乡收入差距造成先扩大后缩小的影响。结合金融科技发展初期，城乡互联网普及率存在较大差异，表示城乡数字鸿沟确实存在，城乡居民对于金融科技的接触存在差异，因而带来金融服务可得性差异，认为金融科技在发展初期会对城乡收入差距产生扩大效应；而后随着金融科技充分发展，农村数字基础设施建设的完善，金融科技经济效益外溢带来涓滴效应，再加上政府惠农政策引导，城乡收入差距会逐渐缩小。综上所述，提出本文第一个假说：

H1：金融科技的发展对城乡收入差距的影响非线性，形成"先扩大，后收敛"的倒 U 形结构。

根据第五次全国人口普查结果，截至 2000 年年末，我国 65 岁以上人口占比 6.96%，已经逼近联合国划分老龄化社会的 7%的标准；在 21 世纪以来少子化的影响下，我国老龄化程度不断加深，截至 2023 年年底，这一指标达到 15.4%，足以说明我国的人口老龄化现象已经十分严重。在城乡数字鸿沟的基础之上，随着我国的人口结构向老龄化转变，不同年龄段人口之间的数字鸿沟逐渐凸显，老年人出于生理认知模糊以及心理厌恶学习等方面的原因，接触高新科技与网络的意愿并不强，而金融科技的发展又依赖于科技与互联网的普及，我国老龄人口比重逐渐增多，这在一定程度上不利于金融科技的发展。此外，以生命周期消费理论探讨我国老龄化特点，认为我国老龄人口消费倾向较低，预防性动机以及代际转移储备较多，对于金融服务需求基本停留在储蓄层面。随着老龄化程度的加深，我国整体的金融需求会受到一定抑制，不利于金融科技效应的充分发挥。因此，提出本文第二个假说：

H2：随着人口老龄化的加深，金融科技对城乡收入差距的影响效果受到抑制。

在城乡二元经济结构理论当中，农村劳动力过度向城市地区流动会进一步恶化城乡收入差距，不利于农村产业结构升级与经济发展；同时，这种流动现象会对农村人口结构带来更大的冲击，加深老龄化负面效益，扩大不同年龄段间的数字鸿沟。于是，在此提出本文第三个假说：

H3：金融科技对城乡收入差距的影响效应会因城乡人口流动率的不同产生明显的异质性。

为了验证上述假说，下文结合相关数据进行实证分析。

四、实证分析

（一）数据来源与变量说明

本文选择 2011 年至 2022 年度我国 31 个省市自治区数据进行实证分析，被解释变量泰尔指数通过国家统计局提供的城乡人均收入数据，借助

stata17 软件测算获得；核心解释变量基本数据由百度指数数据库提供，同样使用 stata17 软件进行权重测算，加权获得。调节变量数据来自《中国统计年鉴》。其他控制变量的获取渠道主要包括 Wind 数据库，国家统计局，各省市统计年鉴以及中国金融年鉴。

1. 被解释变量

介于数据可得性以及对收入差距衡量的精确度，本文选择泰尔指数作为衡量城乡收入差距的指标。泰尔指数计算公式如下：

$$theil_t = \sum_{c=1}^{2} \left(\frac{I_{c,t}}{I_t}\right) * \ln \frac{I_{c,t}/P_{c,t}}{I_t/P_t} = \left(\frac{I_{1,t}}{I_t}\right) * \ln \frac{I_{1,t}/P_{1,t}}{I_t/P_t} + \left(\frac{I_{2,t}}{I_t}\right) * \ln \frac{I_{2,t}/P_{2,t}}{I_t/P_t}$$

（1）

上式中，下标 c 代表是城市或农村，当 $c=1$ 时代表农村，$c=2$ 时代表城市，I 代表人均收入，P 则代表人口总数，下标 t 代表时间。

2. 解释变量

本文参考盛天翔等（2020）对于金融科技的度量方式，基于百度搜索指数，选取部分金融科技相关关键词，以这些关键词搜索指数数据为基础进行地区金融科技指数的构建。共选取十八个关键词，包括"金融科技""互联网金融""Fintech"作为金融科技的称呼或别名，"大数据""人工智能""云计算""区块链""生物识别"作为金融科技所应用的技术领域的代表，"移动支付""在线支付""第三方支付"作为应用角度，"网贷""网络贷款""网上贷款""网上银行""电子银行""互联网银行""直销银行"作为传统金融与金融科技的结合模式。确定上述关键词后，以百度搜索指数中某一年度时间段内"PC+移动"在某个地区的整体日均值作为指数的样本数据收集。收集完毕后，利用熵权法确定各个关键词在指数合成中所占比重，以该比重加权平均各个关键词的搜索指数，最后除以当地人口数以得到某个地区在某一年度的金融科技指数。

3. 调节变量

本文考察人口老龄化对于金融科技在城乡收入差距影响上的调节效应，将各省市自治区年度 65 岁及以上的老龄人口占总人口的比重作为老龄化指标进行衡量。

4. 控制变量

地方传统金融发展程度，以各省市贷款余额与地区生产总值的比值衡量，地区的贷款额度可以直观地表现出当地金融业的发展水平，这一比重越高就意味着金融业的发展水平越高。城镇化率则是地区人口结构中，城镇人口占总人口的比重，这一比重体现了地区城镇化规模。杨继瑞等（2005）早已指出过慢速度的农村产业非农化以及城镇化，使得农村地区劳动生产率低才是"三农"问题的根源所在。月最低工资水平，以城市最低工资水平数衡量，参照赵锦春等（2023）的研究，最低工资水平约束了收入的下限，可能对城乡收入差距产生一定作用。

地方科技创新水平，以年度地方专利受理数作为衡量标准（周正柱等，2024）。社会保障水平，以财政支出中社会保障支出的比例衡量（赵建国等，2023）。交通便利度以地方公路长度除以面积得出的公路密度进

表 1　变量设计

	变量名称	符　号	定　　义
被解释变量	泰尔指数	*theil*	以城乡人均收入计算
核心解释变量	金融科技指数	*Ftech*	以百度搜索指数构建
	平方项	*Ftech2*	金融科技指数的平方项
调节变量	老龄化程度	*age*	65 岁及以上人口占比
	平方交互项	*F2_a*	中心化后 Ftech2 * age
	交互项	*F_a*	中心化后 Ftech * age
控制变量	传统金融发展程度	*fin*	贷款余额/GDP
	城镇化率	*urban_r*	城镇人口/总人口
	最低工资水平	*min_wage*	最低工资水平
	科技创新水平	*patent*	专利受理量
	社会保障水平	*soc_secur*	财政保障支出/财政总支出
	交通便利度	*road*	公路里程数/省市面积
	财政支出水平	*fiscal*	财政支出/GDP
	对外开放水平	*open*	进出口总额/GDP
	经济发展水平	*aver_gdp*	GDP/常住人口
	城乡老龄化差异	*cc_ratio*	城市老龄化程度/乡村老龄化程度
	产业结构	*indus*	第三产业 GDP/GDP
	教育水平	*edu*	高等教育人口/常住人口

行测算，交通越便利的区域，城乡资源流通率越高，经济发展的前景越好。对外开放水平以当地进出口总额占 GDP 的比重衡量，产业结构以第三产业 GDP 贡献值度量。教育水平以当地受高等教育的人数占总人数的比率衡量，体现了当地的人力资本水平。财政支出水平则以财政支出占 GDP 比重衡量。城乡老龄化差异，城乡老龄化之间的差异同样可能对城乡人均收入产生影响，本文采用城镇老龄人口比率与乡村老龄人口比率之商代表。

最后是经济发展水平，根据上文理论分析中提到的库兹涅茨曲线理论，以及宋晓玲（2017）的研究，我们认为经济增长对于城乡收入差距的影响是呈倒 U 形的先增大再缩小形态，因此以地区人均 GDP 水平以及其平方项作为控制变量加入回归模型当中。表 1 给出了本文涉及的基本回归变量的定义。

（二）模型设定

根据前文的理论论述，参考张羽等（2021）的模型设计，认为金融科技的发展会对城乡收入差距产生倒 U 形的影响效果。为探究这两者之间是否存在上述效应，设定模型：

$$theil_{i,t} = \beta_0 + \beta_1 Ftech_{i,t} + \beta_2 Ftech2_{i,t} + \beta_3 X_{i,t} + \varepsilon_{i,t} \tag{2}$$

在上述表达式中，下标 i 代表不同省市自治区，下标 t 代表年份时间，$Ftech$ 为金融科技指数，$Ftech2$ 为金融科技指数的平方项，X 表示控制变量，其中包括地方传统金融发展程度，城镇化率，月最低工资水平，地方科技创新水平，社会保障水平，交通便利度，财政支出水平，对外开放水平，经济发展水平，产业结构，地方教育水平，ε 为随机扰动项。

在上述基准回归模型之上，为了进一步考察人口老龄化对于金融科技在城乡收入差距影响上的调节效应，设计调节效应回归模型如下：

$$theil_{i,t} = \beta_0 + \beta_1 Ftech_{i,t} + \beta_2 Ftech2_{i,t} + \beta_3 F\_a_{i,t} + \beta_4 F2\_a_{i,t} + \beta_5 age_{i,t} + \beta_6 X_{i,t} + \varepsilon_{i,t}$$

$$\tag{3}$$

其中 age 表示老龄化程度，F_a 表示金融科技指数与老龄化的交乘项，$F2\_a$ 表示金融科技指数的平方项与老龄化的交乘项。通过该模型，便可以考察老龄化对于金融科技在城乡收入差距影响上的调节效应（林伟鹏，冯保艺，2022）。

（三）回归结果分析

表2对所有上文提到的回归分析中所涉及的变量进行了描述性统计。其中核心解释变量金融科技发展水平的标准差较大，意味着各省市自治区之间金融科技的发展水平存在较大的差距；各省市自治区在样本期内的老龄化均值已达到10.5%的水平，且最严重的地区高达18.8%，足以说明我国老龄化问题的严重性。

表2　描述性统计

变量	样本数	均值	标准差	最小值	最大值
theil	372	0.087	0.039	0.017	0.202
Ftech	372	0.280	0.258	0.032	2.408
age	372	0.105	0.028	0.048	0.188
fin	372	1.530	0.469	0.669	2.998
urban_r	372	0.592	0.130	0.227	0.896
min_wage	372	1.584	0.354	0.720	2.590
patent	372	1.093	1.582	0.002	9.935
soc_secur	372	0.135	0.037	0.055	0.290
road	372	0.944	0.535	0.051	2.261
fiscal	372	0.290	0.206	0.105	1.354
open	372	0.041	0.043	0.001	0.227
aver_gdp	372	5.794	3.042	1.591	19.050
indus	372	0.499	0.089	0.327	0.839
edu	372	0.141	0.075	0.024	0.505
cc_ratio	372	0.806	0.206	0.429	1.726

以上文中（2）式以及（3）式的模型，结合2011—2022年这8年间我国31个省市自治区的372条数据进行基本回归。整体回归结果如表4所示。

其中，（1）列为随机效应模型回归结果，（2）列为随机效应模型加入调节变量后的回归结果，（3）列为固定效应模型回归结果，（4）列为固定效应模型加入调节变量后的回归结果。上述结果中，金融科技指数的平方项 Ftech2 的系数均在 5% 的显著性水平下显著，证明了前文中假设的金融科技的发展对城乡收入差距所具有的非线性关系；此外，金融科技指数的系数同样在 1% 的显著性水平下显著。一次项系数为正，二次项系数为负，表明了金融科技对于城乡收入差距的影响确实近似倒 U 形。在金融科技的发展初期，城乡收入差距随着金融科技的进步而逐步扩大；在发展到一定阶段之后，城乡收入差距又会随着金融科技的发展而收敛。假设 H1 得到初步验证。

通过对（1）（3）两列的随机效应模型和固定效应模型进行 Hausman 检验，得出结果：

表 3　Hausman 检验结果

chi2	p
9.45	0.801

根据豪斯曼检验结果，p 值大于 0.1，因此应用随机效应模型对上述假说进行验证，确定以（1）（2）列回归结果进行深入分析，进一步确认曲线倒 U 形关系。将回归方程简化为：

$$theil_{i,t} = \beta_0 + \beta_1 Ftech_{i,t} + \beta_2 Ftech_{i,t} Ftech_{i,t} \tag{4}$$

表 4　金融科技对城乡收入差距的影响以及老龄化调节作用的基本回归结果

	（1）	（2）	（3）	（4）
Ftech	1.360 ***	1.990 ***	1.368 ***	2.029 ***
	（3.40）	（4.16）	（3.37）	（4.26）
Ftech2	−0.370 **	−0.970 ***	−0.386 **	−0.999 ***
	（−2.22）	（−3.46）	（−2.30）	（−3.58）
F_a		−4.684		1.643
		（−0.21）		（0.07）
F2_a		30.86 **		28.72 **
		（2.15）		（2.00）
Age		−0.672		−0.542
		（−0.23）		（−0.18）
Fin	0.418 ***	0.377 **	0.412 ***	0.371 **
	（2.84）	（2.54）	（2.78）	（2.50）

续表

	（1）	（2）	（3）	（4）
urban_r	-27.50*** (-14.26)	-27.15*** (-13.83)	-28.51*** (-13.89)	-28.44*** (-13.51)
min_wage	-1.592*** (-6.47)	-1.547*** (-5.96)	-1.550*** (-6.12)	-1.481*** (-5.58)
patent	0.108** (2.35)	0.078 3* (1.67)	0.098 1** (2.08)	0.063 3 (1.31)
soc_secur	0.964 (0.60)	0.999 (0.55)	1.166 (0.71)	1.188 (0.65)
Road	0.513 (1.63)	0.646** (2.06)	0.551 (1.62)	0.707** (2.06)
Fiscal	2.794*** (3.07)	2.744*** (3.04)	3.555*** (3.57)	3.675*** (3.66)
Open	-0.756 (-0.26)	-3.357 (-1.10)	-0.802 (-0.27)	-3.586 (-1.12)
aver_gdp	-0.186* (-1.68)	-0.300** (-2.54)	-0.118 (-0.98)	-0.221* (-1.74)
gdp2	0.010 2** (2.55)	0.016 6*** (3.64)	0.007 77* (1.81)	0.013 7*** (2.82)
Indus	3.639*** (3.20)	3.327*** (2.87)	3.292*** (2.85)	2.962** (2.54)
Edu	-2.108 (-1.47)	-1.332 (-0.91)	-2.503* (-1.71)	-1.745 (-1.17)
cc_ratio	0.021 8 (0.09)	0.013 2 (0.06)	0.005 75 (0.02)	-0.003 15 (-0.01)
_cons	24.07*** (29.82)	24.27*** (30.66)	24.28*** (31.87)	24.50*** (32.17)
N	372	372	372	372

注：括号内为 t 统计量，显著性水平 *** 表示 p<0.01， ** 表示 p<0.05， * 表示 p<0.1。

求导后得出曲线斜率与自变量 Ftech 之间的关系为：

$$theil_{i,t} = \beta_1 + 2\beta_2 Ftech_{i,t} \tag{5}$$

根据统计性描述与基准回归中（1）列的结果，当 *Ftech* 取最小值 0.032 时，曲线斜率约为 1.34；当 *Ftech* 取最大值 2.408 时，曲线斜率约为 -0.42，均符合倒 U 形曲线效应；同时，（1）列中非线性结构拐点约为 184，结合表 2 的统计性描述中，金融科技指数的最小值为 0.032，最大值为 2.408，拐点取值位于样本实际取值范围之间，且（2）列回归结果的拐点约为 1.03，同样位于样本金融科技指数取值的区间之内，说明金融科技对于城乡收入差距的非线性分析具有实际意义。假设 H1 得到充分验证。短期的金融科技发展势必导致金融资源配置的马太效应，使得城市金融资源优于农村地区，扩大城乡收入差距；而随着金融科技进一步的拓展优化，逐渐产生涓滴效益，形成包容性增长，从而收敛城乡收入差距。金融科技的发展需要长久推进，持续支持才能发挥其收敛城乡收入差距的作用，引导经济的长远发展。

根据（2）列的回归结果对老龄化产生的调节效应进行分析，在核心解释变量金融科技指数与其平方项的系数均保持在 1% 的显著性水平下显著且与基准回归符号一致的情况下，平方项与老龄化的交互项系数在 5% 的水平下显著，且符号为正。调节交互项的符号与金融科技指数二次项的符号相反，推测老龄化对于金融科技的长期发展可以收敛城乡收入差距这一过程具有抑制作用（林伟鹏、冯保艺，2022）。进一步详细讨论老龄化的调节作用，将回归模型（2）简化为：

$$theil_{i,t} = \beta_0 + \beta_1 Ftech_{i,t} + \beta_2 Ftech2_{i,t} + \beta_3\, F\_a_{i,t} + \beta_4\, F2\_a_{i,t} + \beta_5\, age_{i,t} \quad (6)$$

对 *Ftech* 求二阶导得出曲率表达式为：

$$K = 2\,(\beta_2 + \beta_4 c\_age_{i,t}) \quad (7)$$

调节变量老龄化水平对于曲线曲率的影响依赖于系数 β_4，在表 4 中（2）列的回归结果中，β_4 显著为正，说明随着老龄化水平的上升，城乡收入差距关于金融科技的曲线会越来越平缓。其次，考虑调节变量对曲线拐点的影响，由公式（6）可以计算拐点表达式为：

$$Ftech_{i,t} = -\frac{\beta_1 + \beta_3 c\_age_{i,t}}{2\,(\beta_2 + \beta_4 c\_age_{i,t})} \quad (8)$$

以（8）式对调节变量求偏导后，得出调节变量对于拐点位置的影响效应依赖于 $\beta_1\beta_4-\beta_2\beta_3$ 的符号，而根据表 4 中（2）列的结果求得 $\beta_1\beta_4-\beta_2\beta_3$ 结果为正，意味着拐点位置随着老龄化程度的增大而增大，城乡收入差距进入收敛阶段需要的金融科技水平越高。最后，考虑调节变量对于曲线整体水平的影响，将高老龄化程度地区的城乡收入差距记为 Htheil，老龄化水平记为 Hage；低老龄化程度地区的城乡收入差距记为 Ltheil，老龄化水平记为 Lage。若 Htheil-Ltheil 恒为正，则说明高老龄化程度会提高曲线水平；相反，若恒为负，则说明高老龄化程度会降低曲线水平，因此，在公式（6）的基础之上计算得：

$$Htheil_{i,\,t}-Ltheil_{i,\,t}=\left(\beta_3 Ftech_{i,\,t}+\beta_4 Ftech2_{i,\,t}+\beta_5\right)\left(Hage_{i,\,t}-Lage_{i,\,t}\right) \quad (9)$$

由于 β_4 为正，所以式（9）不可能恒为负；当 $\beta_3^2-4\beta_4\beta_5<0$ 时，上式恒为正，由表 4 中（2）列回归结果可以得出 $\beta_3^2-4\beta_4\beta_5$ 为负，说明（9）式恒为正，因此，认为老龄化水平的提高会显著产生曲线水平的提高，即老龄化更高的地区城乡收入差距也倾向于更高。

总的来说，老龄化在金融科技影响城乡收入差距方面会产生调节效应，具体体现为：当金融科技发展至收敛城乡收入差距的阶段，随着老龄化水平的提升，金融科技对于城乡收入差距的作用被减弱，城乡收入差距关于金融科技的曲线变得更平缓；同时，拐点需要更高的金融科技水平，对于老龄化程度高的地区，城乡收入差距的收敛需要金融科技更高水平的发展；老龄化程度高的地区城乡收入差距水平也比较高。

根据生命周期消费理论以及我国老龄化人口的特点分析，我国老龄人口消费水平较低，风险厌恶程度高，对储蓄以外的金融服务持观望态度，并未积极参与金融科技进步为其带来的便利金融服务当中；而老龄化程度的过高，也会引导年轻人为了储备更多预防性资金而减少风险金融服务，选择更保守稳健的储蓄行为；过高的储蓄率不仅不利于资金流动，而且会对经济增长产生一定的抑制作用。此外，数字鸿沟问题也导致一些老龄人口无法接触金融服务，心理上抗拒对于科技产品的使用；即便是在心理上愿意学习接受，但出于年龄、健康学习能力的角度，整体学习成本较高，且学习效果不好，对于即存的数字鸿沟无法跨越，从而使得数字鸿沟问题持续存在。综上所述，我国老龄化水平的不断提高整体上导致金融需求下降一定水平，金融科技红利无法完全释放，使其效用减弱。

（四）稳健性检验

1. 变量滞后检验

在经济发展过程当中，大多数因素对于经济指标的影响都需要经过各种路径的传导，各类效应的充分发挥。因此，政策、技术、管理方式等因素对经济的影响会存在一定程度的时滞效应。金融科技的发展便可能存在这种时滞效应：科技创新先行，新型科技逐步与金融行业融合，对各地区进行全面覆盖，再到居民对其深度使用，这样的传导效果需要时间。因此，在对核心变量以及调节交互项进行滞后处理后，再次进行回归，结果如下：

表 5　变量滞后一期检验结果

	（1）	（2）
L.Ftech	1.123 *** (2.67)	1.649 *** (3.28)
L.Ftech2	−0.312 * (−1.83)	−0.799 *** (−2.76)
L.F_a		−18.95 (−0.81)
L.F2_a		29.20 * (1.95)
fin	0.688 *** (4.18)	0.653 *** (3.95)
urban_r	−28.44 *** (−13.95)	−28.32 *** (−13.83)
min_wage	−1.288 *** (−4.90)	−1.261 *** (−4.53)
patent	0.069 7 (1.45)	0.055 9 (1.13)
soc_secur	−1.017 (−0.61)	0.019 5 (0.01)

续表

	（1）	（2）
road	0.379 （1.17）	0.471 （1.45）
fiscal	1.769 ** （1.96）	1.893 ** （2.08）
open	−1.340 （−0.44）	−1.384 （−0.43）
aver_gdp	−0.206 * （−1.78）	−0.267 ** （−2.18）
gdp2	0.009 30 ** （2.27）	0.014 0 *** （3.03）
indus	3.814 *** （3.16）	3.326 *** （2.67）
edu	−2.019 （−1.41）	−1.002 （−0.68）
cc_ratio	0.176 （0.74）	0.176 （0.74）
age		−4.060 （−1.42）
_cons	24.49 *** （29.17）	24.79 *** （29.49）
N	341	341

注：括号内为 t 统计量，显著性水平 *** 表示 $p<0.01$，** 表示 $p<0.05$，* 表示 $p<0.1$。

在上表回归结果中，（1）列为基准回归结果，（2）列为调节效应回归结果，无论是核心解释变量的系数还是二次项调节交互项的系数均显著，且与原回归的符号相同，说明金融科技对于城乡收入差距的影响仍然是先扩大，再缩小；老龄化的加深对于金融科技影响城乡收入差距方面确实存在显著的抑制作用。

2. 内生性检验

为了处理可能存在的内生性问题，本文选取系统广义矩估计的方法，对基准回归结果再次进行验证，回归结果如下表。

表 6　GMM 回归结果

Ftech	3.065 *** (4.54)
Ftech2	−0.815 *** (−3.51)
fin	1.421 *** (5.71)
urban_r	−42.32 *** (−10.92)
min_wage	−2.010 *** (−7.41)
patent	0.148 ** (2.05)
soc_secur	−9.446 *** (−3.03)
road	−2.397 *** (−4.78)
fiscal	−6.324 *** (−5.53)
open	15.83 *** (2.75)
aver_gdp	0.403 ** (2.16)
gdp2	−0.010 3 (−1.41)
indus	11.88 *** (5.03)
edu	−0.876 (−0.56)
cc_ratio	−0.153 (−0.52)
_cons	30.94 *** (20.88)
N	372

注:括号内为 t 统计量,显著性水平 *** 表示 p<0.01 , ** 表示 p<0.05 , * 表示 p<0.1。

GMM 回归结果中，金融科技指数与其平方项的系数仍在 1% 的显著性水平下显著，其中金融科技指数系数为正，平方项系数为负，符合倒 U 形结构；同上文对于曲线效应的检验，在金融科技最小值点，曲线斜率为正，在最大值点，曲线斜率为负，且曲线拐点取值约为 1.88，位于金融科技取值范围内，具有实际意义。采用 GMM 估计一定程度上减小内生性所带来的问题，进一步验证了假设 H1。

（五）异质性分析

前文有关城乡差距的分析中提到，在城乡收入差距已经客观存在的情况下，城乡之间往往存在着大批流动人口，其中以农村青壮年劳动力为主体；在城乡二元结构之下，由于农村收入较城市收入低，不少农村劳动力会为了更高的收入而选择进城务工。短期来看，这种行为确实在一定程度上提高了家庭收入；但从长期效应来讲，青壮年劳动力的流失对于乡村产业的发展具有不利影响，劳动力的减少影响了农村地区产业结构升级进程，使得农村只能依靠落后的农业模式进行劳动生产，无法提高劳动效率获得收入增长，改变不了城乡收入差距的存在；同时，农村流失劳动力大部分属于家庭中的支柱地位，这给农村地区带来了严重的留守问题，跨代家庭教育以及留守人群心理问题都成为农村人力资本中所包含的隐患，这同样不利于农村地区的社会稳定与经济发展；以老龄抚养比角度来说，人口流失也会使农村地区人口结构更加偏向老龄化，数字鸿沟问题无法通过代际互助解决。因此，城乡人口流动也是城乡收入差距领域内的重点问题。

对于不同地区来讲，由于交通便利性，区域传统观念以及经济发展规模的差异，城乡人口流动的高低各有不同，本文以城乡人口流动高低作为异质性分析的切入角度，探究人口流动的高低对于本文所讨论的问题会有何种影响。本文参考廖显浪（2012）、刘劭睿等（2021）以及宋佳莹（2023）的变量设计，以一个地区二、三产业就业人数占总就业人数的比重作为度量城乡人口流动的指标。在此基础上，考虑到地区产业结构各有不同，各个产业的发展也不相同，将上述二、三产业的就业人数比率除以当地的二、三产业对 GDP 的贡献率，进而使得省市自治区与省市自治区之间更具有可比性；例如，对于农业经济仍占整体经济较大部分体量的省市自治区，其在第一产业上的就业人数较多也属于合理范畴，并不意味着该地区城乡人口流动率就低。根据上述理论以及城乡老龄化程度的数据，一个地区城乡老龄化差异与人口流动性为正相关，即一个地区的人口流动性越高，则该地区的城乡老龄化差异越大，城市老龄化水平相较于乡村老龄化水平就越低。对城乡老龄化差异与人口流动性进行相关性分析后发现，二者在数值上呈负相关，符合差异越大，流动性越强的同向变动趋势。在此基础上，以城乡人口流动率为标准，将样本的31个省市自治区划分为两组。将这两个组别所包含的样本分别进行回归，得出结果如表7所示。

表7中（1）列为低流动地区的回归结果，（2）列为高流动地区的回归结果。根据回归结果分析发现，对于低流动地区，金融科技指数系数显著为正，平方项系数显著为负，表明在低流动地区，金融科技对于城乡收入差距的影响呈现出倒U形，而在高流动地区，金融科技对于城乡收入差距的影响并未显著呈现出曲线效应，而是随着金融科技的发展，城乡收入差距不断扩大。

表7　城乡人口流动异质性分析回归结果

	（1）	（2）
Ftech	11.40*** (2.78)	0.982** (2.46)
Ftech2	−14.32*** (−2.86)	−0.242 (−1.57)
fin	1.987*** (4.52)	0.032 3 (0.15)
urban_r	−33.82*** (−8.54)	−23.32*** (−11.72)
min_wage	−3.002*** (−3.22)	−1.248*** (−4.81)
patent	−1.762*** (−4.11)	0.064 9* (1.68)
soc_secur	−6.123 (−0.85)	−1.518 (−0.97)

续表

	（1）	（2）
road	−0.069 7 （−0.20）	−0.440 （−1.24）
fiscal	−8.137 *** （−6.32）	5.463 *** （4.86）
open	−45.14 *** （−4.03）	4.839 * （1.72）
aver_gdp	−1.700 *** （−3.41）	−0.102 （−0.86）
gdp2	0.148 *** （4.00）	0.007 90 * （1.93）
indus	9.827 ** （2.52）	4.277 *** （2.94）
edu	7.851 （1.29）	−2.265 （−1.61）
cc_ratio	−0.507 （−0.75）	−0.178 （−0.74）
_cons	33.45 *** （14.07）	20.86 *** （27.07）
N	168	204

注:括号内为 t 统计量,显著性水平 *** 表示 $p<0.01$ ， ** 表示 $p<0.05$ ， * 表示 $p<0.1$ 。

同时，低流动地区的拐点约为 0.4，处于样本金融科技指数范围内，具有现实意义；在这个基础上与样本整体对比，低流动地区金融科技发展到一个较低水平时，收敛城乡收入差距的作用就会大于扩大城乡收入差距的作用，进而城乡收入差距缩小。产生这种现象的原因可能是由于低流动地区即便在城乡收入差距既存的情况下，农村人口仍不会外流严重。于是农村劳动力保留，产业结构升级加快，在金融科技加持下，农村收入上升速度加快。因为老龄化程度的加深，反而使得低流动地区的农村劳动力更倾向于留在农村进行生产建设，进而更快地缩小城乡差距。综上所述，假设 H3 得到验证。

五、结论与建议

本文选取 2011—2022 年间，我国 31 个省市自治区的数据，对我国金融科技对城乡收入差距的影响进行研究，并探讨了人口老龄化对于金融科技影响城乡收入差距方面的调节作用，得出以下结论：第一，金融科技对城乡收入差距会造成显著影响，影响效应近似倒 U 形关系；第二，人口老龄化的加深会抑制金融科技收敛城乡收入差距的作用，体现在使得金融科技对城乡收入差距的收敛作用削弱，使得拐点增大，即城乡差距的收敛需要更高的金融科技水平。第三，金融科技对城乡收入差距的作用在城乡人口流动性方面体现出异质性，地区城乡人口流动性较高时，金融科技对城乡收入差距只起到扩大作用，而无法转而缩小城乡差距；而对于城乡人口流动率低的地区，较低水平的金融科技发展就会产生对城乡收入差距的收敛作用。

基于上述结论，结合我国现实情况，以共同富裕、科技进步为目的，提出以下政策建议。

第一，鼓励科技创新，加强金融科技建设。大力发展国家高精尖产业，对于科技创新型企业提供政策优惠、区域优惠、价格优惠，增大国家财政科技领域支出的比例，提高科技型人才培养数量。

第二，注重政策引导，推进金融普惠发展。保障金融资源在城乡区域之间的充分流动，持续推进"三农"领域金融产品创新，为农业发展提供金融支持。以现代化科技助力农村生产，加快农村产业升级与三产融合。

第三，提高监管质量，降低风险，防患于未然。金融科技纵然有诸多优点，但回归到其金融创新的本质之上，则应该重点关注其所带来的风险。设立金融科技监管部门，重点识别金融科技发展所带来的各种可能风险，提前设立相应法律法规，约束金融科技行业健康发展。

第四，贴合老龄化国情，开展适老学习教育。正确认识我国老龄化现状以及发展趋势，提前做好老龄化产业布局。提高老龄人口素质，推出更加适合老龄人口的金融服务，简化操作流程，推行数字软件适老化配置，帮助老龄人口跨越数字鸿沟，实现金融科技更广泛的渗透。

参考文献

卜银伟、李成林、王卓，2022，《金融科技助力乡村振兴的模式研究》，《西南金融》第 2 期：71—82。

郭露、刘梨进，2023，《金融科技、收入不平等与多维相对贫困脆弱性》，《财经科学》第 3 期：15—29。

黄昊，2021，《金融科技域外治理经验及对我国的启示》，《企业经济》第 40 卷第 6 期：153—160。

黄益平、黄卓，2018，《中国的数字金融发展：现在与未来》，《经济学（季刊）》第 17 卷第 4 期：1489—1502。

李海奇、张晶，2022，《金融科技对我国产业结构优化与产业升级的影响》，《统计研究》第 39 卷第 10 期：102—118。

李明贤、彭晏琳，2024，《金融科技促进了农民增收吗？——基于农村三产融合》，《南京农业大学学报（社会科学版）》第 6 期：24—39。

李娜，2021，《中国农村金融科技创新与监管研究》，《技术经济与管理研究》第 11 期：87—91。

李文红、蒋则沈，2017，《金融科技（FinTech）发展与监管：一个监管者的视角》，《金融监管研究》第 3 期：1—13。

李展、叶蜀君，2019，《中国金融科技发展现状及监管对策研究》，《江淮论坛》第 3 期：54—59。

林伟鹏、冯保艺，2022，《管理学领域的曲线效应及统计检验方法》，《南开管理评论》第 25 卷第 1 期：155—166。

刘园、郑忱阳、江萍等，2018，《金融科技有助于提高实体经济的投资效率吗？》，《首都经济贸易大学学报》第 20 卷第 6 期：22—33。

鲁钊阳、马辉，2021，《金融科技创新对实体经济增长的影响研究》，《科学管理研究》第 39 卷第 5 期：150—159。

孟娜娜、粟勤，2020，《挤出效应还是鲇鱼效应：金融科技对传统普惠金融影响研究》，《现代财经（天津财经大学学报）》第 40 卷第 1 期：56—70。

乔海曙、黄荐轩，2019，《金融科技发展动力指数研究》，《金融论坛》第 24 卷第 3 期：64—80。

沈悦、郭品，2015，《互联网金融、技术溢出与商业银行全要素生产率》，《金融研究》第 3 期：160—175。

盛天翔、范从来，2020，《金融科技、银行异质性与货币政策的流动性创造效应》，《南京社会科学》第 12 期：19—25+42。

宋敏、周鹏、司海涛，2021，《金融科技与企业全要素生产率——"赋能"和信贷配给的视角》，《中国工业经济》第 4 期：138—155。

宋晓玲，2017，《数字普惠金融缩小城乡收入差距的实证检验》，《财经科学》第 6 期：14—25。

孙继国、侯非凡，2021，《金融科技、产业结构升级与农民生活富裕——基于全国地级以上城市的实证分析》，《福建论坛（人文社会科学版）》第 5 期：106—117。

孙继国、孙尧，2022，《共同富裕目标下金融科技是否促进了乡村产业振兴》，《财经论丛》第 11 期：51—60。

王小华、胡大成，2022，《金融科技发展对城乡收入差距的影响研究》，《西南大学学报（自然科学版）》第 44 卷第 7 期：141—151。

杨盼盼、刘晨，2021，《金融科技、家庭信贷约束与财富积累——基于中国家庭微观数据的实证研究》，《金融监管研究》第 8 期：49—65。

易宪容，2017，《金融科技的内涵、实质及未来发展——基于金融理论的一般性分析》，《江海学刊》第 2 期：13—20。

尹振涛、李俊成、杨璐，2021，《金融科技发展能提高农村家庭幸福感吗？——基于幸福经济学的研究视角》，《中国农村经济》第 8 期：63—79。

张羽、王文倩，2021，《金融科技能够缓解收入不平等吗？——基于跨国面板数据的研究》，《上海金融》第 6 期：59—71。

Chen, L. 2016. "From Fintech to Finlife: the case of Fintech Development in China." *China Economic Journal*, 2016, 9 (3): 225—239.

Eysenbach, G. 2009. "Infodemiology and Infoveillance: Framework for an Emerging Set of Public Health Informatics Methods to Analyze Search, Communication and Publication Behavior on the Internet." *Journal of Medical Internet Research*, 11 (1), pp.e11.

Ripberger, J.T. 2011. "Capturing Curiosity: Using Internet Search Trends to Measure Public Attentiveness." *Policy Studies Journal*, 39 (2), pp.239—259.

消费波动的多重异质性与福利效应测算：基于不同产业的视角[*]

张　耿[**]

摘要：本文从多重异质性的角度讨论消费波动造成的福利效应，综合考虑不同类型的异质性因素，包括产业间的异质性、产业内的个体偏好异质性，以及个体偏离稳态的异质性后，根据数值模拟的结果，多重异质性模型较好地复制了我国经济波动特别是消费波动的基本特征；福利测算结果表明，异质性框架下得到了相当大的福利效应，这意味着前期在代表性个体框架下的测算可能会低估消费波动造成的福利损失。

关键词：消费波动　异质性　福利效应

Abstract：This article discusses the welfare effects caused by consumption fluctuations from the perspective of multiple heterogeneity, taking into account different types of heterogeneity factors, including inter industry heterogeneity, individual preference heterogeneity within industries, and individual deviation from steady state heterogeneity. Based on numerical simulation results, the multiple heterogeneity model effectively replicates the basic characteristics of China's economic fluctuations, especially consumption fluctuations; The welfare calculation results indicate that a significant welfare effect has been achieved under the heterogeneity framework, which means that previous calculations under the representative indi-

---

[*] 本文受国家社科基金"我国消费波动的微观机制及其异质性个体数值模拟研究"（20BJL150）资助。

[**] 张耿，上海外国语大学国际金融贸易学院教授，主要研究方向为经济金融波动与社会福利。

vidual framework may underestimate the welfare losses caused by consumption fluctuations.

Keywords：consumption fluctuations；heterogeneity；welfare effect

尽管第一代经济波动福利效应的研究采用了代表性个体框架，但真实世界中存在多种多样的异质性，劳动经济学和产业组织的大量微观研究表明，经济上的异质性无所不在（Heckman，2001）。"彼之砒霜，吾之蜜糖""羊羔虽美，众口难调"，表达了个体偏好的异质性；"南橘北枳""兰怨桂亲"，表达了环境条件的异质性。国外学者在引入异质性时，大多根据研究的具体问题，从消费者异质性和生产者异质性的角度切入。仅就经济波动福利效应这一学术专题而言，自 Krusell 和 Smith（1998）开启了异质性福利效应研究以来，引入异质性的角度多从消费者的就业/失业状态入手。

本文尝试从生产者异质性的角度引入个体异质性来讨论福利效应，这么做有几点考虑：首先，仅考虑消费者就业状态的异质性，有可能忽略了其他类型异质性对经济波动和福利效应的重要影响；其次，为了使波动模型在抓住主要宏观特征的同时，尽可能具有数学上的简洁性，在建模时可以不区分消费者和生产者，模型中的个体既是消费者同时也是生产者，这种情形下从生产的角度引入异质性是更为合理的做法；最后，在研究中国和一些新兴市场经济时，个体就业/失业状态的微观数据存在可得性问题。

后文安排如下：第一部分回顾了前期的福利效应模型，第二部分对我国的产业异质性进行测度，第三部分和第四部分依次介绍了本文求解异质性模型的算法思路及两类模型的概率学差异，第五部分是异质性模型福利效应的测算结果，最后是结论与讨论。

一、福利效应模型回顾

（一）Imrohoroglu 经济

在 Imrohoroglu 经济中，代表性个体在每期进行最优消费/投资选择，当期收入包括两项：资本回报和就业所得的工资收入，其中，资本回报取决于所积累的资本数量，工资收入取决于就业/失业状态。

Imrohoroglu 经济中的不确定性包括两类因素：个体层面上的就业/失业状态和宏观层面上的繁荣/萧条状态。两类因素的组合形成一个 4×4 的转移概率矩阵。例如，矩阵的第一个数据刻画了当期个体状态为就业、当期宏观状态为繁荣时，下期个体状态为就业且下期宏观状态为繁荣的概率。

可以注意到，不管宏观状态是繁荣还是萧条，个体都有一定的失业概率，这显然是一种特质性的个体风险，而宏观状态下繁荣和萧条的转移演变则是汇总风险。如果存在完全保险，则个体风险可被保险消除，此时无论个体是否就业，在保险工具作用下，人人都可获得相同的收入。因此个体层面的经济波动不会导致福利损失。Imrohoroglu 试着引入两种类型的不完全保险，一种是不可借贷，另一种是可以借贷，但存在金融中介和存贷利率差，这两种情况下得到的福利损失都相当小。

跨期最优模型中的约束方程往往体现了模型的主要特点，在 Imrohoroglu 经济中，个体收入来自工资所得和资本回报，其中工资所得取决于个体就业状态，就业下的收入被标准化为 1，失业下的收入低得多（例如四分之一）；资本回报来自资本存量和资本报酬率，这里资本回报率被简化为外生变量。约束方程如下：

$$a_{t+1} = \begin{cases} (1+r)\left[a_t + (y - c_t)\right] & \textit{if 就业} \\ (1+r)\left[a_t + (\theta y - c_t)\right] & \textit{if 失业} \end{cases}$$

其中 a 为资本存量，y 为工资收入，c 为消费，r 为外生给定的资本回报率。

从技术的层面，由于不需要宏观汇总，Imrohoroglu 经济的数值求解是比较容易的，主要参数校准后，将状态空间离散化，设定初始的策略函数和值函数，利用贝尔曼方程不断迭代后逐渐逼近真实的策略函数和值函数。由于个体存在四种状态，因此一共需要求解四个值函数和四个策略函数。

数值程序的基本流程是：给定四个初始值函数和四个策略函数（例如可简单设定为常数），分别对应当期个体状态就业/失业、当期宏观状态为繁荣/萧条这四种情况，遍历所有可能的当期资本取值（如从 1 开始到

20），对每一个可能的当期资本，求解最优的下期资本，目标函数是让贝尔曼方程最大化。遍历每一个当期资本对应的最优资本后，更新策略函数，更新值函数，开始下一次迭代，随着迭代次数的增加，值函数和策略函数逐渐逼近真实结果，直到相邻两次迭代的结果趋于相同，则停止迭代完成数值求解。

（二）Krusell-Smith 经济

在 Krusell-Smith 经济中存在着大量个体，每一个微观个体在每一期都进行最优消费/投资决策，当期收入包括两项：资本回报和就业所得的工资收入，其中工资收入取决于个体就业状态和工资率，资本回报取决于个体资本积累和资本回报率，而当期的资本回报率和工资率都取决于宏观经济环境。

与 Imrohoroglu 经济相比，Krusell-Smith 经济中存在着个体差异，异质性个体的微观行为汇总后形成了宏观经济，具体地，所有个体的资本汇总后形成了宏观资本，所有个体的劳动时间汇总后形成了宏观的劳动力投入，而宏观资本和宏观劳动投入共同决定了工资率和资本的实际报酬率，这又反过来影响了个体的消费/投资决策。这样的环境设定，使得宏观变量的形成具有更好的微观基础。与之相比，Imrohoroglu 经济中的关键宏观变量例如资本报酬率只是外生变量，个体的微观行为也就没有与宏观状态产生内在的联系。

如果这一经济环境中存在完全市场，则根据汇总定理，无需知道个体分布就能解出汇总模型，但从计算经济波动福利成本的角度，有必要引入不完全市场以贴近现实条件，具体地，设定个体无法购买失业保险以消除微观层面的特质冲击，但能借助买入卖出资本的投资行为实现部分保险，设定资本持有不能小于 0（或某个常数），这样就形成一个不完全保险市场。

在这一环境条件下，计算个体的当期收入是比较复杂的：个体收入中的关键变量——资本回报率——取决于宏观资本水平，对每一个个体而言，其最优资本的选择不但取决于自己的行为，而且取决于他人的资本选择，所有个体的投资行为汇总后产生宏观资本水平，并进而形成资本回报率。

想象最简单情形下，经济中只有两个个体，每个个体的资本取值离散化为30个格点，在 Imrohoroglu 经济中，数值计算只需要在这 30 个情况中找到最优；而在 Krusell-Smith 经济中，两个个体的资本取值可能性有 $30 \times 30 = 900$ 个情况，数值计算的工作量大大增加了。如果个体的数量更多（例如 Krusell-Smith 设置的个体人数为 5 000），则按照传统的数值计算方法，遍历所有的取值可能，需要的工作量会异常巨大。例如以资本状态空间离散化为 30 个格点，则每次迭代需要进行 $30^{5\,000}$ 次计算，而且在这种情况下，值函数和策略函数收敛所需要的迭代次数也会远远大于代表性个体下的情况，因此，求解策略函数和值函数面临着计算量过大的困难，即"维数诅咒"难题。

为了解决这一问题，早期的研究要么假定关键的汇总变量如利率保持不变（Imrohoroglu, 1989），要么假定货币当局设定了一个关于利率的政策规则，规定利率仅仅是内生汇总状态变量的函数（Diaz-Gimenez et al. 1992）。第三种方法是将异质性简单化，例如 Telmer（1993）和 Lucas（1994）将个体视为只有两种类型。第四种方法则通过线性二次近似的方法进行求解（Rios-Rull, 1994），Rios-Rull 构造的世代交叠模型中，每一代人之间存在异质性，群体内部则不存在差异。显然，这些研究一步一步使得异质性分析从最简单的情形起步，一点一点地越来越接近现实世界。

为了绕过维数诅咒难题，Krusell-Smith 采取了一种简化的方法，其基本原理类似于理性预期：个体依据某种规则（如 Krusell-Smith 设定了宏观资本遵循某一线性增长路径）"猜测"当期的宏观资本水平 x1，据此做出最优投资决策，所有个体的投资汇总后形成宏观资本水平 x2，如果 x1 = x2，则完成此次迭代，反之则让个体重新猜测。这一算法极大简化了求解异质性模型数值计算的工作量，被称为近似汇总。这里的个体是近似理性的，因为他们对价格的预测误差非常小。

这一技术上的突破推进了异质性模型的发展，拓宽了异质性研究的学术领域，与此同时，这一近似汇总方法还存在不少缺陷：例如，按照这一方法，尽管个体的判断非常接近宏观经济的实际情形，汇总的动态过程仍然可能偏离真实的理性预期均衡。Krusell-Smith 为此建议在个体的判断法则中加入其他的高阶矩信息，以测试汇总动态是否对消费者扩大信息集敏感。Miao（2006）初步研究了 Krusell-Smith 迭代均衡和序贯竞争性均衡的恒等关系，总体上看，异质性模型的研究仍存在大量问题有待解决。

二、异质性测度

首先考虑一个较为简单的情况：工作在第一产业、第二产业和第三产业的不同个体，各期受到的生产率冲击彼此不同。即便考虑到更复杂和更细致的行业划分，但基本的技术处理和这里是相同的。

数据源自 CCER 经济金融数据库和中国统计年鉴，首先在全国宏观国民经济核算年度数据子库获取第一产业、第二产业和第三产业历年在国内生产总值中的占比构成，接下来根据中国统计年鉴中的历年实际 GDP 数据（1978 年价格）计算每个产业的实际产出，最后计算每个产业的人均产出和总人均产出。值得一提的是，由于各产业的就业人口加总后并不等于全国人口，后者还包括大量的儿童、老人等非就业人口，为保证分行业数据和汇总数据的一致性，这一部分在计算人均数据时统一用产出除以就业人口，因此这里的"人均"为就业人口意义上的人均，而非全样本人口意义上的人均，前者更接近人均有效劳动变量（per capita）的概念。①

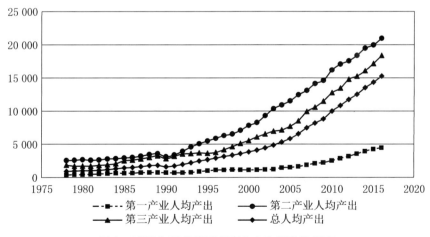

图 1　1978 年以来我国各产业人均产出的演变

---

① 这样处理的一个隐患是，没有考虑各个产业的价格指数存在差异。但这一缺陷笔者认为是可以容忍的。

上图给出了 1978 年以来各产业人均有效劳动产出随时间的演变，可以清晰地看到，三大产业的增长速度并不同步，特别是在 1990 年后，我国第二产业和第三产业的人均产出增长速度明显高于第一产业人均产出的增长速度，这符合后发国家现代化转型过程的一般规律。从图中还可以直观地看到，三大产业的发展路径均存在一定的波动，利用滤波技术分离出趋势数据和波动数据后，可以更加准确获取各产业所受冲击的大小幅度及时间规律。考虑技术方法的差异性，同时采用 HP 滤波算子和 BP 滤波算子两种方法进行处理，其中 HP 滤波算子的 Lamda 参数按照年度数据的通常做法取 100，BP 滤波算子的频率参数取两年和八年。结果如下图：

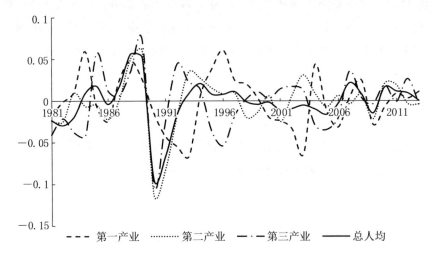

图 2　各产业人均产出与总人均产出的经济波动（BP 滤波结果）

图 2 给出了各产业人均产出与总人均产出随时间的波动情形，首先可以观察到，各产业的波动彼此并不同步，如 1981—1986 期间，第二产业和第三产业、第一产业与第三产业，呈现明显的负相关关系，1996 年左右的一段时间，第一产业与第三产业也呈现明显负相关，第一产业在这段时间处于典型的正向冲击阶段，而第三产业在同一时间段则处于负向冲击阶段。类似的不同步情况多次发生；其次还可以观察到，各产业与总人均产出的波动也并不完全同步，在不同时期，存在一定时间上的超前滞后。这些情况表明：各产出的波动存在异质性。

在将异质性模型化的过程中，关键环节是如何刻画汇总（总人均产出）异质性与个体（各产业人均产出）异质性之间的定量关系。延续代表性模型的一般做法，汇总波动可以表达为一个马尔科夫过程，汇总状态有两种情况 1 和 2，分别对应汇总经济承受正向冲击和负向冲击，两种状态每期的演变采用转移概率矩阵 πa 表达如下：

$$\pi a = \begin{bmatrix} P11 & P12 \\ P21 & P22 \end{bmatrix}$$

其中 $P11$ 为上期汇总状态为 1（正向冲击），本期汇总状态也为 1 的概率；$P12$ 为上期汇总状态为 2（负向冲击），本期汇总状态也为 2 的概率。$P21$ 和 $P22$ 以此类推。确定转移概率矩阵后，就可以较为方便地进行经济系统的蒙特卡洛模拟。

对于汇总数据，转移概率矩阵和冲击参数的计算较为简单：第一步，根据滤波得到的波动数据，确定每期状态，周期数据大于零时经济处于正向冲击，此时实际产出大于趋势水平，该期宏观经济的汇总状态设为 1；周期数据小于零时经济处于负向冲击，此时实际产出小于趋势水平，该期宏观经济的汇总状态设为 2。第二步，计算上期状态为 1 当期状态也为 1 的次数 $N11$，以及上期状态为 1 当期状态为 2 的次数 $N12$，上期状态为 2 当期状态为 1 的次数 $N21$，以及上期状态为 2 当期状态也为 2 的次数 $N22$；第三步，$P11$ 是上期状态为 1 当期状态也为 1 的概率，因此 $P11 = N11/（N11+N12）$，类似地，有：$P12 = N12/（N11+N12）$；$P21 = N21/（N21+N22）$，$P22 = N22/（N21+N22）$。第四步，状态 1 下各期产出波动数据的均值视为此时的平均冲击 $A1$，状态 2 下各期产出波动数据的均值视为冲击 $A2$。

考虑异质性后，经济系统的马尔科夫过程比代表性模型要复杂一些，且容易出现著名的"维数诅咒"导致数值计算量过大的问题。为了使得数值求解可行且兼顾计算效率，需要在抓住主要因素的同时，尽可能保持模型的简洁性，将此时的个体状态概率设定为该个体上期状态和宏观汇总当期状态的函数。具体而言，同质性模型中，决策者为汇总代表性个体，决策者的当期状态取决于上期汇总状态；异质性模型中，决策者为异质性个体，决策者的当期状态既取决于当期汇总状态，也取决于上期个体状态，见下图：

图 3　代表性模型下的状态演变

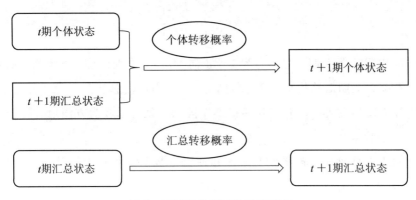

图 4　异质性模型下的状态演变

在如上所述的异质性模型经济环境中，汇总状态和个体状态各有两个取值（状态 1 和状态 2），因此个体转移概率矩阵每次都存在 $2 \times 2 = 4$ 种前期状态，该个体有两种当期状态，其中状态 1 的转移概率为 2×2 矩阵。每种状态每期的演变采用转移概率矩阵 πh 表达如下：

$$\pi h = \begin{bmatrix} p11 & p12 \\ p21 & p22 \end{bmatrix}$$

个体的 4 种前期状态的定义如下：

表 1　状态定义

状态	意义
状态 11	当期宏观状态为 1，上期个体状态为 1
状态 12	当期宏观状态为 1，上期个体状态为 2
状态 21	当期宏观状态为 2，上期个体状态为 1
状态 22	当期宏观状态为 2，上期个体状态为 2

例如，$p11$ 表示当期宏观状态为 1 且上期个体状态为 1 的情形下，当期个体状态为 1（正面冲击）的概率。当期个体状态为 2（负向冲击）的

概率 = 1−p11。

采用类似于代表性汇总模型的方法，可以确定矩阵的具体数值：例如，根据 1978—2016 年中国经济的年度数据，对第一产业，当年宏观经济面临正向冲击，同时上年第一产业面临正向冲击的情形下，当年第一产业出现正向冲击的情况一共发生了 15 次，出现负向冲击的情况一共发生了 2 次。因此对于第一产业的个体，p11 = 15/（15＋2）= 0.882 4，其他参数以此类推。最后得到如表 2 所示的参数结果。

表 2　各产业状态演变的概率矩阵与冲击参数

	第一产业	第二产业	第三产业	宏观汇总[①]
$\begin{bmatrix} p11 & p12 \\ p21 & p22 \end{bmatrix}$	$\begin{bmatrix} 0.739\ 1 & 0.260\ 9 \\ 0.4 & 0.6 \end{bmatrix}$	$\begin{bmatrix} 0.608\ 7 & 0.391\ 3 \\ 0.533\ 3 & 0.466\ 7 \end{bmatrix}$	$\begin{bmatrix} 0.75 & 0.25 \\ 0.222\ 2 & 0.777\ 8 \end{bmatrix}$	$\begin{bmatrix} 0.826\ 1 & 0.173\ 9 \\ 0.2 & 0.8 \end{bmatrix}$
正向冲击均值 A1	1.043 0	1.023 6	1.044 0	1.028 4
负向冲击均值 A2	0.941 4	0.967 0	0.955 7	0.960 6
p1	0.605 2	0.576 8	0.470 6	0.534 9
p2	0.394 8	0.423 2	0.529 4	0.465 1

上表给出了从 1978 到 2016 年期间，不同产业的冲击参数和概率转移参数，所有产业与宏观经济的冲击参数都存在一些共性的特点，例如 p11>0.5>p12，即当期宏观处于繁荣状态时，若当期该产业也处于繁荣状态，则下期该产业有较大概率仍然处于繁荣状态；反之，若当期该产业处于萧条状态，则下期该产业有较大概率仍然处于萧条状态；这不但体现了各产业的繁荣状态和萧条状态都存在一定的时间持续性，而且体现了在这段时间，各产业在繁荣状态下的演变更多取决于自身的情况，其次才取决于宏观经济。

除了这些共性特征外，各产业的冲击参数存在明显异质性，从正向冲击的强度看，第三产业的正向冲击强度最大，其次是第一产业，最后是第二产业；从负向冲击的强度看，第一产业的负向冲击强度最大，其次是第三产业，最后是第二产业。而根据无条件概率参数 p1、p2 的数值可知，第

---

① 由于这一部分的人均定义与前文不同,所得到的转移概率及冲击参数的具体数值也略有不同。

一产业的整体繁荣概率最大，其次是第二产业，最后是第三产业。值得一提的是，第三产业的 $p1>p2$，这意味着从长期看，第三产业的整体繁荣概率小于萧条概率。

此外，宏观经济在繁荣期时的特点并没有与萧条期形成对称关系：在宏观经济的萧条期，各产业转移概率的定性特点存在明显不同，其中，对第一产业和第三产业，有 $p21<0.5<p22$，这意味着当宏观经济处于萧条期时，若第一产业和第三产业当期也处于萧条状态，则下期有较大概率仍然处于萧条状态，反之则反。但对第二产业，有 $p21>0.5>p22$，这意味着，即使宏观经济处于萧条状态，只要第二产业当期处于繁荣状态，则第二产业下期仍有较大概率仍然处于繁荣状态。换言之，第二产业的状态更多取决于自身而非宏观经济。

三、异质性模型的算法思路

计算异质性模型的程序分为两个部分：第一部分，首先按照代表性个体模型的思路计算每个个体的策略函数和价值函数，相关模型和程序的具体说明详见本人前期文章（张耿，2019）；需要说明的是，由于异质性模型同时考虑宏观状态和个体状态，因此对于每一个产业，使用贝尔曼方程进行数值迭代时，方程右边有四个状态，对应四个概率参数和四个值函数：

$$v = \max \ [\ U+p1.v1+p2.v2+p3.v3+p4.v4\ ]$$

其中状态 1 到状态 4 为两种个体状态和两种宏观状态的组合。$p1$ 到 $p4$ 为从当前状态到下期状态的转移概率，$v1$ 到 $v4$ 为四种状态对应的值函数。但在这一部分的异质性模型中，宏观状态只影响个体状态概率，不影响每个个体状态下的具体经济参数，因此在求解个体值函数时，贝尔曼方程的右边可以简化地表达为两个个体状态：

$$v = \max \ [\ U+p1.v1+p2.v2\ ]$$

其中 $p1/p2$ 为当期个体状态向下期个体状态演变的转移概率。通过这一处理，程序第一部分的求解过程与代表性模型是类似的。

　　计算程序的第二部分为蒙特卡洛异质性模拟。设定初始状态①，让计算机产生随机数，与前期同类文献的不同之处，主要在于对异质性的引入角度和对经济环境的刻画不同。前期文献中，Krusell 和 Smith 通过个体就业状态引入个体异质性，不同就业状态下个体收入存在差异，这一处理方法强调了微观层面上个体就业的异质性问题；本文通过不同产业的产出冲击引入异质性，这一处理方法强调了产业层面上存在的异质性问题。长期视角下，如果不存在限制性的政策壁垒，经过充分竞争后，不同产业之间最终能够实现一价定理的均衡状态，届时各产业的资本回报率、劳动力收入等将维持在相同水平，但现实经济往往较明显地偏离这一位置，收入水平和资本回报率在不同产业之间呈现出较大的差异。观察我国经济发展的历史数据，农业的收入长期低于工业和服务业。自 1978 年我国开始市场化转型后，工业化速度加快，大量农村人口快速流出第一产业，转型为第二产业和第三产业的劳动力，但在经历了数十年的就业人口流动后，全国范围看，农村地区的收入和技术进步仍然明显落后。产业层面之所以长期存在这种明显的异质性，理论上源自不同产业技术进步的速度不同，以及资金和人口在不同产业间的流动存在壁垒，导致宏观层面的均衡态无法实现。笔者认为，相比个体就业状态差异这一问题，产业层面的异质性问题对宏观经济具有更为重要的影响，这是前期同类文献尚未深入研究的一个新视角。

　　本文模型的另一个重要特征是：个体的每期产出和每期的最优行为不关注宏观总量的状态，只关注个体的当期状态。此一设定下，宏观状态通过影响每个产业的状态概率来间接地影响个体，但对个体每个状态下的冲击强度不产生直接影响。这使模型能够更好地体现现实经济环境的主要特征，在这一设定下，在第一步求解每个产业的策略函数和值函数的时候，可以直接利用代表性个体的技术方法，处理起来较为简洁，从而极大简化了数值计算的复杂度，节省了算力。

---

① 理论上初始状态的设定不影响最终结果，但从节省算力和稳健性角度考虑，将初始状态设定在稳定态附近的效果较好。

四、异质性模型与同质模型的概率学差异

同质模型与异质性模型的环境设定不同，转移概率的性质和数值也不同。但在概率学意义上，二者本质上具有相同的性质。以 G/B 代表宏观经济的当期状态（繁荣/萧条），以 g'/b' 和 g/b 分别代表微观个体的上期状态和当期状态。同质模型下的转移概率 Pij 代表宏观经济当期状态为 i 时，下期状态为 j 的概率；异质性模型下的转移概率 pijk 代表第 k 个个体，当期宏观状态为 i 且上期个体状态为 k 时，当期个体状态为 g 的概率。二者之间的关系推导如下（以产业 1 为例）：

经济波动的总次数为 38 次①，其中宏观状态为正的次数为 22 次，其中产业 1 上期为正的次数为 17 次，上期为负的次数为 5 次；宏观状态为负的次数为 38-22＝16 次，其中产业 1 上期为正的次数为 6 次，上期为负的次数为 10 次。

产业 1 总波动次数为 38 次，其中产业 1 状态为正的次数为 23 次，其中上期状态为正的次数为 17 次，其中当期宏观状态为正的次数为 15 次，当期宏观状态为负的次数为 2 次；上期状态为负的次数为 6 次，其中当期宏观状态为正的次数为 4 次，当期宏观状态为负的次数为 2 次；产业 1 状态为负的次数为 38-23＝15 次，其中上期状态为正的次数为 6 次，其中当期宏观状态为正的次数为 2 次，当期宏观状态为负的次数为 4 次；上期状态为负的次数为 9 次，其中当期宏观状态为正的次数有 1 次，当期宏观状态为负的次数为 8 次。

根据以上数据，产业 1 同质模型中的转移概率 Pg'g 与异质性模型中的转移概率存在以下关系：

$$P(g'g) = P(g'gG) + P(g'gB)$$
$$= P(g|Gg') * P(Gg') + P(g|Bg') * P(Bg')$$
$$= 15/17 * 17/38 + 2/6 * 6/38 = 17/38$$

上式中，$P(g'g)$（＝17/38＝0.447 4）为产业 1 作为代表性模型中的转

① 取样时间 1978—2016 共 39 年，第一年缺乏上期数据，舍去后剩余 38 年作为观察对象。

移概率参数，P（$gIGg'$）（$=15/17=0.882\ 4$），P（$gIBg'$）（$=2/6=0.333\ 3$）为产业 1 作为异质性模型中的转移概率参数。在满足以上条件后，异质性模型的转移概率与同质模型的转移概率具有数学上的相同性质。

五、异质性模型的福利效应测算结果

这一部分对消费波动福利效应进行综合测度。模型中考虑不同类型的异质性因素，包括跨产业的异质性、产业内的个体偏好异质性，以及个体偏离稳态的异质性。

考虑到可比性和直观性，这里采用两种方法定义福利效应的测度指标，分别用 λ_1 和 λ_2 表示，第一种方法（λ_1）源自学术界常用的卢卡斯福利补偿思想：抹平经济波动造成的福利提升等同于消费水平增加到原先的（$1+\lambda_1$）倍；第二种方法（λ_2）更加直观一些：比较存在经济波动和抹平经济波动这两种情况下的社会福利水平，分别用 V_1 和 V_2 表示，则经济波动造成的福利效应为：$\lambda_2=\dfrac{V_2-V_1}{V_1}$。值得一提的是，由于不同模型环境下消费水平对福利水平的影响呈现为非线性的特点，λ_1 和 λ_2 并非总是同步，λ_1 较大的时候有可能 λ_2 却比较小，反之亦然。因此同时采用这两个指标，可以帮助我们更全面地理解经济波动福利效应的规律性。

初始模型中的人口数量设定为 5 000 人，分布在三个不同的产业中，按照 1978 年以来历年各产业就业人数的平均值，设定第一产业、第二产业、第三产业的就业人口占总就业人口的比重分别为：51.1%、23.4%、25.5%。

产业间和产业内均存在个体偏好的异质性，产业一的个体以 $\gamma=2$，$\beta=0.85$ 作为个体偏好正态分布的均值，产业二的个体以 $\gamma=8$，$\beta=0.99$ 作为个体偏好正态分布的均值，产业三的个体以 $\gamma=4$，$\beta=0.95$ 作为个体偏好正态分布的均值。针对偏离稳态的最优决策行为，第一类非系统性偏误的均值设置为 0.01，第二类系统性偏误的均值设置为 -0.01，不同个体偏离稳态的程度围绕均值正态分布。初始资本水平设置为 13 个标准单位，维持生存的最低消费水平设置为 0.000 1 个标准单位。

在非对数效用下，可以根据以下公式计算福利效应指标 λ_1：

$$\lambda_1 = \left[\frac{(1-\beta)(1-\gamma)V^*+1}{(1-\beta)(1-\gamma)V+1} \right]^{\frac{1}{1-\gamma}} - 1$$

$$\lambda_2 = \frac{V^*-V}{V}$$

公式中的关键变量说明如下：首先，测度汇总的偏好参数时，按照每个产业的人口比重赋值权重系数，从而得到汇总的偏好参数 γ、β；其次，通过成熟的蒙特卡洛数值模拟，可以计算得到值函数 V 和 V^*；最后，在估计抹平经济波动后的福利水平 V^* 时，需要设定此时的经济环境特征，主要包括：（1）抹平经济波动后的冲击参数，设定为之前冲击参数的数学期望；（2）抹平经济波动后的偏离稳态参数设定为 0，这一设定将偏离稳态视为环境中不确定性带来的认知偏误，因此当经济波动被消除后，这种认知偏误也随之消失。下面展示主要的测算步骤和每一步的主要结果。

STEP1-计算抹平波动后各产业的冲击参数

	A_1	A_2	P_1	P_2	抹平经济波动后的冲击参数 $A = P_1 \cdot A_1 + P_2 \cdot A_2$
产业 1	1.043	0.941	0.605 2	0.394 8	1.002 8
产业 2	1.024	0.967	0.576 8	0.423 2	0.999 6
产业 3	1.044	0.955	0.470 6	0.529 4	0.997 2

STEP2-计算抹平波动后的稳态资本水平

	β	δ	A	θ	稳态资本水平 $\bar{k} = \left[\left(\frac{1}{\beta}+\delta-1 \right) \frac{1}{A\theta} \right]^{\frac{1}{\theta-1}}$
产业 1	0.85	0.1	1.002 8	0.521 2	3.781 9
产业 2	0.99	0.1	0.999 6	0.521 2	25.697 9
产业 3	0.95	0.1	0.997 2	0.521 2	12.925 7

STEP3-依次计算抹去经济波动后的稳态消费、稳态效用和各产业的稳态福利水平

	A	K	δ	θ	$\bar{c} = A\bar{k}^\theta - \delta\bar{k}$	γ	$u(c_{it})=\frac{c_{it}^{1-\gamma i}-1}{1-\gamma i}$	β	$V^*=\frac{u(\bar{c})}{1-\beta}$
产业 1	1.002 8	3.781 9	0.1	0.521 2	1.627 9	2	0.385 7	0.85	2.571 4
产业 2	0.999 6	25.697 9	0.1	0.521 2	2.858 7	8	0.142 7	0.99	14.276 5
产业 3	0.997 2	12.925 7	0.1	0.521 2	2.492 6	4	0.311 8	0.95	6.236 2

STEP4-将各产业汇总，计算抹去波动后的全社会福利水平

	各产业人口占比	各产业抹去波动后的稳态福利水平
产业 1	0.511	2.571 4
产业 2	0.234	14.276 5
产业 3	0.255	6.236 2
抹去波动后的全社会福利水平		6.244 9

STEP5-计算经济波动的福利效应

存在波动时候的福利水平 V	抹平波动后的福利水平 V^*	汇总后的 β 参数	汇总后的 γ 参数	福利效应指标 1 $\lambda_1 = \left[\dfrac{(1-\beta)(1-\gamma)V^*+1}{(1-\beta)(1-\gamma)V+1} \right]^{\frac{1}{1-\gamma}} - 1$	福利效应指标 2 $\lambda_2 = \dfrac{V^* - V}{V}$
4.594 7	6.244 9	0.908 3	3.914	0.308 7	0.359 2

经过以上五个步骤后，最终得到了异质性个体分析框架下经济波动的福利效应。这里将该模型下数值模拟得到的收入水平和福利水平结果也展示出来，包括分产业数据和汇总数据。

表3 异质性框架下各产业的平均收入水平和平均福利水平

	产业 1	产业 2	产业 3
平均福利水平（值函数）	2.337 7	14.266 8	6.117 6
平均当期效用	0.350 7	0.142 7	0.305 9
平均收入水平	1.880 8	4.204 8	3.323 1

表4 异质性框架下全社会的消费波动、收入波动和投资波动

	汇总消费波动	汇总收入波动	汇总投资波动
波动标准差（对数）	0.039	0.037	0.101 8

根据数值模拟的结果，异质性模型较好地反映了我国经济波动特别是消费波动的基本规律：第一产业和第二产业的平均收入差距为2—3倍，投资波动大于收入波动，同时消费波动大于收入波动，后一点是发展中经济体区别于发达经济体的典型特征之一：在发达经济体中，消费波动普遍小于收入波动，而我国的消费波动经常大于收入波动。从这一点上看，异质性个体模型用于刻画我国经济波动的基本规律，具备了较好的微观基础。

六、结论和讨论

相比传统的代表性个体模型，异质性个体模型具有更好的微观基础，但模型的构建也复杂得多，特别是异质性个体模型需要刻画出大量微观个体相互之间的影响，这导致在求解模型时面临着存在相当的技术难度，一般难以得到解析解，而数值求解的工作量很大，甚至可能超出现有硬件的计算能力。为了克服这些困难，本文一方面借鉴了前期研究的主要成果，另一方面也尝试发展出简化版的数值求解程序，这一程序的思想要点是将微观个体在判断短期经济现实时，采取了类似适应性预期的形式，在均衡条件下，这一行为方式的结果等同于理性预期，因此最终得到的仍然是理性预期均衡解。与此同时，这一处理可以极大简化数值求解程序的计算工作量，从而具有了更高的工作效率。

根据本文的定量分析结果，异质性个体模型可以更加合理地模拟出我国经济波动的基本特征：消费波动大于产出波动、各产业之间存在明显收入差距。而代表性个体模型框架下，再现以上两个典型特征是比较困难的。从这一角度，异质性个体模型对经济波动的专题研究有着更好的微观基础和拓展潜力。

在消费者具有多重异质性的视角下研究经济波动福利效应，蕴含着丰富的政策意义：首先，个体层面上的波动幅度远远大于宏观的汇总波动，因此，社会分配政策和再分配政策的潜在福利意义远大于单纯地稳定汇总波动；其次，各类宏观政策既需考虑汇总效应，也应考虑对不同群体的异质效应。具体地，异质性个体模型给出了造成收入差距和财富差距的理论逻辑，从而为宏观分配政策应对贫富差距问题提供了政策借鉴。最后，我们还需要认识到很多风险是相关的，例如失业可能导致家庭问题例如离婚，而健康恶化如长期疾病或者残疾，会引发永久收入下降，某个地区的劳动力需求下降可能导致当地房价下跌等，这些为未来的异质性模型提供了拓展的空间。

参考文献

巩师恩、范从来，2012，《收入不平等、信贷供给与消费波动》，《经济研究》第4期。

黄赜琳，2005，《中国经济周期特征与财政政策效应——一个基于三部门 RBC 模型的实证分析》，《经济研究》第6期。

黄赜琳、朱保华，2015，《中国的实际经济周期与税收政策效应》，《经济研究》第3期。

刘玉荣等，2019，《金融市场波动、经济不确定性与城镇居民消费——基于 SV 模型的实证研究》，《经济学（季刊）》第2期。

刘宗明、李春琦，2015，《投资效率、居民消费的惯性平滑与中国宏观经济波动》，《财经研究》第1期。

楼陀罗尼·巴塔查里亚、伊拉温·帕特纳克，2016，《新兴经济体中的金融普惠、生产率冲击和消费波动》，《世界银行经济评论》第1期。

吕朝凤，2014，《中国经济周期特征与太阳黑子均衡》，《数量经济技术经济研究》第1期。

吕朝凤、黄梅波，2012，《国际贸易、国际利率与中国实际经济周期——基于封闭经济和开放经济三部门 RBC 模型的比较分析》，《管理世界》第3期。

吕朝凤、黄梅波，2012，《偏向性技术变迁、习惯形成与中国经济周期特征——基于 RBC 模型的实证分析》，《经济评论》第2期。

乔治·麦坎得利斯，段鹏飞译，2011年，《RBC 之 ABC》，东北财经大学出版社。

饶晓辉、刘方，2014，《政府生产性支出与中国的实际经济波动》，《经济研究》第3期。

孙宁华、周扬，2013，《消费习惯形成、货币政策与中国经济波动——MIU 模型与校准分析》，《南开经济研究》第2期。

王文甫、王德新、罗显康，2019，《世界利率与国际贸易不确定性的经济波动效应分析》，《当代经济科学》第4期。

张耿，2019，《风险态度、时间偏好与经济波动福利效应——基于离散跨期模型的数值分析》，《经济学（季刊）》第3期。

张耿、胡海鸥. 2007，《消费波动小于产出波动吗?》，《经济研究》第4期。

章上峰、许冰，2015，《中国经济非稳态增长典型事实及解析》，《数量经济技术经济研究》第3期。

Aguiar, M. and Gopinath, G. 2007. "Emerging market business cycles: the cycle is the trend." *Journal of Political Economy*, 115（1）: 69—102.

Arellano, C. 2008. "Default risk, the real exchange rate and income fluctuations in emerging economies." Unspecified Publication.

Atkeson, A., and C. Phelan. 1994. "Reconsidering the Costs of Business Cycles with Incomplete Markets." In *NBER Macroeconomics Annual 1994*, edited by S. Fischer and J. Rotemberg, 187—207. Cambridge, MA: MIT Press.

Barillas, B., Hansen, L.P., and T.J. Sargent. 2009. "Doubts or variability?" *Journal of Economic Theory*, 144（6）: 2388—2418.

Boz, E., Daude, C., and C.B. Durdu. 2011. "Emerging market business cycles: learning about the trend." *Journal of Monetary Economics*, 58（6—8）: 616—631.

Cerlach Peng, 2005. "Bank Lending and Property Prices in Hong Kong." *Journal of Banking and Finance*, 29: 461—481.

De Santis, M. 2007. "Individual consumption risk and the welfare cost of business cycles." *American Economic Review*, 97（4）: 1488—1506.

Dolmas, Jim. 1998. "Risk preferences and the welfare cost of business cycles." *Review of Economic Dynamics*, 1（3）: 646—676.

Garcia-Cicco, J., Pancrazi, R., and Uribe, M. 2010. "Real business cycles in emerging countries?" *The American Economic Review*, 100（5）: 2510—2531.

Hansen, L. and Kenneth J. Singleton. 1982. "Generalized Instrumental Variables Estimation of Nonlinear Rational Expectations Models." *Econometrica*, 50（5）: 1269—1286.

Herrera, S., and Vincent, B. 2008. "Public expenditure and consumption volatility." *Policy Research Working Paper Series*, 1—25（25）.

Imrohoroglu, Ayse and Selahattin Imrohoroglu. 1997. "A Note on the Welfare Cost of Business Cycles and Growth in Turkey." *Yapi Kredi Economic Review*, 8（2）: 25—34.

Lucas, R. E. 1987. *Models of Business Cycles*. Oxford: Basil Blackwell.

Lucas, R. E. 2003. "Macroeconomic Priorities." *American Economic Review*, 93（1）: 1—14.

Mehra and Prescott, 1985. "The equity premium: a puzzle." *Journal of Monetary Economics*, 15（2）: 145—161.

Neumeyer, P. A., and Perri, F. 2005. "Business cycles in emerging economies: the role of interest rates." *Journal of Monetary Economics*, 52（2）: 345—380.

Sargent, T., and Ellison. 2015. "Welfare Cost of Business Cycles with Idiosyncratic Consumption Risk and a Preference for Robustness." *American Economic Journal: Macroeconomics*, 7 (2): 40—57.

Stock, J. H., and Watson, M. W. 1999. "Chapter 1 Business Cycle Fluctuations in US Macroeconomic Time Series." In *Handbook of Macroeconomics*, Volume 1, Part A (99), 3—64.

组合门槛条件下资本账户开放对收入不平等影响研究[*]

安玉莲　李永萱[**]

摘要： 近年来，各个国家越来越关注效率与公平问题，缓解收入不平等备受各个国家（或地区）政府与政策制定者的重视。为 2050 年基本实现共同富裕，我国投入了大量资源。资本账户开放是全球化不可避免的趋势，各个国家（或地区）在逐步开放资本账户的过程中，均需考虑是否加剧国内收入不平等。各个国家（或地区）情况不同，什么条件下开放资本账户有利于二者的平衡呢？本文利用 1994—2019 年 86 个国家（或地区）的面板数据，通过复杂网络和谱聚类等方法，研究不同类别国家（或地区）资本账户开放的门槛效应。研究发现，组合门槛模型能够更全面地分析门槛变量的影响。谱聚类方法可突破地域和政治属性，以经济联系为聚类依据，为研究资本账户开放对收入不平等的影响提供新的视角。研究结论如下：①人均 GDP、金融深度和制度质量都为显著的门槛变量，会影响资本账户开放对收入不平等的作用；②人均 GDP 与金融深度、金融深度与制度质量为两组显著的组合门槛；③从组合门槛的结果来看，大部分国家（或地区）都还不适合全面开放资本账户，应当逐步开放资本账户；④通过异质性研究发现，利用谱聚类方法得到的 A、B、C 三类国家（或地

---

　* 本研究受上海外国语大学导师学术引领计划项目"系统性金融风险的演化与预测研究"（No.2022113028）的资助。

　** 安玉莲，上海外国语大学国际金融贸易学院教授，主要研究方向为应用统计学，金融学；李永萱，上海外国语大学国际金融贸易学院硕士研究生，主要研究方向为应用统计学。

区），C 类的组合门槛与全样本最相似，A 类则有许多在全样本未达到门槛条件，而在分样本时却达到门槛条件的国家（或地区），说明不同类别的国家（或地区）在开放资本账户时所需要关注的重点与标准是不一致的。

关键词：资本账户开放　收入不平等　组合门槛　谱聚类

Abstract：In recent years, countries have increasingly focused on efficiency and equity issues, and alleviating income inequality has received attention from governments and policy makers around the world. To achieve basic common prosperity by 2050, China has invested a large amount of resources to alleviate income inequality. Opening up the capital account is a necessary path for China to implement its globalization strategy and integrate into the world. In the process of gradually opening up capital accounts, all countries need to avoid exacerbating domestic income inequality. This article uses panel data from 86 countries from 1994 to 2019 to conduct a combined threshold effect test. By constructing complex networks and spectral clustering methods, the heterogeneity of threshold effects among different categories of countries is studied. On the one hand, the combination threshold model can analyze the impact of threshold variables from a more comprehensive perspective. On the other hand, spectral clustering can break through geographical and political attributes, and provide a new perspective for studying the impact of capital account openness on income inequality based on economic connections. The research conclusions are as follows：① Per capita GDP, financial depth, and institutional quality are all significant threshold variables that can affect the effect of capital account openness on income inequality；②There are two significant combination thresholds for per capita GDP and financial depth, as well as financial depth and institutional quality；③From the results of the combination threshold, most countries are not yet suitable for fully opening their capital accounts, and should gradually open their capital accounts according to policies；④Through heterogeneity research, it has been found that among the three categories of countries A, B, and C obtained using spectral clustering, the combination threshold of category C is the most similar to that of the entire sample. However, there are many countries in category A that have not reached the threshold in the entire sample but have reached it in the sub sample, such as Japan, Spain, Singapore, etc. Therefore, the focus and standards that different categories of countries need to pay attention to when opening their capital accounts are inconsistent.

Keywords：Capital account opening；Income inequality；Combination threshold；Spectral clustering

一、引　言

收入不平等问题备受国际社会的关注，它既是经济不平等的直接表现，也是其他不平等的基础。财富、机会、政治的不平等会破坏社会凝聚力，使社会矛盾激化，政治出现两极分化，并最终降低经济增速与人民福利。无论是发达地区还是欠发达地区都深受不平等问题的困扰，即使是在不平等程度最小的欧洲，收入在前 10% 的人口所占收入份额达到社会全部收入的 36%，而在不平等程度最大的中东和北非地区，收入在前 10% 的人口所占收入份额甚至接近 60%。过去二十年，国家（或地区）之间的不平等已经有所下降，但国家（或地区）内部的不平等却在不断加剧（世界不平等实验室，2021）。尽管新兴市场经济增长迅猛，但不同收入阶层的人却不能同比例享受经济增长的好处，这不利于社会的发展，因此世界各个国家（或地区）都在为减轻不平等而努力。联合国《2030 年可持续发展议程》的第一项便是在全世界消除一切形式的贫困。我国为脱贫攻坚付出了巨大努力，过去四十年，我国的贫困人口减少了近 8 亿，贫困发生率从 88.1% 下降到了 0.3%。在脱贫攻坚的 8 年里，全国财政专项的扶贫资金累计达到 1.6 万亿元（国务院发展研究中心、世界银行，2022），使得我国消除了绝对贫困，提前进入可持续发展议程。然而，我国的基尼系数高于 0.4 这一警戒线，即收入差距仍处于中等偏高水平。

各个国家（或地区）收入不平等加大的同时，世界经济一体化和金融全球化程度也在不断加深。开放与全球化促使各个国家（或地区）相互合作，利用各自的要素禀赋赚取经济利益。资本在国际间自由流动能够拓展各地区的投资渠道，提高资金使用效率，从总体上提高全球福利水平。自

20 世纪 80 年代以来，各个国家（或地区）相继进入开放资本账户的进程。近年来，我国同样加快了开放的脚步，党的二十大明确提出要推进高水平对外开放，而资本账户的开放是推进我国金融供给侧结构性改革、提升高水平对外开放、促进对外开放高质量发展的必由之路。但是资本账户开放有利有弊，一方面，开放可以增加风险分担并平滑国内消费，另一方面，当金融危机来临时，风险的传播也会更加迅速。资本账户开放对于收入分配的影响同样不确定。当金融市场发展水平较低时，富有的人可能更容易获取信贷，那么自由化就会使金融偏向较富有的人，从而加剧收入的不平等，但当危机来临时，这些更容易进入金融市场的人同样可能会受到更大的影响，从而缩小收入不平等差距。资本账户开放也会通过其他渠道影响收入不平。譬如，通过影响劳动收入占比来改变收入分配。资本账户开放将如何影响收入不平等，是否会受其他因素制约，仍然是有待深入研究的课题。

二、文献评述

资本账户开放影响收入不平等的渠道大致可分为风险分担渠道、金融危机渠道以及资源配置渠道。风险分担渠道是指资本账户开放能够促进资本在国家之间的流动，加强各个国家（或地区）金融市场之间的联系，有利于风险分担。投资者可以进行国内外资产配置来分散投资风险，这将在一定程度上抵挡经济异常波动对国民收入带来的冲击，从而有利于收入分配。金融危机渠道是指资本账户开放的经济体在金融危机发生时可能会受到更大的冲击，资本账户开放程度越高，风险传播就越快。当危机发生时，一国的金融行业可能因此进入寒冬，资产价格下跌，从而使富人的收入下降，缓解收入不平等。但从长期来看，金融危机导致的经济长期衰退会对就业产生影响，从而导致穷人受到更大冲击，最终加剧收入不平等。资源配置渠道是指资本账户开放能够促进资源在全球范围内进行更为合理的配置，从而提高效率、增加福利，改善收入不平等。同时，由于资本在国际的流动，产业分配也会受到影响，从而改变各类型劳动力的需求，影响工资收入，进而影响收入不平等（王娜，2016；余丹，2018；Furceri 等，2018）。

在实证研究方面，Larrain 等（2015）对 20 个主要欧洲国家资本账户开放的时间差异以及前后变化进行了研究，发现资本账户开放使总工资不平等增加了 5%，且这一影响没有随着时间的推移而消失。梅冬州等（2019）同样发现资本账户开放会加剧收入不平等，且在非经济合作与发展组织（OECD）国家更加强烈。Forster 等（2019）通过研究国际货币基金组织（IMF）相关政策改革的影响发现，规定贸易和资本账户自由化的外部部门改革加剧了收入不平等。Li 和 Su（2021）区别开放国家和封闭国家后发现，资本账户开放会使富人收入占比扩大从而加剧了收入不平等。Liu 等（2020）的研究结论则相反，他们发现虽然暂时性的资本账户开放导致的资本流入激增会使企业家的收入大幅提高从而导致收入不平等，但永久性的资本自由化会减缓收入不平等。Hossain 和 Amin（2022）以南亚国家为研究对象，发现在这些发展中国家，资本账户自由化与收入不平等之间并没有明确的联系，将样本扩大到 143 个国家后，结论仍然成立。

资本账户开放对收入不平等的影响在不同国家、不同行业不一样，因此资本账户的开放存在着"门槛效应"。Bumann 和 Lensink（2016）通过理论推导发现，在金融深度高的国家，金融自由化将改善该国的收入不平等，其中金融自由化主要受到资本账户开放和存款准备金率的影响，而对于金融深度低的国家，资本账户开放则可能会加剧收入不平等。LaGarda 等（2016）研究了新兴市场与发展中国家中资本账户开放对收入不平等的影响，发现资本账户开放对收入不平等的影响受到了金融深度与政策制度的影响。较高的金融深度会降低开放对于收入不平等的加剧程度。在非典型经济事件期间，实施法规来减缓和引导金融流动对收入分配的不利影响也会减少。Jung 等（2021）发现金融市场一体化对收入不平等的影响是非线性的，金融深度起着重要作用。Kim 等（2021）研究了民主化在资本账户开放影响收入分配过程中的作用，发现在不太民主的国家资本账户自由化对收入不平等的缓解作用更强，资本账户开放对收入分配是有利的。Radhianshah 等（2021）研究了 28 个欧洲国家的收入不平等与资本账户自由化的关系，发现制度质量与金融深度会对这一关系有所影响，是重要的门槛变量。

国内关于资本账户开放的门槛效应大多集中于其对经济总量的影响。郭桂霞等（2016）以经济发展水平、金融发展水平、对外开放程度以及制度建设水平为门槛因素,利用多门槛面板回归模型检验发现资本账户开放对经济增长确实存在门槛效应,且国家层面和省际层面的门槛因素存在差异。胡亚楠(2020)对资本账户开放的路径进行了研究,发现在资本账户的子项目中,开放直接投资的门槛最低,经济效应最大,而开放债务投资的门槛最高,经济效应最低。李俊江和徐征(2020)发现资本账户开放效果和汇率制度的约束效果都存在门槛效应,资本账户开放会通过一国金融部门的发展间接作用于经济增长,且在高收入国家中,浮动汇率制的采用与否也会影响资本账户开放对经济增长的影响。

就资本账户开放对收入不平等的影响研究而言,学者们的研究结论并不统一,有人认为资本账户开放会加剧收入不平等,有人则持相反观点。同时,在这一论题中门槛效应的影响研究仍然存在一些未被充分探讨的问题。本文将从以下三个方面对资本账户开放影响收入不平等的门槛效应进行深入研究。

(1)门槛变量的设置。以往的文献对于资本账户开放影响收入不平等的门槛效应研究大多集中于对金融深度这一门槛变量的研究,对于其他变量的关注相对较少,本文基于理论分析选取了金融深度、经济发展水平、贸易自由度和制度质量四个门槛变量,以深化对该论题下门槛变量的认识和理解。

(2)组合门槛方法的运用。目前对于门槛效应的研究大部分讨论集中于单门槛变量,对于组合门槛的研究还有待深入。组合门槛是指将多个单一变量进行组合,研究它们的共同影响。相对于单变量门槛模型,组合门槛模型不需要在分析某一门槛变量的同时假定其他变量不存在门槛效应,注重从整体性和系统性的角度分析问题。

(3)网络聚类方法的运用。大部分学者在进行异质性研究时,会通过GDP水平、地区、经合组织等传统的方式进行分类,忽略了国家(或地区)之间通过贸易而形成的经济关系。随着全球化的发展,各个国家(或地区)贸易往来日渐频繁,贸易的紧密度能够反映出两国(或地区)之间的实际经济关系。因此本文以经济关系为纽带构建网络,通过聚类将样本分类研究,这既符合全球化的背景,也能对不同类别国家(或地区)资本账户开放影响收入不平等的门槛效应进行细致探讨。

　　首先对资本账户开放影响收入不平等的单一门槛变量及其门槛值进行分析；然后利用组合门槛模型进一步研究这些门槛变量的组合效应；最后以贸易关系为纽带，构造贸易关系网络，并通过谱聚类方法进行分组，进行异质性研究，深入分析结论，为制定政策提供理论和实证基础，为促进社会公平和可持续发展提供支持。

三、组合门槛模型

　　门槛效应是指当一个经济参数达到特定的数值后，引起另外一个经济参数突然转向其他发展形式的现象，促成这一转变的经济参数的临界值即被称为门槛值。目前主要采用的门槛效应模型有两种。

（一）面板门槛效应模型（Hansen，1999）

　　该模型是针对一组平衡面板观测数据所建立的，基本设定如下：

$$Y_{it}=\mu_i+\beta_1 X_{it} I\left(q_{it}\leq\gamma\right)+\beta_2 X_{it} I\left(q_{it}\geq\gamma\right)+\beta_3 Z_{it}+e_{it} \tag{1}$$

其中，下标 i 表示第 i 个样本，下标 t 表示时间，Y_{it} 是被解释变量，q_{it} 为门槛变量，X_{it} 则代表解释变量，$I\left(\cdot\right)$ 是一个示性函数。观测值根据门槛变量 q_{it} 分为两类，这两类的不同体现在回归系数 β_1 和 β_2 上。Z_{it} 为控制变量，e_{it} 则为误差项。这一模型通常用于单门槛变量的门槛值研究，难以对多个变量进行组合。

（二）组合面板门槛效应模型（Kose 等，2011；王曦等，2021）

　　该模型是通过交互项来计算门槛值，公式如下：

$$Y_{it}=\mu_i+\beta_1 X_{it}+f\left(Th_{it}\right) X_{it}+\beta_3 Z_{it}+e_{it} \tag{2}$$

其中，Y_{it} 是被解释变量，X_{it} 是解释变量，Th_{it} 为门槛变量，可以是单变量也可以是向量，如 $Th_{it}=\left(Th1_{it}, Th2_{it}, Th3_{it}\right)$，$f\left(Th_{it}\right)$ 为门槛变量函数，具体形式待定。Z_{it} 是控制变量，e_{it} 则为误差项。式（1）与式（2）均属于门槛效应模型，但它们在处理参数变化的方法和视角上有明显区别。式（1）是一个传统的面板门槛模型，该模型通过在经济数据中设定一个或多个门槛值来划分不同的数据区间，以此探究当解释变量超过这些门槛值时，模型参数如何发生突变。式（2）则采取了一种更为动态的分析框架，通过引入交互项来定义门槛值，将某些参数视为另一变量的函数，允许这些参数随变量的变化连续调整，通过估计交互项中的系数来分析门槛变量的影响与作用。（2）式两边对解释变量 X_{it} 求导可得：

$$Y'_{it} = \beta_1 + f(Th_{it}) \tag{3}$$

当 Y'_{it} 大于 0 时，Y_{it} 会随着 X_{it} 的增加而增加，反之则会随着 X_{it} 的增加而下降。因此，门槛条件即为 $\beta_1 + f(Th_{it}) = 0$，满足该条件的门槛值记为 Th^*_{it}。传统的交叉回归是用来检验某个变量是否调节其他变量对因变量的影响，即通过交互项系数的大小和方向来分析交互效应对于基础效应的影响，而本模型的重点在于研究 $(\beta_1 + f(Th_{it}))X_{it}$ 这一整体，通过系数为零计算门槛变量的门槛值，即解释变量 X_{it} 对因变量 Y_{it} 正、负向作用的临界点。

简单起见，本文首先假设 $f(Th_{it})$ 为线性函数。如果 $f(Th_{it})$ 为单变量函数，则设 $f(Th_{it}) = \theta_1 Th1_{it}$，利用门槛条件进行求解，此时门槛值即可表示为：

$$Th1^*_{it} = -\beta_1/\theta_1 \tag{4}$$

如果 $f(Th_{it})$ 为向量函数，如设 $f(Th_{it}) = \theta_1 Th1_{it} + \theta_2 Th2_{it}$，此时组合门槛条件可表示为：

$$\beta_1 + \theta_1 Th1^*_{it} + \theta_2 Th2^*_{it} = 0 \tag{5}$$

本文对两个变量的组合进行了深入研究，这种两变量的组合门槛相对于单变量门槛更具有系统性和整体性。同时，在稳健性检验部分采取双曲线模型进一步探索。对于自变量是三个或三个以上变量构成的向量以及更复杂的函数形式，可以持续研究。

四、研究设计与数据选取

（一）研究设计

基于上述分析，首先构建资本账户开放影响收入不平等的单变量门槛模型：

$$Gini_{it} = \beta_1 kaopen_{it} + \theta Th_{it} \times kaopen_{it} + \beta_3 Z_{it} + \mu_i + e_{it} \quad (6)$$

其中 Th_{it} 为待考察的潜在门槛向量，分别为金融深度、经济发展水平、贸易自由度和制度质量。为研究多个变量的组合影响，构建如下组合门槛模型：

$$Gini_{it} = \beta_1 kaopen_{it} + \theta_1 Th1_{it} \times kaopen_{it} + \theta_2 Th2_{it} \times kaopen_{it} + \beta_3 Z_{it} + \mu_i + e_{it}$$

$$\triangleq \beta_1 kaopen_{it} + f(Th_{it}) \times kaopen_{it} + \beta_3 Z_{it} + \mu_i + e_{it} \quad (7)$$

其中，$Th1$ 和 $Th2$ 分别为四个潜在门槛变量，即金融深度、经济发展水平、贸易自由度和制度质量。$f(Th_{it}) = \theta_1 Th1_{it} + \theta_2 Th2_{it}$，系数 θ_1、θ_2 通过回归分析得到，组合门槛条件为 $\beta_1 + f(Th_{it}^*) = 0$，即 $\beta_1 + \theta_1 Th1_{it}^* + \theta_2 Th2_{it}^* = 0$。当 $\beta_1 + \theta_1 Th1_{it}^* + \theta_2 Th2_{it}^* > 0$ 时，资本账户开放会加剧收入不平等，当 $\beta_1 + \theta_1 Th1_{it}^* + \theta_2 Th2_{it}^* < 0$ 时，资本账户开放会减缓收入不平等。

（二）门槛变量说明

金融深度反映了一国的经济金融化程度，其大小影响资本账户开放的风险分担机制。当金融深度较大时，国家的金融市场发展水平较高，风险分担的效果比较显著。一方面，投资者能够更好地分散投资风险，改善收入；另一方面，由于金融市场发达，信贷可及性较高，使得穷人也能够利用金融赚取收益，资本账户的开放将会缓解收入不平等。如果一国的经济金融化程度较低，金融风险分担的效果就会减弱，资本账户开放就可能加剧收入不平等。

经济发展水平，通常用一国的人均国内生产总值刻画，它的高低会影响资本账户开放的资源配置机制。当一国的经济水平较高时，它对外资的吸引力较强，资本账户开放后会吸引资金流入本国。一方面能增加本国资金的可获得渠道，促进金融发展，改善收入分配；另一方面资金的流入也能够增加国内产出，资金流入不同的行业，会对不同类型的劳动力的需求产生影响，需求的增加会导致工资的上升，进而影响收入不平等程度。当一国的经济水平较低时，开放资本账户可能会使资金外流，使原本就不丰富的资源进一步减少，影响国内的收入分配。

　　贸易自由度反映的是一国的贸易开放程度，其大小同样会影响资本账户开放的资源配置机制。一国的贸易开放程度较高时，国内具有比较优势或者竞争优势的行业发展将更好，资本账户开放所带来的资本将会进入这些行业，从而提高资源的配置效率，缓解收入不平等。

　　制度质量反映了一国制度的好坏，它会影响资本账户开放的风险分担机制，资源配置机制和金融危机渠道。当一国的监管质量较高时，金融市场就会更加公平且有效率，投资者就能更好地分散风险，同时也能对因资本账户开放所流入的资金进行更有效率的配置，从而缓解收入不平等。当一国的政府效率较高时，能及时减轻金融危机所带来的严重后果，对收入分配带来积极影响。当一国的制度质量较差时，金融市场的不公平会使富人获得更多利益，从而加剧收入不平等。

　　综上，本文选取金融深度、经济发展水平、贸易自由度和制度质量四个变量作为门槛变量。通过将金融深度、经济发展水平、贸易自由度和制度质量这四个变量两两结合作为组合门槛，可以探讨不同经济政策和环境因素之间的共同作用对资本账户开放与收入不平等之间关系的影响。例如，金融深度与经济发展水平的组合可以用来探讨在不同经济发展水平下，金融市场的深化程度如何影响资本账户开放对收入不平等的效应。当一个国家既有较高的金融深度又有较高的经济发展水平时，资源分配和资本流动效率较高。此时，资本账户开放会促进国际资本流入，支持国内投资和生产活动，从而有助于提高就业和收入水平，降低收入不平等。高水平的金融深度还有助于缓解信息不对称问题，降低融资成本，使中小企业和较低收入群体受益，从而进一步减少收入不平等。对于金融市场较不发达、经济规模较小的国家，低金融深度意味着金融资源分配不充分，在这种背景下，资本账户开放可能导致资本流向高收益的投资领域，各领域不能从资本账户开放中得到相同比例的好处，从而加剧了收入不平等。此外，国内市场的脆弱性会导致国际资本流动的波动性更大，增加经济的不稳定性，对低收入群体影响更大。当金融深度高而经济发展水平低时，由于经济基础薄弱，资本流入会集中在少数领域，加剧收入分配不均。然而，高金融深度有助于缓解这一影响，通过提高资本分配效率，支持小微企业发展，有潜力促进收入增长和减少不平等。当金融深度低而经济发展水平高时，资本账户开放可能不会有效促进资本的内部分配，限制了资本账户开放对经济增长和收入不平等的正面影响。此外，金融市场的不成熟会导致外部资本流动的波动性增加，影响经济稳定和收入分配。其他组合门槛对资本账户开放对收入不平等的影响也有相似的机制，这些因素共同塑造了资本账户开放对收入不平等影响的复杂格局。具体而言，高经济发展水平，高贸易自由度表明市场对外开放程度高，而高制度质量则意味着一个国家拥有健全的法律体系、高效的政府治理，以及透明的市场规则。当这些条件齐备或在某些组合下得到满足时，资本账户的开放有利于促进包容性增长，通过提高生产效率、创造就业机会，以及促进技术转移来减少收入不平等。反之，若国家在这几个维度中的表现不均衡，例如在经济发展和市场开放度方面表现良好但在制度质量方面较为薄弱，资本账户的开放效果则可能适得其反。缺乏有效的监管框架和治理质量不仅增加了金融市场的脆弱性，还可能使得外部投资主要流向那些能够迅速实现高回报的领域，而非促进长期经济增长和社会福利的领域。这种现象加剧了资本的不均衡分配，从而潜在地增加了收入不平等。

（三）数据选取

衡量收入不平等的指标为基尼系数，来自世界收入不平等标准化数据库（SWIID），该数据库的数据通过贝叶斯方法对多种来源收集的结果进行标准化后得到，提高了国家（或地区）之间的可比性，从而可以更好地进行跨国研究。基尼系数取值介于 0 到 1 之间，收入越不平等，基尼系数越大。

资本账户开放的衡量指标分为法定开放度与事实开放度两种。法定开放度指标主要来自 IMF 的《汇兑安排与汇兑限制年报》（AREAER, Annual Report on Exchange Arrangements and Exchange Restrictions）。该年报公布了资本账户开放度的二元测度指标，用来描述成员国当年对跨国资本交易的管制情况。事实开放度则主要利用一国实际的资本账户流入流出量占 GDP 的比重来测度。本文采用 Chinn and Ito 的 Kaopen 指数，即基于法定测度法来衡量一国资本账户的开放程度。Chinn-Ito 指数以 AREAER 的二元指标为基础，综合考虑汇率制度、经常账户管制、资本账户管制和出口收入上缴管制内容构建，指数越大，资本管制程度越小，开放程度越高。

经济发展水平通常采用人均 GDP，即人均国内生产总值来衡量，人均GDP 数据来自世界银行的世界发展指标（WDI）数据库，以美元为单位。本文对人均 GDP 数据取对数，一方面缩小数值便于计算，另一方面增加数据的平稳性。

金融深度指金融资产数量的增加，可以用来反映一国经济金融化程度，通常用 M2/GDP 或私人信贷/GDP 来测算。M2 是广义货币，能够反映宏观货币供应量，而私人信贷是指金融公司向私营部门提供的财政资源，例如通过贷款、购买非股权证券、贸易信贷和其他应收账款等方式提供的资金。本文采用私人信贷/GDP 的方式来衡量金融深度。数据来自 WDI 数据库，以美元为单位。

贸易自由度指一国的贸易开放程度，即对各个国家在进行进出口贸易时所受到的限制和阻碍程度，可通过贸易政策和贸易流量两个方式来衡量。由于贸易政策难以量化且贸易流量实际上更具有结果导向，大部分情况下都是使用贸易流量进行测算。本文用商品和服务的进出口之和占 GDP 的比重衡量贸易自由度，数据来自 WDI 数据库，以美元为单位。

制度质量是用来衡量一国经济治理水平的指标。数据来自世界银行的全球治理指数（The Worldwide Governance Indicators，WGI），包括六大治理维度的综合指标，分别为发言权和责任、政治稳定和没有暴力/恐怖主义、政府效能、监管质量、法治、腐败控制，而这六项综合指标则基于 30 多个基本数据源，对于制度质量的衡量具有综合性和代表性。参考多数学者的做法，本文将以上六项综合指标进行加总平均来代理制度质量。

本文选取 4 个控制变量。一个国家的城镇化程度会影响城镇劳动力市场结构，城镇化水平较高的地区对高技能劳动者的需求可能更高，从而影响收入不平等，因此将城镇化率作为控制变量，使用的是由国家统计局定义的居住在城市地区的人口占总人口的比率。通货膨胀会产生收入的再分配效应，使拿固定工资的劳动力实际收入下降，且由于物价上涨，消费占比高的低收入者会受到更大的负面影响，因此收入不平等程度也会受到影响，本文使用 GDP 平减指数代表通胀率作为控制变量。人口结构的变化将会直接影响劳动力市场的供给，从而影响收入不平等因此将抚养比纳入控制变量，计算方式是 15 岁以下或 64 岁以上的被抚养人口比 15—64 岁的劳动年龄人口。教育能够使劳动者积累人力资本，提高未来收入，因此教育水平的不同也会影响一国的收入不平等程度，一般情况下，受教育程度较高的国家收入不平等程度会下降，本文用中学入学率来代理受教育情况，通过中学总入学人口（无论年龄）与该教育水平所对应的年龄组人口的比率来计算。以上四个控制变量的数据均来自 WDI 数据库。

根据各个国家（或地区）资本账户开放与收入不平等情况以及数据的可获得性，本文对样本进行了筛选，对于数据缺失值较多的国家（或地区）进行了删除，缺失值较少的国家（或地区）进行了数据填补，最终选取了 86 个国家（或地区）1994—2019 年的面板数据，每个变量都有 2 236 个观测值，具体的指标及数据来源如下：

表 1 变量名称及数据来源

	变量名称	变量	指标解释	数据来源
被解释变量	收入不平等	*sgini*	基尼系数	SWIID 数据库
解释变量	资本账户开放程度	*kaopen*	Chinn-Ito 指数	Chinn & Ito index
	人均 GDP	ln *pgdp*	人均实际 GDP 取对数	WDI 数据库
	贸易开放度	*trade*	进出口总额占 GDP 的百分比	
	金融深度	*fd*	私人信贷占 GDP 的比重	
	制度质量	*wgi*	wgi 六项指标加总平均	WGI 数据库
控制变量	城镇化率	*urban*	城镇人口占总人口比例	WDI 数据库
	通胀率	*inflation*	采用 GDP 平减指数	
	抚养比	*adr*	非劳动年龄人口占劳动年龄人口的比重	
	中学入学率	*se*	中学总入学人数占该年龄组人口的比重	

变量的描述性统计如表 2 所示：

表 2 样本描述性统计

变量名	均值	标准差	最小值	最大值
sgini	46.07	5.84	28.00	72.70
kaopen	0.77	1.50	−1.92	2.32
ln *pgdp*	8.67	1.58	4.84	11.54

变量名	均值	标准差	最小值	最大值
trade	83.40	58.86	1.22	442.62
fd	61.56	50.36	0.00	304.58
wgi	0.29	0.91	−1.66	1.97
urban	61.77	22.50	8.49	100.00
inflation	8.98	53.98	−27.05	2 240.17
adr	59.22	16.38	15.74	111.94
se	86.09	29.29	5.28	163.94

五、实证分析

本文通过在基础回归模型中加入交互项进行门槛效应检验，在所有的回归方程中都假定控制变量是外生的，实证检验结果如下。

（一）单门槛效应结果分析

首先是单门槛效应检验，回归结果如表 3 所示，列（1）是基础回归，仅包含被解释变量、解释变量和控制变量，不包含交互项。列（2）—列（5）分别为人均 GDP、贸易自由度、金融深度、制度质量的门槛效应回归。

由回归结果可以发现，①在列（1）基础回归中 *kaopen* 的系数为正，说明在不考虑门槛因素的条件下，资本账户开放程度的加深将会加剧收入不平等；②人均 GDP、金融深度、制度质量与 *kaopen* 的交互项在回归中显著，存在显著的门槛效应；③贸易自由度与资本账户开放的交互项不显著，不存在门槛效应；④由列（2）可知 *kaopen* 的系数为 1.508 5，交互项的系数为 −0.158 5，根据式 $\beta_1 + \theta_1 Th_{it} = 0$ 可以计算得到，当人均 GDP 低于 13 594.220 3 美元时，资本账户开放会加大收入不平等，而在 86 个国家（或地区）中，共有 38 个国家（或地区）达到了人均 GDP 的门槛，即它们的人均 GDP 高于 13 594.220 3 美元；⑤根据式 $\beta_1 + \theta_3 Th_{it} = 0$ 和列（4）可以计算，当金融深度高于 141.42% 时，资本账户的开放才有助于减缓收入

表 3　单门槛实证检验结果

	（1）	（2）	（3）	（4）	（5）
kaopen	0.155 3 *** (0.047 5)	1.508 5 *** (0.270 2)	0.224 7 *** (0.077 4)	0.268 7 *** (0.064 2)	0.179 6 *** (0.048 4)
kaopen× 人均 GDP		-0.158 5 *** (0.031 2)			
kaopen× 贸易自由度			-0.000 8 (0.000 7)		
kaopen× 金融深度				-0.001 9 *** (0.000 7)	
kaopen× 制度质量					-0.143 ** (0.057 3)
人均 GDP	0.577 9 *** (0.102 5)	0.701 8 *** (0.104 8)	0.586 3 *** (0.102 8)	0.557 4 *** (0.102 7)	0.597 3 *** (0.102 7)
贸易自由度	0.011 6 *** (0.001 9)	0.012 8 *** (0.001 9)	0.012 9 *** (0.002 2)	0.012 2 *** (0.001 9)	0.012 1 *** (0.001 9)
金融深度	0.004 8 *** (0.001 1)	0.005 7 *** (0.001 1)	0.005 *** (0.001 1)	0.008 2 *** (0.001 7)	0.005 *** (0.001 1)
制度质量	-0.567 8 *** (0.210 3)	-0.658 8 *** (0.209 8)	-0.581 6 *** (0.210 6)	-0.596 7 *** (0.210 3)	-0.557 2 *** (0.210 1)
城镇化率	-0.014 9 (0.013 8)	-0.019 4 (0.013 7)	-0.016 (0.013 8)	-0.015 8 (0.013 7)	-0.017 7 (0.013 8)
通胀率	0.000 1 (0.000 6)	0.000 2 (0.000 6)	0.000 1 (0.000 6)	0.000 1 (0.000 6)	0.000 1 (0.000 6)
人口抚养比	0.131 *** (0.007 2)	0.136 7 *** (0.007 2)	0.131 8 *** (0.007 2)	0.133 1 *** (0.007 2)	0.131 5 *** (0.007 2)
中学入学率	0.001 7 (0.003 9)	0.000 3 (0.003 9)	0.001 9 (0.003 9)	0.001 6 (0.003 9)	0.001 9 (0.003 9)
常数项	32.744 3 *** (1.131 6)	31.863 3 *** (1.138 3)	32.589 8 *** (1.139 7)	32.639 5 *** (1.130 7)	32.779 7 *** (1.130 3)
观测值	2 236	2 236	2 236	2 236	2 236
R-squared	0.186 2	0.195 9	0.186 7	0.188 8	0.188 5

注：括号内为标准误，***、**、*分别代表 0.01、0.05 和 0.1 的显著性水平。

不平等，仅有 8 个国家（或地区）超过这一门槛值；⑥根据式 $\beta_1 + \theta_4 Th_{it} = 0$ 和列（5）可以计算，制度质量高于 1.255 9 时，资本账户的开放才有助于减缓收入不平等，共有 15 个国家（或地区）达到这一门槛值；⑦从 R^2 的表现上看，考虑人均 GDP 和金融深度以及制度质量门槛效应的模型要优于基准模型。

（二）组合门槛效应结果分析

1. 回归结果分析

表 4 为组合门槛效应检验结果，本部分进行了 6 次回归，由人均 GDP、贸易自由度、金融深度、制度质量两两组合得到回归结果。

分析表 4 可以看出，①列（1）与（3）的回归结果表明人均 GDP 与贸易自由度和制度质量两两组合不存在显著的双门槛组合效果，但人均 GDP 与资本账户的交互项仍然是显著的。列（4）与列（5）的结果表明贸易自由度与金融深度和制度质量两两组合不存在显著的双门槛组合效果；②列（2）中可以发现，人均 GDP 和金融深度与资本账户开放程度的两个交互项系数在 0.1 的显著性水平下显著为负，而资本账户开放程度单项系数显著为正。根据式 $\beta_1 + \theta_1 Th1_{it} + \theta_3 Th3_{it} = 0$，意味着当人均 GDP 和金融深度的线性组合低于某一水平时，开放资本账户会加剧收入不平等，亦即这两个变量存在显著的组合门槛效应；③在列（6）中，使用金融深度和制度质量作为组合门槛，两个交互项的回归显著且都为负，说明金融深度和制度质量组合门槛效应存在且显著。根据式 $\beta_1 + \theta_3 Th3_{it} + \theta_4 Th4_{it} = 0$，意味着当金融深度和制度质量的线性组合低于某一水平时，开放资本账户会加剧收入不平等，亦即这两个变量存在显著的组合门槛效应。

2. 组合门槛效应分析

（1）人均 GDP 与金融深度

根据模型设计，可得人均 GDP 与金融深度的门槛临界条件为：

$$1.493\ 4 - 0.148\ 2 \ln pgdp - 0.001\ 2 fd = 0 \tag{8}$$

根据计算结果，构建以金融深度和人均 GDP 为轴的坐标系，将世界各个国家（或地区）的数据通过散点图进行展示，见图 1，其中斜线代表金融深

表 4　组合门槛实证检验结果

	（1）	（2）	（3）	（4）	（5）	（6）
kaopen	1.511 8 *** （0.270 6）	1.493 4 *** （0.270 3）	1.737 5 *** （0.345 8）	0.308 4 *** （0.084 5）	0.197 ** （0.078 3）	0.274 5 *** （0.064 3）
kaopen× 人均 GDP	−0.160 8 *** （0.032 4）	−0.148 2 *** （0.031 8）	−0.186 9 *** （0.041 1）			
kaopen× 贸易自由度	0.000 2 （0.000 8）			−0.000 5 （0.000 7）	−0.000 2 （0.000 8）	
kaopen× 金融深度		−0.001 2 * （0.000 7）		−0.001 8 ** （0.000 7）		−0.001 6 ** （0.000 7）
kaopen× 制度质量			0.079 7 （0.075 1）		−0.136 9 ** （0.061 1）	−0.122 ** （0.058）
人均 GDP	0.701 6 *** （0.104 8）	0.680 4 *** （0.105 6）	0.713 1 *** （0.105 4）	0.563 8 *** （0.103 1）	0.598 8 *** （0.102 9）	0.576 7 *** （0.103）
贸易自由度	0.012 6 *** （0.002 2）	0.013 1 *** （0.001 9）	0.012 8 *** （0.001 9）	0.012 9 *** （0.002 2）	0.012 5 *** （0.002 2）	0.012 5 *** （0.001 9）
金融深度	0.005 6 *** （0.001 1）	0.007 8 *** （0.001 7）	0.005 7 *** （0.001 1）	0.008 1 *** （0.001 7）	0.005 *** （0.001 1）	0.007 9 *** （0.001 7）
制度质量	−0.656 9 *** （0.21）	−0.671 5 *** （0.209 9）	−0.681 *** （0.210 9）	−0.604 3 *** （0.210 6）	−0.561 3 *** （0.210 6）	−0.583 9 *** （0.210 2）
城镇化率	−0.019 2 （0.013 7）	−0.019 7 （0.013 7）	−0.018 6 （0.013 7）	−0.016 5 （0.013 8）	−0.017 9 （0.013 8）	−0.018 1 （0.013 8）
通胀率	0.000 2 （0.000 6）	0.000 2 （0.000 6）	0.000 3 （0.000 6）	0.000 1 （0.000 6）	0.000 1 （0.000 6）	0.000 1 （0.000 6）
人口抚养比	0.136 6 *** （0.007 2）	0.137 7 *** （0.007 2）	0.137 4 *** （0.007 2）	0.133 6 *** （0.007 2）	0.131 7 *** （0.007 2）	0.133 3 *** （0.007 2）
中学入学率	0.000 2 （0.003 9）	0.000 3 （0.003 9）	0 （0.003 9）	0.001 7 （0.003 9）	0.001 9 （0.003 9）	0.001 7 （0.003 9）
常数项	31.887 4 *** （1.142 2）	31.853 2 *** （1.137 9）	31.685 7 *** （1.150 5）	32.544 5 *** （1.138 5）	32.737 2 *** （1.140 5）	32.683 5 *** （1.13）
观测值	2 236	2 236	2 236	2 236	2 236	2 236
R-squared	0.195 9	0.196 9	0.196 3	0.189	0.188 6	0.190 4

注：括号内为标准误，***、**、* 分别代表 0.01、0.05 和 0.1 的显著性水平。

度和人均 GDP 组合门槛临界条件，斜线上方区域为该条件下适合开放的国家（或地区），两条虚线分别代表金融深度与人均 GDP 的单门槛临界条件。

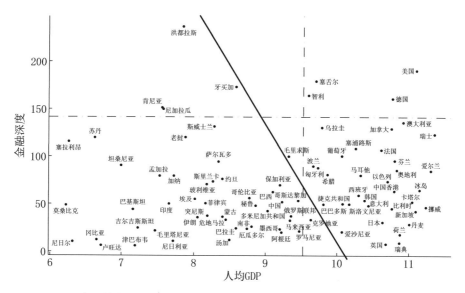

图 1 组合门槛条件下各个国家（或地区）的人均 GDP 与金融深度（2019）

从图 1 可以看到，若仅从金融深度的单门槛值来看，全世界达到开放条件的国家（或地区）只有 7 个，这意味着在当前各个国家（或地区）的金融深度下，大部分国家（或地区）开放资本账户都会加剧收入不平等，而同时满足金融深度与人均 GDP 单门槛条件的国家（或地区）则更少，只有美国、德国、智利和塞舌尔。但是，若从组合门槛的角度来看，达到门槛条件的国家（或地区）有 38 个，相比于同时满足两个单门槛条件的结果多了 34 个适合开放的国家（或地区），如新加坡、日本、英国、加拿大等，组合门槛的结果具有更贴近事实的指导意义。同时从图 1 也可以看到，样本中约有 40% 的国家（或地区）达到了人均 GDP 和金融深度的组合门槛条件，在资本账户开放后将会缓解国内收入不平等，就我国而言，距离人均 GDP 的单门槛条件较近，但与金融深度的单门槛条件距离则较远，虽然没有达到组合门槛条件，但与实直线所代表的组合门槛距离不远，努力提高金融深度与经济发展水平有希望尽快越过组合门槛条件。

（2）制度质量与金融深度

根据模型设计，可得制度质量与金融深度的门槛临界条件为：

$$0.274\ 5 - 0.001\ 6fd - 0.122wgi = 0 \qquad (9)$$

根据计算结果，制度质量和金融深度的散点图以及组合门槛条件表示如图 2，斜线上方区域为该条件下适合开放的国家（或地区），两条虚线分别代表金融深度与制度质量的单门槛临界条件，虚线交点右上角区域为同时越过两个单门槛的国家（或地区）。

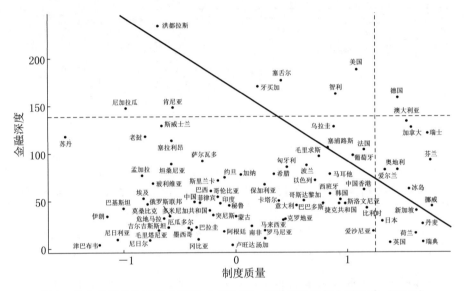

图 2　组合门槛条件下各个国家（或地区）的制度质量与金融深度（2019）

由图 2 可以看出，达到制度质量和金融深度组合门槛条件的国家（或地区）有 15 个，其中欧美国家（或地区）居多。从达到单门槛条件的国家（或地区）来看，仅有德国一个国家同时达到了制度质量和金融深度的门槛。尽管组合门槛条件下适宜开放的国家（或地区）要远多于同时满足两个单门槛条件的国家（或地区），但相比样本中的 86 个国家（或地区）仍然只有少数达到了金融深度和制度质量的组合门槛条件，大部分国家（或地区）都位于实线的左下角，为了不在资本账户开放的同时加剧收入不平等，各个国家（或地区）需加强对金融深度与制度质量的关注，找到平衡的增长点。

六、基于网络的资本账户开放的门槛效应

前文实证结果表明,各个国家(或地区)开放资本账户对收入不平等产生的影响并不一致,因此需要考虑异质性问题。大部分学者都通过人均GDP的高低或地理距离的远近,以及是否为经合组织成员国等来对国家(或地区)进行划分,然而,这样的划分在一定程度上不适于当今经济快速发展、全球化的世界。构建以经济关系为纽带的网络进行聚类,采用无监督的学习方法,能够不依赖先验的主观标准,可使分类更加客观。谱聚类是建立在图论基础之上的一种聚类算法,其主要思想是将样本看作无向图的节点,根据样本之间的联系构建边并通过样本之间的相似度对边进行加权,然后对该无向加权图进行划分,使得子图内部尽量相似,而子图间的相似度尽量低。相对于聚类时常用的 k-means 方法,谱聚类一方面对初始条件,即聚类中心的选择不太敏感,运行结果更加稳定,另一方面利用图的全局结构进行聚类,能够更好地捕捉数据的整体特征。因此,本文构建国家(或地区)间贸易关系网络,并利用谱聚类的方法对国家(或地区)进行划分,然后对不同类别国家(或地区)的门槛效应进行进一步检验。

(一)网络构建与分类

本文以 224 个国家(或地区)为节点,以 2019 年各个国家(或地区)之间的出口贸易量为边构建网络图,数据源于 CEPII-BACI 数据库,该数据库中有各个国家(或地区)之间不同产品贸易量的数据。本文对不同 HS 编码的产品贸易量进行了加总得到两国之间的总出口贸易量,所构建的网络的基本特征见表 5,网络图如图 3 所示。

表 5　网络基本特征

点	边	平均度	网络密度	平均路径长度	平均集聚系数	平均边权重
224	16 276	144.68	0.65	1.35	0.85	505 534

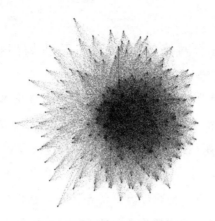

图 3　贸易网络图（2019 年）

在复杂网络中，节点度数表示与该节点相连的边的个数，即每个国家（或地区）贸易伙伴的个数，对网络中所有节点的度数求平均数，即可得到网络的平均度。网络密度是用网络中实际存在的边的个数除以网络最大可能边数，取值范围为 0 到 1 之间，可以用来衡量网络的紧密程度，较高的网络密度表示节点之间存在较多的直接连接，表明网络更加紧密。平均路径长度是指任意两个节点之间最短路径的平均值，而路径长度是指沿着路径所经过的连接数或边的数量，该指标可以反映出网络的分散程度，取值范围是大于等于 1 的实数，平均路径长度越短，网络中的节点越容易相互到达，说明网络的分散程度越小。平均集聚系数是网络中所有节点的局部集聚系数的平均值，而局部集聚系数是指节点的邻居之间实际存在的连接数量与可能存在的连接数量之间的比例，该系数度量了一个节点的邻居节点之间连接的紧密程度，可以用来描述网络的集聚性，较高的平均集聚系数表示网络中节点之间存在较多的集聚，反之表示网络中节点之间的连接更为分散。平均边权重是网络中所有边权重总和除以边的数量，每条边的权重通常代表边的强度或重要性，因此该指标能够反映出网络中一条典型边的权重，较高的平均值意味着网络中的边普遍具有较高的权重，表明网络中的连接平均而言较为密集或重要。

在该网络中，节点平均度为 144.68，说明平均来看，每个国家（或地区）与一半以上的其他国家（或地区）建立了贸易关系。网络密度约为 0.65，代表着网络中各个国家（或地区）的联络较为紧密，大多数国家

（或地区）在经济上相互依赖，贸易联系广泛，全球化程度高。平均路径长度为 1.35，意味着任意两个节点之间相互到达所需要经过的平均最短路径长度仅为 1.35 个连接，说明网络中节点的分散程度比较小，即从一个国家（或地区）到另一个国家（或地区）的贸易流动可以通过少数几个中间环节实现。平均集聚系数为 0.85，说明网络中存在大量的紧密连接的群体，一个国家（或地区）的贸易伙伴很可能相互之间也有贸易往来。较低的平均路径长度和较高的平均集聚系数显示出该网络具有小世界特性，小世界网络是一种网络拓扑，它介于完全随机网络和高度规则化的网络之间，如果一个网络的平均路径长度接近随机网络（即短路径长度）同时集聚系数显著高于随机网络，则这个网络往往被认为具有小世界特性。这一特性表明虽然国家（或地区）之间的贸易关系呈现出紧密的局部群体，但整个网络的全球可达性仍然非常高，这种网络结构有利于快速而广泛的信息和资源传播，同时也促进了国家（或地区）间的紧密合作和群体形成。进一步，通过 UCINET 软件对该网络进行"核心—边缘"结构分析，得到的拟合度为 0.698，这是一个中等偏上的数值，说明该网络中存在一定的"核心—边缘"结构，部分核心国家（或地区）在全球贸易网络中扮演着更为中心的角色，而其他国家（或地区）虽然也参与贸易，但与核心的连接不如核心国家（或地区）之间的连接密切。通过核心度可以将各个国家（或地区）划分为核心国家（或地区）、半边缘国家（或地区）和边缘国家（或地区）。核心度是衡量节点在网络中的核心层次的一个指标，它不仅考虑了节点的直接连接数量，还考虑了这些连接的质量，即连接的对象是否也是网络中的核心节点。具体的划分结果如表 6，核心国家（或地区）有中国、美国、德国、日本等，半边缘国家（或地区）有瑞士、巴西、泰国、丹麦等，边缘国家（或地区）则有柬埔寨、乌克兰、缅甸、利比亚等。

表 6　核心—半边缘—边缘结构

类别	数量	比例
核心	15	6.7%
半边缘	41	18.3%
边缘	168	75.0%

本文利用谱聚类对该网络进行聚类分析。谱聚类具体的算法流程可总结为：①根据数据集计算数据间的相似度并构建邻接矩阵 W 和度矩阵 D；②计算拉普拉斯矩阵 L 并构建标准化后的拉普拉斯矩阵 $L=I-D^{-1/2}WD^{1/2}$；③计算 L 的前 k 个标准化特征向量 F，k 为聚类个数；④将 F 中的每一行作为一个样本，使用 k-means 算法进行聚类。根据谱聚类算法得到的聚类结果如下：

表 7　国家（或地区）谱聚类结果

类别	数量（占比）	国家（或地区）
A	31（13.84%）	美国、日本、加拿大、澳大利亚、德国、以色列、希腊、比利时、新加坡、西班牙、埃及、英属维尔京群岛、安哥拉、保加利亚、克罗地亚、塞浦路斯、法属波利尼西亚、加蓬、格陵兰、洪都拉斯、科特迪瓦、牙买加利比里亚、毛里求斯、库拉索、巴基斯坦、新喀里多尼亚、纽埃、诺福克岛、密克罗尼西亚联邦、帕劳
B	93（41.52%）	中国、韩国、法国、英国、瑞典、印度、俄罗斯联邦、白俄罗斯、奥地利、爱尔兰、挪威、摩洛哥、印度尼西亚、马来西亚、新西兰、法国南部和南极土地、安道尔、安提瓜和巴布达、阿塞拜疆、巴哈马、孟加拉、博茨瓦纳、伯利兹、文莱、缅甸、柬埔寨、喀麦隆、中非、乍得、哥伦比亚、科摩罗、哥斯达黎加、捷克共和国、贝宁、多米尼加、厄瓜多尔、赤道几内亚、冈比亚、加纳、直布罗陀、基里巴斯、格林纳达、危地马拉、海地、冰岛、哈萨克斯坦、约旦、肯尼亚、拉脱维亚、卢森堡、马拉维、马里、墨西哥、蒙古、黑山、莫桑比克、阿鲁巴、布勒斯特、瓦努阿图、尼加拉瓜、尼日利亚、马绍尔群岛、巴布亚新几内亚、巴拉圭、菲律宾、皮特凯恩群岛、几内亚比绍、东帝汶、卡塔尔、卢旺达、安圭拉、圣卢西亚、圣文森特和格林纳丁斯、圣多美和普林西比、塞内加尔、塞舌尔、斯洛文尼亚、津巴布韦、南苏丹、苏丹、塔吉克斯坦、托克劳、特立尼达和多巴哥、土库曼斯坦、特克斯和凯科斯群岛、图瓦卢、马其顿共和国、坦桑尼亚、布基纳法索、乌兹别克斯坦、委内瑞拉、也门、赞比亚
C	100（44.64%）	瑞士、巴西、意大利、阿根廷、古巴、越南、泰国、中国香港、中国澳门、匈牙利、波兰、葡萄牙、罗马尼亚、伊朗、伊拉克、刚果共和国、刚果金、阿富汗、阿尔巴尼亚、阿尔及利亚、美属萨摩亚、巴林、亚美尼亚、巴巴多斯、百慕大、不丹、玻利维亚、波斯尼亚和黑塞哥维那、所罗门群岛、布隆迪、佛得角、开曼群岛、斯里兰卡、智利、圣诞岛、科科斯·基林岛、库克群岛、丹麦、多米尼加共和国、萨尔瓦多、埃塞俄比亚、爱沙尼亚、福克兰群岛、斐济、芬兰、吉布提、格鲁吉亚、约旦河西岸和加沙、关岛、几内亚、圭亚那、朝鲜、科威特、吉尔吉斯斯坦、老挝、黎巴嫩、莱索托、利比亚、立陶宛、马达加斯加、马尔代夫、马耳他、毛里塔尼亚、摩尔多瓦、蒙特塞拉特、阿曼、纳米比亚、瑙鲁、尼泊尔、荷兰、荷属安的列斯群岛圣马丁、尼日尔、北马里亚纳群岛、巴拿马、秘鲁、圣赫勒拿、圣基茨和尼维斯、圣皮埃尔和密克隆、圣马力诺、沙特阿拉伯、塞尔维亚、塞拉利昂、斯洛伐克、索马里、南非、苏里南、斯威士兰、叙利亚、多哥、汤加、阿拉伯联合酋长国、突尼斯、土耳其、乌干达、乌克兰、乌拉圭、瓦利斯群岛和富图纳群岛、萨摩亚

表 8 展示了三类国家（或地区）的网络基本特征，三类网络平均集聚系数均在 0.84 以上，表明聚类效果较好。与整个网络相比，A、B 类的网络密度更大，即 A、B 类内各个国家（或地区）的联络更为紧密，而平均路径长度相对较小，说明在分类网络中的分散程度更小。同样地，就平均边权重而言，A 类最大，B 类次之，C 类最小，意味着在 A 类网络中整体连接强度较高，交易平均量较大。

表 8　网络基本特征

类别	点	边	平均度	网络密度	平均路径长度	平均集聚系数	平均边权重
A	31	343	22.13	0.73	1.26	0.88	2 308 168
B	93	2 967	63.13	0.67	1.32	0.86	397 941
C	100	2 850	57.0	0.57	1.42	0.84	223 000
全	224	16 276	144.68	0.65	1.35	0.85	505 534

（二）分类门槛效应回归

通过谱聚类的结果将样本中的 86 个国家（或地区）划分为三类：

表 9　部分国家（或地区）分类结果

类别	数量	比例
A	18	20.93%
B	36	41.86%
C	32	37.21%

对 A、B、C 三类国家（或地区）分别进行门槛效应检验，首先进行单门槛效应检验，得到的结果如表 10：

表 10　分类单门槛检验

	A	B	C	全
kaopen×人均 GDP	−0.191 8 ***	−0.020 3	−0.456 4 ***	−0.158 5 ***
kaopen×贸易自由度	0.003 1 **	−0.003 **	−0.000 8	−0.000 8
kaopen×金融深度	0.005 5 ***	−0.003 8 **	−0.006 6 ***	−0.001 9 ***
kaopen×制度质量	−0.326 6 ***	0.138 6 *	−0.561 1 ***	−0.143 **

通过检验结果可以看到，金融深度和制度质量在三类国家（或地区）中都为显著的门槛变量，在 B、C 两类国家（或地区），金融深度的加深，

使得资本账户开放能够缓解收入不平等，而在 A 类国家（或地区）中，金融深度的加深反而会使资本账户开放加剧收入不平等程度。在 B 类国家（或地区）中，制度质量越好，资本账户开放会使收入分配的状况变差，而在 A、C 两类国家（或地区）中，制度质量提升，资本账户的开放能够缓解收入不平等。因此，不同类型的国家（或地区），在资本账户开放的过程中，为避免收入分配状况的恶化，所需要关注的点是不同的。

表 11　分类组合门槛检验

	A	B	C	全
人均 GDP 与 贸易自由度	−0.216 5 *** 0.004 ***	0.008 4 −0.003 1 **	−0.486 3 *** 0.001 4	−0.160 8 *** 0.000 2
人均 GDP 与 金融深度	−0.174 5 *** 0.005 4 ***	0.007 1 −0.003 8 **	−0.414 2 *** −0.005 1 ***	−0.148 2 *** −0.001 2 *
人均 GDP 与 制度质量	−0.114 −0.185	−0.149 1 *** 0.351 7 ***	−0.376 *** −0.257 4 **	−0.186 9 *** 0.079 7
贸易自由度 与 金融深度	0.001 9 0.005 3 ***	−0.001 6 −0.002 8	−0.000 6 −0.006 5 ***	−0.000 5 −0.001 8 **
贸易自由度 与 制度质量	0.006 5 *** −0.514 2 ***	−0.004 1 *** 0.202 6 **	0.001 5 −0.628 9 ***	−0.000 2 −0.136 9 **
金融深度 与 制度质量	0.005 6 *** −0.341 9 ***	−0.004 ** 0.151 6 **	−0.004 4 *** −0.429 6 ***	−0.001 6 ** −0.122 **

从不同类别国家（或地区）的检验结果来看，金融深度与制度质量的组合门槛在所有类别的国家（或地区）中都显著，但系数的正负存在一定的差别。从组合门槛的角度来看，不同类别的国家（或地区）如果想通过资本账户开放缓解收入不平等程度，需要达到的金融深度与制度质量的标准也是不同的。如图 5，A、B、C 分别代表三种不同类别的国家（或地区）和该类别所要达到的组合门槛条件。对于 A 类别来说，直线右下角是适合开放的区域，对于 B 类，直线左上角是适合开放的区域，而全样本和 C 类别适合开放的区域则位于直线右上角。A 类别中，日本、新加坡、以色列、西班牙、比利时、克罗地亚等在全样本中未达到制度质量与金融深度组合门槛的国家（或地区），在该类别下达到了这一组合门槛，扩大资本账户开放程度会减轻收入不平等。美国、德国、牙买加则正好相反，这三个国家（或地区）较高的金融深度将其所处位置拉至 A 类门槛的上方，从而改

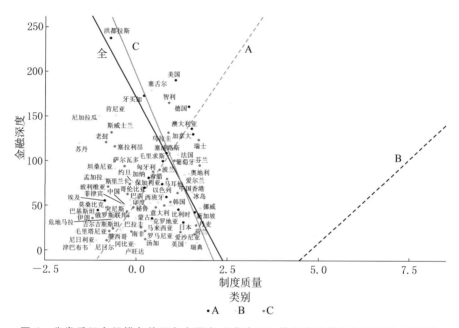

变了开放对收入不平等的作用。对于 B 类别来说，所有属于 B 类别的国家（或地区）均越过了门槛值，实际上，在该类别的组合门槛检验中，*kaopen* 的系数不显著，也就导致了这一结果不具有置信性。C 类别的划分与全样本最相似，瑞士、葡萄牙、芬兰、智利、乌拉圭越过了金融深度与制度质量的组合门槛，资本账户开放程度增加会减缓收入不平等的国家（或地区），其余 C 类别的国家（或地区）则未越过门槛。因此，通过异质性研究发现，不同类别的国家（或地区）的组合门槛是不一致的。

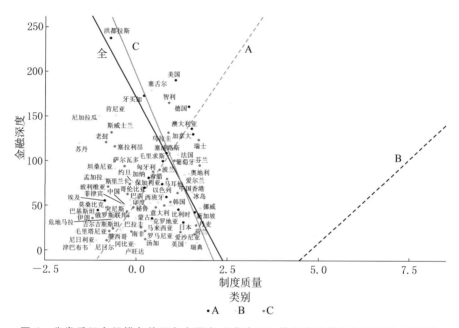

图 4　分类后组合门槛条件下各个国家（或地区）的制度质量与金融深度（2019）

七、稳健性检验

（一）模型替换

上述组合门槛模型是以线性形式为例，下面通过模型替换的方式，将两变量的组合门槛线性模型替换为双曲线模型，以此来检验模型的稳健性，具体形式如下：

$$Gini_{it} = \beta_1 kaopen_{it} + \theta_1 Th1_{it} \times kaopen_{it} + \theta_2 Th1_{it} \times Th2_{it} \times kaopen_{it} + \theta_3 Th2_{it} \times kaopen_{it}$$

$$+ \beta_2' Z_{it} + \lambda_i + \varepsilon_{it} \triangleq \beta_1 kaopen_{it} + f(Th_{it}) \times kaopen_{it} + \beta_2' Z_{it} + \lambda_i + \varepsilon_{it} \quad (10)$$

其中，$f(Th_{it}) = \theta_1 Th1_{it} + \theta_2 Th2_{it} + \theta_3 Th1_{it} \times Th2_{it}$，组合门槛条件为 $\beta_1 + f(Th_{it}) = 0$，即 $\beta_1 + \theta_1 Th + \theta_2 Th2_{it} + \theta_3 Th1_{it} \times Th2_{it} = 0$。以全样本为例，对该模型进行回归，得到的结果如表 12：

表 12　非线性组合门槛实证检验结果

	（1）	（2）	（3）	（4）	（5）	（6）
kaopen	1.725 3 *** (0.462 2)	1.737 6 *** (0.366 8)	2.821 4 *** (0.363 4)	0.296 1 *** (0.099)	0.328 *** (0.093 5)	0.354 8 *** (0.071 3)
kaopen× 人均 GDP	-0.160 3 *** (0.052 3)	-0.159 3 *** (0.042 6)	-0.321 5 *** (0.043 3)			
kaopen× 贸易自由度	0.000 2 (0.005 6)			-0.001 (0.000 9)	-0.001 5 (0.001 1)	
kaopen× 金融深度		-0.002 4 (0.004 9)		-0.002 6 * (0.001 3)		-0.003 *** (0.000 9)
kaopen× 制度质量			-0.336 7 (0.315 3)		-0.070 6 (0.097 7)	-0.225 5 *** (0.079 2)
kaopen× 人均 GDP× 贸易自由度	-0.000 3 (0.000 6)					
kaopen× 人均 GDP× 金融深度		-0.000 1 (0.000 6)				
kaopen× 人均 GDP× 制度质量			0.045 6 (0.036)			
kaopen× 贸易自由度× 金融深度				0 (0)		
kaopen× 贸易自由度× 制度质量					-0.000 6 (0.001)	
kaopen× 金融深度× 制度质量						0.001 8 * (0.001)
人均 GDP× 贸易自由度	0.006 7 *** (0.001 2)					

续表

	（1）	（2）	（3）	（4）	（5）	（6）
人均 GDP× 金融深度		0.005 9 *** （0.001 1）				
人均 GDP× 制度质量			0.681 1 *** （0.084）			
贸易自由度 ×金融深度				−0.000 1 *** （0）		
贸易自由度 ×制度质量					0.009 9 *** （0.002 3）	
金融深度× 制度质量						0.001 3 （0.001 9）
人均 GDP	0.206 6 （0.136 6）	0.362 2 *** （0.119 6）	0.721 7 *** （0.107 7）	0.509 *** （0.103 7）	0.568 5 *** （0.102 9）	0.576 5 *** （0.102 9）
贸易自由度	−0.044 4 *** （0.010 5）	0.012 8 *** （0.001 9）	0.010 9 *** （0.001 9）	0.016 7 *** 4（0.002 5）	0.009 2 *** （0.002 3）	0.012 6 *** （0.001 9）
金融深度	0.004 2 *** （0.001 2）	−0.045 2 *** （0.009 6）	0.004 6 *** （0.001 1）	0.016 5 *** （0.002 9）	0.004 3 *** （0.001 2）	0.004 6 ** （0.002 1）
制度质量	−0.754 7 *** （0.211 1）	−0.706 2 *** （0.208 3）	−6.032 8 *** （0.678 3）	−0.533 3 ** （0.210 9）	−1.352 5 *** （0.273 3）	−0.685 7 *** （0.228）
城镇化率	−0.020 7 （0.013 6）	−0.021 3 （0.013 6）	−0.016 1 （0.013 5）	−0.016 7 （0.013 7）	−0.017 1 （0.013 8）	−0.019 6 （0.013 8）
通胀率	0.000 2 （0.000 6）	0.000 2 （0.000 6）	0.000 1 （0.000 6）	0 （0.000 6）	0.000 2 （0.000 6）	0.000 1 （0.000 6）
人口抚养比	0.132 1 *** （0.007 2）	0.137 6 *** （0.007 2）	0.130 1 *** （0.007 2）	0.131 8 *** （0.007 2）	0.128 *** （0.007 2）	0.130 8 *** （0.007 3）
中学入学率	0.001 3 （0.003 9）	0.002 4 （0.003 9）	0.002 6 （0.003 8）	0.000 8 （0.003 9）	0.001 5 （0.003 9）	0.002 （0.003 9）
常数项	36.409 5 *** （10.370 6）	34.656 6 *** （10.224 5）	31.112 2 *** （10.179 9）	32.694 4 *** （10.137 9）	33.333 8 *** （10.144）	33.098 *** （10.139 7）
观测值	2 236	2 236	2 236	2 236	2 236	2 236
R-squared	0.208 7	0.210 1	0.223 1	0.195 1	0.196 3	0.193 4

注：括号内为标准误，*** 、** 、* 分别代表 0.01、0.05 和 0.1 的显著性水平。

　　表12所示，对人均GDP、贸易自由度、金融深度和贸易自由度进行了两两组合，可以看到，金融深度与制度质量的门槛检验（列6）显示出了显著性，说明这一组合变量对资本账户开放有着显著的门槛效应。根据模型设计，可得金融深度与制度质量的门槛临界条件为：

$$0.354\,8-0.003fd-0.225\,5wgi+0.001\,8fd\times wgi=0 \tag{11}$$

根据计算结果，将世界各个国家（或地区）的金融深度和制度质量通过散点图（图5）进行展示，其中曲线代表门槛临界条件，两曲线之间的国家（或地区）为金融深度和制度质量的组合门槛满足 $f(Th_{it})<f(Th)$ 的国家（或地区），即资本账户的开放能够减缓收入不平等，适合开放的国家（或地区）。

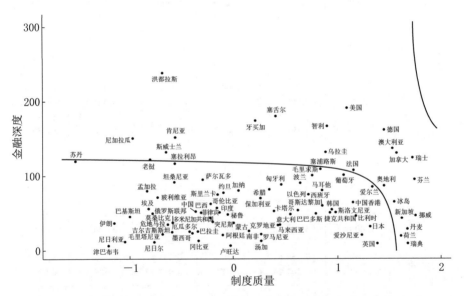

图5　组合门槛条件下各个国家（或地区）的制度质量与金融深度（2019）

　　由图5可以看到，适合开放的国家（或地区）与线性组合门槛模型基本一致，说明上述结论具有稳健性。

（二）替换变量

　　为检验分类回归结果的稳健性，本文通过替换变量指标的方法进行稳健性检验，将被解释变量的衡量指标从市场值替换为经转移支付后的净值，数据同样源于 SWIID 数据库。表 13 和 14 分别展示了单门槛与组合门槛的分类回归结果，总体而言，相较于基尼系数的市场值，影响净值的各系数绝对值有所升高，但符号与显著性水平基本一致，说明回归结果具有较强的稳健性。

表 13　分类单门槛检验

	A	B	C
kaopen×人均 GDP	−0.123 ***	−0.118 7 ***	−0.502 7 ***
kaopen×贸易自由度	0.001 4	−0.006 7 ***	−0.001 7
kaopen×金融深度	0.004 9 ***	−0.008 2 ***	−0.008 4 ***
kaopen×制度质量	−0.170 8 ***	0.481 8 ***	−0.658 6 ***

表 14　分类组合门槛检验

	A	B	C
人均 GDP 与贸易自由度	−0.134 8 *** 0.001 9 ***	−0.062 7 −0.006 ***	−0.516 4 *** 0.000 6
人均 GDP 与金融深度	−0.107 4 ** 0.004 8 ***	−0.065 3 −0.007 5 ***	−0.445 8 *** −0.006 8 ***
人均 GDP 与制度质量	−0.107 1 −0.037 8	−0.619 3 *** 1.366 8 ***	−0.397 2 *** −0.337 8 ***
贸易自由度与金融深度	0.000 3 0.004 9 ***	−0.003 8 ** −0.006 ***	−0.001 5 −0.008 4 ***
贸易自由度与制度质量	0.003 1 ** −0.259 5 ***	−0.010 3 *** 0.643 6 ***	0.000 9 −0.697 4 ***
金融深度与制度质量	0.005 *** −0.184 4 **	−0.009 *** 0.511 1 ***	−0.006 *** −0.478 5 ***

八、研究结论

为探究资本账户开放对收入不平等的门槛效应，本文利用 1994—2019 年 86 个国家（或地区）的面板数据进行了组合门槛效应检验，得出了如下结论：①人均 GDP、金融深度和制度质量都为显著的门槛变量，会影响资本账户开放对收入不平等的作用，人均 GDP 与金融深度、金融深度与制度质量为两组显著的组合门槛。结合单门槛与组合门槛的结果来看，越过所有门槛的国家（或地区）相对较少，盲目推进资本账户的开放，可能会加剧收入不平等。同样也不能一味紧缩，一个国家（或地区）单门槛条件未达到时，组合门槛条件可能已经达到，可以适当开放。②通过异质性研究发现，利用谱聚类的方法得到的 A、B、C 三类国家（或地区），在金融深度与制度质量的组合门槛条件中，C 类的组合门槛与全样本最相似，A 类则存在着许多在全样本未达到门槛在分样本时却达到门槛的国家（或地区），如日本、西班牙、新加坡等，因此不同类别的国家（或地区）在开放资本账户时所需要关注的重点与达到的标准是不一致的，不同经济体开放条件是多元化的。例如，在 C 类国家（或地区）中金融深度与制度质量的提高都会使未达到开放条件的国家（或地区）离门槛更近或越过门槛，而对于 A 类国家（或地区）来说，金融深度的提高反而使已经越过全样本门槛值的国家（或地区）达不到分类组合门槛。

因此，在开放资本账户的过程中，要根据具体情况采取针对性的政策，当单门槛条件未达到但已达到组合门槛条件时，为缓解收入不平等，可加速推进资本账户开放；当组合门槛条件也未达到时，可结合门槛情况，寻求最短"距离"，利用对应政策早日越过门槛条件。同时也要结合自身分类特点，A 类国家（或地区）应该更加聚焦于制度质量的提升，C 类国家（或地区）则对于金融深度与制度质量都需要加强关注。就我国而言，无论从单门槛还是组合门槛来看，我国均未越过门槛值，人均 GDP 距离门槛值较近，但金融深度与制度质量仍与门槛值相差较远，因此我国应该更加注重金融市场的发展和制度质量的提升。

针对全面放开资本账户可能带来一系列风险和负面影响，特别是在收入不平等方面，本研究考虑到相关的门槛因素，提出以下应对策略。

首先，逐步放开资本账户可以更好地控制风险。金融市场的开放需要建立健全的监管体系和风险管理机制，以确保金融市场的稳定运行。逐步开放资本账户可以为政府和监管机构提供更多时间和空间，以适应外部冲击和风险的变化。同时，逐渐放开资本账户也可以提高金融机构的抗风险能力和预警能力，使其更加适应国际市场的竞争和挑战。

其次，加强金融市场建设和推进普惠金融，可以有效减少收入不平等的加剧对社会造成的负面影响。在资本账户逐步开放的过程中，应注重发展金融市场，提供更多金融产品和服务，以满足不同阶层和群体的需求。特别是要加强普惠金融，通过普惠金融的覆盖和普及，让每个人都能享受到金融服务的便利，从而缩小贫富差距，促进社会公平与稳定。

再次，制度质量的提高也是资本账户开放的重要保障。近年来，我国在反腐败方面取得了显著进展，不仅提高了政府效能和国家（或地区）机关的监管质量，也增强了制度的执行力和公信力。继续推进反腐倡廉，加强制度建设，将进一步提高我国的制度质量，为资本账户的开放提供保驾护航。只有建立健全的制度体系，才能有效应对开放过程中可能出现的问题和挑战，确保资本账户开放的顺利进行。

最后，经济发展水平是一个国家（或地区）的基石，提高人均 GDP，关键在于全面促进教育、技术创新、产业升级和社会福利保障。第一，加强教育体系，提高教育和职业培训的质量，尤其是在科技、工程等关键领域，这不仅能提高劳动力的技能和生产率，还能创造更多高收入的工作机会。第二，推动科技创新和研发投资至关重要，包括鼓励私营和公共部门在高科技和未来产业的投资，建立国际创新合作，支持初创企业和中小企业创新。第三，实施公平高效的税收政策和增加对低收入群体的社会支持，如医疗、教育和住房援助，这将直接减少收入不平等。

综上所述，为了避免资本账户开放过程中的风险和负面影响，应当采取循序渐进的策略，逐步放开资本账户。同时，加强金融市场建设、推进普惠金融，提高制度质量，提升人均 GDP，为资本账户的开放提供必要的保障和支持。只有在稳健的基础上推进资本账户的开放，才能避免贫富差距的扩大，实现更加稳定和可持续的经济发展。

参考文献

国务院发展研究中心、世界银行，2022，《中国减贫四十年：驱动力量、借鉴意义和未来政策方向》。

陈银飞，2011，《2000—2009 年世界贸易格局的社会网络分析》，《国际贸易问题》第 11 期。

郭桂霞、彭艳，2016，《我国资本账户开放的门槛效应研究》，《金融研究》第 3 期。

余丹，2018，《资本账户开放会影响收入不平等吗——来自 149 个国家（或地区）或地区的经验证据》，《财会月刊》第 20 期。

梅冬州、王思卿、雷文妮，2019，《资本账户开放会扩大收入不平等吗？——基于跨国面板数据的研究》，《国际金融研究》第 4 期。

胡亚楠，2020，《资本账户开放的门槛效应及路径研究》，《世界经济研究》第 1 期。

李俊江、徐征，2020，《资本账户开放的间接作用与门槛效应》，《东北师大学报（哲学社会科学版）》第 3 期。

世界不平等实验室，2021，《世界不平均报告 2022》。

王曦、李佳阳、陈中飞，2021，《资本账户开放促进经济增长的组合门槛条件分析——兼论中国局部开放策略》，《统计研究》第 3 期。

Chinn, M.D., Ito, H. 2006. "What Matters for Financial Development? Capital Controls, Institutions, and Interactions." *Journal of Development Economics*, 81.

Kose, M.A., Prasad, E.S., Taylor, A.D. 2011. "Thresholds in the Process of International Financial Integration." *Journal of International Money and Finance*, 30 (1)：0—179.

Larrain, M. 2015. "Capital Account Opening and Wage Inequality." *The Review of Financial Studies*, Oxford University Press, 28 (6)：1555—1587.

Bumann, S., Lensink, R. 2016. "Capital Account Liberalization and Income Inequality." *Journal of International Money and Finance*, Elsevier, 61：143—162.

Lagarda, G., Linares, J., Gallagher, K.P. 2017. "Capital Openness and Income Inequality: Smooth Sailing or Troubled Waters?" *Boston University Global Economic Governance Initiative*.

Furceri, D., Loungani, P. 2018. "The Distributional Effects of Capital Account Liberalization." *Journal of Development Economics*, 130：127—144.

Forster, T., Kentikelenis, A.E., Reinsberg, B. 2019. "How Structural Adjustment Programs Affect Inequality: A Disaggregated Analysis of IMF Conditionality, 1980—2014." *Social Science Research*, 80：83—113.

Liu, Z., Spiegel, M., Zhang, J. 2020. "Capital Controls and Income Inequality." *Federal Reserve Bank of San Francisco*.

Li, X., Su, D. 2021. "Does Capital Account Liberalization Affect Income Inequality?" *Oxford Bulletin of Economics and Statistics*, Wiley Online Library, 83 (2): 377—410.

Kim, D.H., Hsieh, J., Lin, S.C. 2021. "Financial Liberalization, Political Institutions, and Income Inequality." *Empirical Economics*, 60 (3): 1245—1281.

Jung, J.W., Kim, K. 2021. "Financial Market Integration and Income Inequality." *East Asian Economic Review*, 25 (2): 175—203.

Radhianshah, M.T., Kurnia, A.S. 2021. "Capital Account Liberalization and Income Inequality: A Panel Study of 28 European Countries." *Journal of Economics, Business, & Accountancy Ventura*, 24 (1): 12.

Hossain, R.M., Amin, S.B. 2022. "The Effect of Capital Account Liberalization on Income Inequality, Focusing on South Asia." *International Journal of Economics and Financial Issues*, 12 (3): 121—132.

投资与市场

中概股回归后在不同市场交叉
上市的股价联动性研究

摘要：从 2018 年起，中美之间的贸易紧张局势导致许多中概股公司决定回到国内市场。这些公司一般有两种回归方式：一种是通过私有化退市，然后在 A 股或港股重新上市，有些公司甚至选择同时在这两个市场上市，以实现交叉上市；另一种方式是在维持美股上市的同时，在国内市场也进行上市。本研究以 12 家在 A 股和 H 股上市的公司，以及 17 家在港股和美股交叉上市的中概股为案例，通过相关系数检验、单位根检验、协整检验和格兰杰因果检验，分析了这些公司股价的联动性。研究发现，那些选择在海外和国内市场交叉上市的中概股，其股价联动性更为显著。特别是 A 股和 H 股交叉上市的公司，其股价联动性主要受 A 股市场影响，这可能是因为这些公司的主要业务集中在中国大陆；而在港股和美股交叉上市的公司，股价联动性的相互影响更为突出，这表明中国香港和美国的股票市场具有更强的定价能力和更快的信息传播速度。

Abstract：Since 2018, the escalating trade tensions between China and the United States have led many Chinese concept stocks to decide to return to the domestic market. These companies generally adopt one of two repatriation methods：

---

* 孙海霞，上海外国语大学金融学副教授，研究方向：金融市场开放。方天进，通讯作者，光大银行高级经理，研究方向：金融市场定价效率。

one is through privatization and delisting, followed by relisting on the A-share or Hong Kong stock markets, with some companies even opting to list on both markets simultaneously to achieve cross-listing; the other method is to maintain their listing on the U.S. stock market while also listing domestically. This study takes 12 companies listed on both the A-shares and H-shares, as well as 17 companies cross-listed on the Hong Kong stock market and the U.S. stock market, as cases to analyze the price linkage of these companies' stocks through correlation coefficient tests, unit root tests, cointegration tests, and Granger causality tests. The research finds that the Chinese concept stocks that choose to cross-list in both overseas and domestic markets exhibit more significant stock price linkage. In particular, companies cross-listed on the A-shares and H-shares are mainly influenced by the A-share market, likely because their main business is concentrated in Mainland China; whereas for companies cross-listed on the Hong Kong and U.S. stock markets, the mutual influence on stock price linkage is more pronounced, indicating that the Hong Kong and U.S. stock markets have stronger pricing power and faster information dissemination.

Keywords: Chinese concept stocks; Cross-listing; Price co-movement

一、引　言

在 20 世纪末至 21 世纪初，中国的资本市场还处于起步阶段，面临着长时间的审批流程、高昂的上市成本和严格的上市门槛。这导致许多寻求资本的企业将目光投向了海外市场，尤其是互联网公司偏好在美国市场上市，从而催生了一系列的中概股公司。这些公司不仅多元化，还覆盖了从互联网到科技、教育、健康和能源等多个行业，展示了中国经济的多样性和创新实力。中概股的兴起与中国经济的迅猛增长紧密相连，随着中国经济的持续壮大和全球化的深入，更多中国企业开始寻求海外上市，以便获得更广泛的资本市场接触和更多的融资机会，支持它们的快速发展和国际化布局。

2018 年，中美贸易摩擦加剧，美国加强了对中概股的监管，瑞幸咖啡事件引发的做空风波严重打击了中概股的融资环境。同时，中国的金融市场日益成熟，资本市场的开放度也在不断增加。随着科创板和北交所的成立，注册制的推行，以及沪港通和深港通的实施，中国金融市场的自由度不断提升，对上市公司的限制也在逐渐放宽。同年4月，香港交易所完成了上市制度的重大改革，这一改革极大地激发了在美上市的中概股回归香港上市的意愿。得益于港股对中概股的政策优势和国内资本市场的完善，越来越多的中概股选择回国上市，实现双重或二次上市。

中概股回国上市的途径主要有两种：一种是通过私有化退市后在A股或港股重新上市，部分企业甚至选择在A股和港股同时上市，实现交叉上市；另一种方式是保留在美国上市的股份，同时在国内市场上市，也实现交叉上市。由于不同股票市场在投资者结构、信息披露和交易制度等方面存在差异，不同市场上的中概股的联动性也会有所不同。因此，本研究将探讨选择在不同市场交叉上市的中概股，是否会在回归A股或港股后，影响其国内外股价的联动性。

相对于目前已有研究，本文的主要贡献在于：第一，从当前研究来看，由于我国金融市场在这些年的发展中的不断成熟，因此与国外金融市场尤其是美国市场的关联性日益密切，目前已有不少研究是关于中、美金融市场指数间的联动方面。但在中概股企业回归浪潮是在近些年兴起，且样本数量近些年在逐渐增多，相关研究还并不多，可以为相关研究提供新的借鉴与参照。第二，从中概股企业的角度，通过对已回归进行交叉上市的中概股价格联动性分析，可以为还没有回归上市的中概股公司提供回归交叉上市后的利弊分析，为其今后的回归决策提供首次公开募股（IPO）定价依据，以及为回归市场的选择提供参照。第三，对中、美股的投资者来说，研究选择在不同市场进行交叉上市的中概股价格联动性差异以及特征和程度，这将为投资者在全球范围内研究投资策略、进行资产配置、分散资产风险，以及跨市场投资套利等提供帮助。此外，相关研究结论能够为投资者在投资时增加应该考虑的指标及因素，帮助投资者更好地理解应该关注的事项，改善当前投资者在投资过程中存在的不理性决策，在相关的实证结果中得到启发。第四，对国家政策制定而言，在如今中国金融市场逐渐开放的大时代潮流下，通过分析交叉上市的中概股股价联动性及差异，对加深中国与美国金融市场的联系程度、活跃我国的资本市场、提高陆港通的政策效果等具有参照意义。

二、文献回顾

Henry Agyei-Boapeah 等（2019）从成本—效益视角分析了中概股公司在面对信息不平等和市场不确定性条件下，其继续在美国市场上市与选择退市之间的决策关系。研究主要聚焦于在美交叉上市的中概股公司在遇到不确定性，如会计欺诈指控时，是选择坚持上市还是主动退市，并得出信息不对称度高，尤其与无形资产相关的公司可能会因为上市成本增加而在不确定性高的时期选择退市。Gang Hu 等（2019）综合分析了过去文献中关于企业退市原因的三种假设，包括低估自由现金流和现金持有、财务可见性差，认为这些假设均得到了实证支持，特别是低估假说，并提出新的退市原因为政策变动，尤其是 2015 年中国美国存托凭证（ADR）私有化潮中的关键因素。郑佳宁、栾栋、李培志（2022）选取了 1989 年至 2020 年间美国上市的中概股数据，通过 cloglog 离散时间生存模型分析，考察了价值低估、内部代理问题、上市成本及金融环境对中概股存续时间的影响，识别出关键影响因素。研究结果表明，市盈率较低、自由现金流较高、企业总资产规模较小、股价波动较低的中概股倾向于较早退市，其存续时间相对较短。郭庆红、易荣华（2022）对比分析港股市场和 A 股市场对中概股回归的吸引力，得出结论认为中美经贸摩擦对市场有短期负面影响，中概股回归会提高港股和 A 股的市场收益率，同时港股市场对中概股的吸引力大于 A 股。郑志刚等（2023）以美国中概股为例，实证揭示了创新导向下的多元化融资渠道偏好是新一轮交叉上市的重要内因。研究表明，研发投入水平越高的美国中概股公司，越倾向于赴港交叉上市。

李伟（2016）探讨了 A 股、H 股之间的联动性，通过实证分析发现，尽管沪港通开通后 A+H 股溢价并未缩小，且投资者套利活动也未能有效缩小溢价，但在特定情境下，投资者情绪的传播会显著提高联动性，表明 A 股、H 股之间的联动性主要由无形机制驱动。饶建萍等（2019）通过研究上证指数与标普指数的日数据，基于误差修正模型发现，在中美贸易摩擦期间，美股对中国股市的单向影响力有所减弱。宫晓莉等（2020）通过 TVP-VAR 模型测量金融子市场间的风险溢出效应，同时指出股市对其他金融子市场的风险溢出最为严重，成为国内金融市场系统性风险的主要来源。Waqas Hanif（2021）的研究表明，新冠疫情前美国对中国的风险溢出高于中国对美国的风险溢出，疫情期间情况相反，并且疫情加剧了2020年3月至4月期间全球股市的风险溢出效应。杨子晖等（2021）利用高维收益溢出及波动溢出网络分析，在新冠疫情冲击下，全球股市的风险溢出效应显现出明显的地理效应，单一市场对国际市场的影响与该国疫情严重程度呈正相关。苑莹等（2022）基于全局化视角，在国际股市联动条件下研究中国股市与汇市间的相依关系，得出结论认为国际股市与中国股市和汇市之间分别存在着正向联动关系。张喆（2022）检验分析不同政策背景下A股市场与其他主要股票市场间的联动变化情况，发现样本期内中国A股市场与世界主要股票市场存在一定的关联性，开放性的政策改革促使中国与这些市场产生信息溢出效应及联动性程度的变化。姚圣、赵耀（2024）使用我国A+H交叉上市企业2012—2020年的数据作为样本，研究A+H交叉上市对企业环境信息披露水平的提升机制与作用路径。研究结果表明，A+H交叉上市能够显著提升企业环境信息披露水平。

通过回顾现有文献，我们可以总结发现，第一，关于研究对象方面，学者们多选择若干个股票市场进行双边联动性的研究，通常发现股市间存在一定程度的联动性。西方学者偏向于选择发达国家股市作为研究对象，而国内学者则倾向于选择中国及其经济、地理特性相近或有较大联系的国家和地区的股市，如中国内地与香港、欧美、亚太地区、金砖国家等。第二，对于研究时段方面，有学者回顾历史一段时间的数据，也有研究专注于特定经济或社会事件，如石油危机、次贷危机、新冠疫情等对股市联动性的影响。第三，就研究指标而言，多数学者倾向于采用股市指数作为研究样本。

三、理论分析与假设提出

当前中国股市与美国股市在投资者构成、信息透明度、交易规则和上市门槛等方面具有显著差异。在投资者构成上，A股市场自注册制改革以来，机构投资者的影响力虽有所增强，但个人投资者依然占据了主导地位。这与以机构投资者为主的港股和美国市场形成鲜明对比。这一结构性差异使得在港股和美股上市的中概股更易受到价格联动效应的影响，而在A股和H股市场上市的公司则受此影响较小。

在信息披露方面，中国A股市场强调年报和半年报的强制性披露，而季报披露则更为灵活。相较之下，港股要求上市公司除了年报和半年报外，还需预告年度和中期业绩。美股则以年报为唯一强制性披露文件，半年报和季报则为自愿性质。总体来看，港股和美股在信息披露方面的做法更为一致，旨在提升市场的透明度和投资者的信心。

交易制度的差异也同样值得关注。中国A股市场规定最小交易单位为100股，而港股和美股则更加灵活，尤其是美股，最小交易单位为1股。此外，美国市场没有涨跌幅限制，支持日内交易，并采用T+2交割制度，同时引入了价格异动暂停和市场熔断机制。港股市场虽然也没有涨跌幅限制，支持日内交易，但有特定的价格波动机制。相比之下，A股市场实施T+1交割制度，并对交易设置了更严格的限制。

上市条件方面，美国的纽约证券交易所和纳斯达克对国内外企业的上市条件有所不同。国内企业需要满足市值、盈利和股东数量等条件，而海外企业则面临更高的要求。香港主板上市则需要通过一系列的财务测试。中国内地主板的上市条件则更加注重公众持股比例和注册资本等指标。这些差异反映了各市场在吸引企业上市时的不同策略和对企业财务健康度及市场稳定性的考量。

综合比较这些要素，我们可以看到港股和美股在多个方面的相似性，包括以机构投资者为主、允许卖空和衍生品交易、定期发布财务报告，以及相似的上市条件。而A股市场则在这些方面与港股和美股存在较大差异。基于这些观察，我们可以提出假设H：在港股和美股交叉上市的中概股，其股价联动性强于在A股和H股市场交叉上市的中概股。

四、研究设计

（一）样本选择

本文的研究对象是回归后进行交叉上市的中概股公司，因此数据选择

范围为包括在 A、H 股交叉上市和港股、美股交叉上市的两类中概股。至
2023 年 5 月 31 日，共有 79 家中概股企业完成了回归，其中 38 家实现了交
叉上市，包括 12 家在 A 股和 H 股，以及 23 家在港股和美股。为了确保数
据的完整性和一致性，本研究选取了 2022 年 1 月 1 日至 2023 年 5 月 31 日
的日收盘价数据，对于 A 股、港股或美股某一方因假期等因素造成数据空
缺的情况，则删除三地当天的交易日数据，因此共计 354 个有效交易日数
据。在移除了 2022 年 1 月后才上市的公司数据后，最终有 12 家 A 股和 H
股以及 17 家港股和美股交叉上市的中概股公司符合研究条件。所有数据均
源于 Wind 金融数据库，并使用 Stata 软件进行了相应的处理和分析。其名
单如下：

表 1　同时在 A 股和 H 股交叉上市中概股名单

中国移动	中国电信	海尔智家	药明康德	中国联通
中芯国际	江西铜业	山东墨龙	东江环保	浙江世宝
安德利	复旦张江			

表 2　同时在港股和美股交叉上市中概股名单

阿里巴巴	网易	百度集团	理想汽车	百胜中国
中通快递	携程集团	华住集团	小鹏汽车	哔哩哔哩
新东方	微博	汽车之家	再鼎医药	和黄医药
万国数据	宝尊电商			

（二）实证方法与模型

1. 相关系数模型

相关系数最早是由统计学家皮尔逊（Pearson）设计的一种统计指标，
是用来研究变量之间线性相关程度的量，当前最常用的相关系数模型就是
相关系数模型。皮尔逊相关系数模型的相关系数波动范围在 -1 至 1 之间，
相关系数为 1 表示两个变量完全正相关，相关系数为 -1 表示两个变量完全
负相关，相关系数为 0 表示两个变量不相关。

$$\rho_{XY} = \frac{\text{Cov}(x, y)}{\sigma_x \sigma_y} = \frac{\sum_{i=1}^{n}(x_i - \bar{x})(y_i - \bar{y})}{\sum_{i=1}^{n}\sqrt{(x - \bar{x})^2} \sum_{i=1}^{n}\sqrt{(y - \bar{y})^2}}$$

ρ_{XY} 表示某两个变量的相关系数，$\mathrm{Cov}(x, y)$ 是两变量 x 与 y 之间的协方差，σ_x 和 σ_y 代表两个变量各自的标准差，$\bar{x}$ 和 $\bar{y}$ 代表两个变量各自的数学期望。

2. 单位根检验

在本研究中，为了判断交叉上市的中概股收盘价格序列及股票指数数据的稳定性，单位根检验成为一项关键步骤，它为进一步的协整检验和因果关系检验奠定了基础，ADF 检验因其广泛应用而成为最常采用的模型。ADF 检验是在 DF（Dickey-Fuller）检验的基础上改进得来，通过考虑一阶自回归并加以扩展以检验序列中单位根的存在性，这要求误差项必须是不具自相关性的白噪声。

$$\Delta y_t = \beta_0 + \delta y_{t-1} + \gamma_1 \Delta y_{t-1} + \gamma_2 \Delta y_{t-2} + \cdots + \gamma_p \Delta y_{t-p} + \gamma_t + \varepsilon_t$$

其中，β_0 表示随机漂移项，ε_t 是白噪声，γ_t 代表时间趋势项。若变量通过了 ADF 检验即拒绝原假设，则认为该变量不存在单位根，因此时间序列是稳定的；反之，如果不能拒绝原假设，则该变量序列被认为是不稳定的。稳定性是进行协整检验和因果关系检验的前提条件。此外，若某变量的时间序列不显著，但一阶差分后显著，则此变量被视为一阶单整；若需经过 p 次差分后序列才显著，则变量被定义为 p 阶单整。

3. 协整检验

为探索交叉上市中概股公司收盘价以及相应股票指数之间的长期稳定关系，进而解析这些公司之间的联动性，本研究将运用协整分析方法。协整分析主要采用两种方法：Johansen 协整检验和 Engle & Granger（EG）两步法。Johansen 协整检验通过建立向量自回归（VAR）模型来分析两个变量间的长期稳定性。该检验通过对回归方程系数的检验，来识别变量间的长期协整关系是否存在，从而评估其关系的真实性与稳定性。

存在序列 $\{X_{t1}, X_{t2}, \cdots, X_{tn}\}$ 都是 q 阶单整，向量 $\beta = (\beta_1, \beta_2, \cdots, \beta_n)$，有

$$Zt = \beta XT \sim I(q-p)$$

其中，$p>0$，$X = (X_{t1}, X_{t2}, \cdots, X_{tn}) T$，则序列 $\{X_{t1}, X_{t2}, \cdots, X_{tn}\}$ 为 (p, q) 阶协整，记为 $X_t \sim CI(p, q)$，为协整向量系数。

4. Granger 因果检验模型

Granger 在 1969 年首次提出了时间序列因果性分析的理论框架。根据这一理论，在分析时间序列数据时，如果引入变量 X 的历史信息能够显著提高对变量 Y 未来值的预测准确性，相较于仅利用变量 Y 自身的过去信息时，那么变量 X 可以被视作变量 Y 的格兰杰原因。重要的是，格兰杰因果关系并不等同于传统意义上的直接因果关系，而是基于时间序列的领先—滞后模式来探索变量间的预测性联系。

$$Y_t = \sum_{i=1}^{n} \alpha_i X_{t-i} + \sum_{i=1}^{n} \beta_i X_{t-i} + \mu_{1t}$$

$$X_t = \sum_{i=1}^{n} \gamma_i Y_{t-i} + \sum_{i=1}^{n} \delta_i Y_{t-i} + \mu_{2t}$$

本研究采用格兰杰因果检验来探究股票收盘价或指数变动是否受到自身及其他变量历史行为的影响，这也是构建脉冲响应函数的基础条件。尽管通过相关系数模型能分析股价和股票指数之间的相关性，但金融市场数据分析中可能遇到伪相关现象，即变量间虽然存在较高的相关系数，但实际上并不具备真实的相关性。为克服此类问题，格兰杰因果检验方法应运而生，为分析变量间是否存在预测关系提供了一种有效手段。

五、实证检验与分析

（一）相关性检验

将 12 家 A、H 股与 17 家港股、美股交叉上市的中概股收盘价进行序列相关性检验，可以初步直观地观察各变量收盘价序列是否具有相关性，检验结果如下表。

表 3　A、H 交叉上市中概股相关性检验结果

公司名称（代码）		观察量	相关系数
中国移动（600941.SH）	中国移动（0941.HK）	352	0.920 8
中国电信（601728.SH）	中国电信（0728.HK）	354	0.963 8
海尔智家（600690.SH）	海尔智家（6690.HK）	354	0.894 6
药明康德（603259.SH）	药明康德（2359.HK）	354	0.959 5

续表

公司名称（代码）		观察量	相关系数
中国联通（600050.SH）	中国联通（0762.HK）	354	0.958 3
中芯国际（688981.SH）	中芯国际（0981.HK）	354	0.922 9
江西铜业（600362.SH）	江西铜业（0358.HK）	354	0.887 1
山东墨龙（002490.SZ）	山东墨龙（0568.HK）	354	0.428 5
东江环保（002490.SZ）	东江环保（0895.HK）	354	0.926 4
浙江世宝（002672.SZ）	浙江世宝（1057.HK）	354	0.304 1
安德利（605198.SH）	安德利（2218.HK）	354	0.338 9
复旦张江（688505.SH）	复旦张江（1349.HK）	354	0.823 6

表 4　港股、美股交叉上市中概股相关性检验结果

公司名称（代码）		观察量	相关系数
阿里巴巴（BABA.N）	阿里巴巴（9988.HK）	354	0.982 0
网易（NTES.O）	网易（9999.HK）	354	0.983 2
百度集团（BIDU.O）	百度集团（9888.HK）	354	0.974 5
理想汽车（LI.O）	理想汽车（2015.HK）	354	0.982 7
百盛中国（YUMC.N）	百盛中国（9987.HK）	354	0.985 7
中通快递（ZTO.N）	中通快递（2057.HK）	354	0.961 9
华住（HTHT.O）	华住（1179.HK）	354	0.984 9
携程（TCOM.O）	携程（9961.HK）	354	0.990 3
小鹏汽车（XPEV.N）	小鹏汽车（9868.HK）	354	0.995 7
哔哩哔哩（BILI.O）	哔哩哔哩（9626.HK）	354	0.983 2
新东方（EDU.N）	新东方（9901.HK）	354	0.946 0
微博（WB.O）	微博（9898.HK）	354	0.989 1
汽车之家（ATHM.N）	汽车之家（2518.HK）	354	0.944 8
再鼎医药（ZLAB.O）	再鼎医药（9688.HK）	354	0.640 6
和黄医药（HCM.O）	和黄医药（0013.HK）	354	0.992 8
万国数据（GDS.O）	万国数据（9698.HK）	354	0.986 8
宝尊电商（BZUN.O）	宝尊电商（9991.HK）	354	0.989 2

从表 3 和表 4 的相关性检验结果来看，共有 22 家公司的收盘价序列的相关系数大于 0.9，属于高度相关的范围，其中 12 家 A、H 交叉上市的中概股企业中有 6 家公司的收盘价序列的相关系数大于 0.9，17 家港股、美股

交叉上市的中概股企业中有 16 家公司的收盘价序列的相关系数大于 0.9。携程、小鹏汽车、和黄医药三家公司的港股、美股收盘价序列的相关系数大于 0.99，非常接近 1。

港美交叉上市相较于 A+H 股交叉上市的中概股企业的收盘价序列的相关系数更高，大于 0.9 的比例更大。而这一结果与前文的理论性分析相符合，港股、美股的投资者的结构更为相似，同时市场开放程度相较于 A 股市场更高，因此在港股、美股交叉上市公司的股价应具有更强的联动性。22 家公司的相关系数都属于高度正相关，说明交叉上市公司的股票从整体上来看在无论是长期或者短期都是具有比较高的联动性。然而，该结论并不能具体证明每家公司的 A、H 或港股、美股收盘价序列之间存在的联动性，同时也不能体现短期的调整关系，以及港股、美股之间的价格引导关系。

（二）单位根检验

一个平稳时间序列的均值、方差与协方差不会因为时间不同发生变化。当时间序列不平稳时，以大样本为统计推断基础的"一致性"原则会被破坏，此时以该序列所做出的预测是无效的。本文使用 ADF 单位根检验，将对共 29 家回归后采取交叉上市的中概股收盘价序列以及收盘价一阶差分序列进行检验。若所研究的时间序列是平稳的，则单位根是不存在的，反之则存在。ADF 检验的原假设为："时间序列有单位根"。最终得到 ADF 检验结果如表 5、表 6 所示。

表5　A、H 交叉上市中概股单位根检验结果

公司名称（代码）	观察量	收盘价序列		观察量	收盘价一阶差分序列	
		T 统计量	P 值		T 统计量	P 值
中国移动（600941.SH）	351	−2.182 0	0.500 2	350	−20.558 0	0.000 0
中国移动（0941.HK）	351	−1.447 0	0.846 7	350	−19.295 0	0.000 0
中国电信（601728.SH）	353	−1.891 0	0.659 6	352	−22.254 0	0.000 0
中国电信（0728.HK）	353	−1.583 0	0.799 1	352	−19.772 0	0.000 0
海尔智家（600690.SH）	353	−2.937 0	0.150 7	352	−18.985 0	0.000 0
海尔智家（6690.HK）	353	−2.992 0	0.134 3	352	−19.900 0	0.000 0
药明康德（603259.SH）	353	−3.274 0	0.070 7	352	−19.315 0	0.000 0

公司名称（代码）	观察量	收盘价序列		观察量	收盘价一阶差分序列	
		T统计量	P值		T统计量	P值
药明康德（2359.HK）	353	−2.844 0	0.181 4	352	−16.914 0	0.000 0
中国联通（600050.SH）	353	−2.110 0	0.540 4	352	−21.072 0	0.000 0
中国联通（0762.HK）	353	−1.612 0	0.787 9	352	−19.394 0	0.000 0
中芯国际（688981.SH）	353	−1.742 0	0.732 1	352	−18.569 0	0.000 0
中芯国际（0981.HK）	353	−2.594 0	0.282 8	352	−20.191 0	0.000 0
江西铜业（600362.SH）	353	−2.187 0	0.496 9	352	−18.024 0	0.000 0
江西铜业（0358.HK）	353	−1.651 0	0.771 9	352	−18.024 0	0.000 0
山东墨龙（002490.SZ）	353	−3.608 0	0.029 2	352	−19.777 0	0.000 0
山东墨龙（0568.HK）	353	−4.839 0	0.000 4	352	−21.915 0	0.000 0
东江环保（002490.SZ）	353	−2.600 0	0.279 7	352	−18.733 0	0.000 0
东江环保（0895.HK）	353	−2.308 0	0.429 4	352	−20.845 0	0.000 0
浙江世宝（002672.SZ）	353	−1.597 0	0.793 7	352	−14.752 0	0.000 0
浙江世宝（1057.HK）	353	−3.629 0	0.027 5	352	−20.865 0	0.000 0
安德利（605198.SH）	353	−1.755 0	0.726 1	352	−17.060 0	0.000 0
安德利（2218.HK）	353	−3.853 0	0.014 1	352	−22.630 0	0.000 0
复旦张江（688505.SH）	353	−2.408 0	0.375 6	352	−18.814 0	0.000 0
复旦张江（1349.HK）	353	−2.069 0	0.563 2	352	−19.514 0	0.000 0

表6　港股、美股交叉上市中概股单位根检验结果

公司名称（代码）	观察量	收盘价序列		观察量	收盘价一阶差分序列	
		T统计量	P值		T统计量	P值
阿里巴巴（BABA.N）	353	−2.799 0	0.197 3	352	−19.288 0	0.000 0
阿里巴巴（9988.HK）	353	−2.695 0	0.238 2	352	−17.591 0	0.000 0
网易（NTES.O）	353	−2.613 0	0.273 8	352	−20.027 0	0.000 0
网易（9999.HK）	353	−2.681 0	0.243 9	352	−19.745 0	0.000 0
百度集团（BIDU.O）	353	−2.736 0	0.221 3	352	−18.224 0	0.000 0
百度集团（9888.HK）	353	−2.731 0	0.223 6	352	−17.907 0	0.000 0
理想汽车（LI.O）	353	−2.100 0	0.546 0	352	−18.025 0	0.000 0
理想汽车（2015.HK）	353	−2.154 0	0.515 8	352	−18.546 0	0.000 0
百盛中国（YUMC.N）	353	−3.197 0	0.085 0	352	−18.943 0	0.000 0
百盛中国（9987.HK）	353	−3.600 0	0.029 9	352	−19.699 0	0.000 0

续表

公司名称（代码）	观察量	收盘价序列		观察量	收盘价一阶差分序列	
		T 统计量	P 值		T 统计量	P 值
中通快递（ZTO.N）	353	−2.779 0	0.204 9	352	−18.805 0	0.000 0
中通快递（2057.HK）	353	−2.796 0	0.198 5	352	−17.977 0	0.000 0
华住（HTHT.O）	353	−2.396 0	0.381 9	352	−17.504 0	0.000 0
华住（1179.HK）	353	−2.546 0	0.305 4	352	−18.346 0	0.000 0
携程（TCOM.O）	353	−2.707 0	0.233 2	352	−18.537 0	0.000 0
携程（9961.HK）	353	−2.951 0	0.146 4	352	−18.744 0	0.000 0
小鹏汽车（XPEV.N）	353	−3.056 0	0.117 0	352	−19.163 0	0.000 0
小鹏汽车（9868.HK）	353	−3.006 0	0.130 4	352	−17.421 0	0.000 0
哔哩哔哩（BILI.O）	353	−3.365 0	0.056 3	352	−20.121 0	0.000 0
哔哩哔哩（9626.HK）	353	−3.415 0	0.049 4	352	−17.280 0	0.000 0
新东方（EDU.N）	353	−2.561 0	0.298 2	352	−19.627 0	0.000 0
新东方（9901.HK）	353	−3.248 0	0.075 3	352	−18.733 0	0.000 0
微博（WB.O）	353	−2.327 0	0.418 8	352	−19.109 0	0.000 0
微博（9898.HK）	353	−2.286 0	0.441 9	352	−18.849 0	0.000 0
汽车之家（ATHM.N）	353	−3.303 0	0.065 7	352	−18.130 0	0.000 0
汽车之家（2518.HK）	353	−3.507 0	0.038 6	352	−18.939 0	0.000 0
再鼎医药（ZLAB.O）	353	−3.810 0	0.016 1	352	−17.691 0	0.000 0
再鼎医药（9688.HK）	353	−2.549 0	0.304 1	352	−19.004 0	0.000 0
和黄医药（HCM.O）	353	−3.091 0	0.108 4	352	−19.059 0	0.000 0
和黄医药（0013.HK）	353	−3.285 0	0.068 8	352	−14.507 0	0.000 0
万国数据（GDS.O）	353	−3.441 0	0.046 1	352	−17.424 0	0.000 0
万国数据（9698.HK）	353	−3.313 0	0.064 2	352	−15.728 0	0.000 0
宝尊电商（BZUN.O）	353	−2.713 0	0.230 6	352	−19.388 0	0.000 0
宝尊电商（9991.HK）	353	−2.596 0	0.281 7	352	−17.945 0	0.000 0

从表5、表6单位根检验的结果可以看出，所有29家公司共58个收盘价序列都存在单位根，因此该29家公司收盘价序列都是非平稳序列。这是因为公司股票收盘价序列作为典型的时间序列，其内部会存在自相关性，所以该29家公司的收盘价序列是非平稳序列，不能进行协整检验，因此接下来对该58个收盘价的一阶差分序列进行单位根检验。从表5和表6的检验结果来看，全部58个收盘价一阶差分序列都是一阶单整的，不存在单位根，是平稳的序列，故接下来可以对收盘价序列进行协整检验。

（三）协整检验

通过 ADF 单位根检验可得，29 家中概股企业所有价格序列均是一阶单整，因此能够通过协整检验来检验每家公司交叉上市后股价间是否存在长期均衡关系。本文采用了 EG 协整检验方法，首先对各组变量建立 OLS 模型来估计协整系数 θ，得到残差序列 ε_t 后对残差序列 ε_t 进行单位根检验，每组的残差序列单位根检验结果如表 7 和表 8：

表7　A、H 交叉上市中概股协整检验结果

公司名称（代码）		T 统计量	P 值
中国移动（600941.SH）	中国移动（0941.HK）	−13.024 0	0.000 0
中国电信（601728.SH）	中国电信（0728.HK）	−12.723 0	0.000 0
海尔智家（600690.SH）	海尔智家（6690.HK）	−17.457 0	0.000 0
药明康德（603259.SH）	药明康德（2359.HK）	−17.315 0	0.000 0
中国联通（600050.SH）	中国联通（0762.HK）	−14.071 0	0.000 0
中芯国际（688981.SH）	中芯国际（0981.HK）	−14.297 0	0.000 0
江西铜业（600362.SH）	江西铜业（0358.HK）	−15.313 0	0.000 0
山东墨龙（002490.SZ）	山东墨龙（0568.HK）	−14.958 0	0.000 0
东江环保（002490.SZ）	东江环保（0895.HK）	−13.835 0	0.000 0
浙江世宝（002672.SZ）	浙江世宝（1057.HK）	−10.423 0	0.000 0
安德利（605198.SH）	安德利（2218.HK）	−12.151 0	0.000 0
复旦张江（688505.SH）	复旦张江（1349.HK）	−12.744 0	0.000 0

表8　港股、美股交叉上市中概股协整检验结果

公司名称（代码）		T 统计量	P 值
阿里巴巴（BABA.N）	阿里巴巴（9988.HK）	−16.829 0	0.000 0
网易（NTES.O）	网易（9999.HK）	−18.966 0	0.000 0
百度集团（BIDU.O）	百度集团（9888.HK）	−17.611 0	0.000 0
理想汽车（LI.O）	理想汽车（2015.HK）	−16.157 0	0.000 0
百盛中国（YUMC.N）	百盛中国（9987.HK）	−15.613 0	0.000 0
中通快递（ZTO.N）	中通快递（2057.HK）	−16.006 0	0.000 0
华住（HTHT.O）	华住（1179.HK）	−17.652 0	0.000 0
携程（TCOM.O）	携程（9961.HK）	−16.908 0	0.000 0

续表

公司名称（代码）		T 统计量	P 值
小鹏汽车（XPEV.N）	小鹏汽车（9868.HK）	−16.546 0	0.000 0
哔哩哔哩（BILI.O）	哔哩哔哩（9626.HK）	−17.114 0	0.000 0
新东方（EDU.N）	新东方（9901.HK）	−16.458 0	0.000 0
微博（WB.O）	微博（9898.HK）	−16.996 0	0.000 0
汽车之家（ATHM.N）	汽车之家（2518.HK）	−15.228 0	0.000 0
再鼎医药（ZLAB.O）	再鼎医药（9688.HK）	−14.156 0	0.000 0
和黄医药（HCM.O）	和黄医药（0013.HK）	−19.777 0	0.000 0
万国数据（GDS.O）	万国数据（9698.HK）	−17.484 0	0.000 0
宝尊电商（BZUN.O）	宝尊电商（9991.HK）	−16.546 0	0.000 0

从表 7 和表 8 的检验结果可以看出，所有 29 组变量之间的残差序列都是平稳的，从而得出结论，即该 29 家交叉上市的中概股公司在不同的市场中股价都存在着很强的协整关系。该检验结果说明了这 29 家公司的 A、H 股与港股、美股收盘价序列在样本期间存在长期均衡关系，具有非常强的联动性，因此有着价格变化相同的趋势。虽然同一企业的股票处于不同的市场，但由于国际资本流动以及市场信息的有效传递，交叉上市的中概股股价间会具有明显的相同变化趋势。

（四）格兰杰因果检验

通过协整检验后，对具有协整关系的收益率序列进行格兰杰因果检验，以此确定格兰杰因果的方向，从而判断收益序列间的格兰杰因果关系。得到的结果如表 9 和表 10。

表 9　A、H 交叉上市中概股格兰杰因果检验结果

原假设	Chi2 统计量	P 值	结果（5%）
中国移动（600941.SH）不是中国移动（0941.HK）的格兰杰原因	4.260 0	0.119 0	不拒绝
中国移动（0941.HK）不是中国移动（600941.SH）的格兰杰原因	5.729 2	0.057 0	不拒绝
中国电信（601728.SH）不是中国电信（0728.HK）的格兰杰原因	0.258 2	0.611 0	不拒绝

原假设	Chi2 统计量	P 值	结果（5%）
中国电信（0728.HK）不是中国电信（601728.SH）的格兰杰原因	0.490 0	0.484 0	不拒绝
海尔智家（600690.SH）不是海尔智家（6690.HK）的格兰杰原因	7.376 3	0.061 0	不拒绝
海尔智家（6690.HK）不是海尔智家（600690.SH）的格兰杰原因	1.491 0	0.684 0	不拒绝
药明康德（603259.SH）不是药明康德（2359.HK）的格兰杰原因	7.178 6	0.028 0	拒绝
药明康德（2359.HK）不是药明康德（603259.SH）的格兰杰原因	8.714 3	0.013 0	拒绝
中国联通（600050.SH）不是中国联通（0762.HK）的格兰杰原因	6.087 8	0.107 0	不拒绝
中国联通（0762.HK）不是中国联通（600050.SH）的格兰杰原因	2.010 2	0.570 0	不拒绝
中芯国际（688981.SH）不是中芯国际（0981.HK）的格兰杰原因	0.011 3	0.915 0	不拒绝
中芯国际（0981.HK）不是中芯国际（688981.SH）的格兰杰原因	0.487 3	0.485 0	不拒绝
江西铜业（600362.SH）不是江西铜业（0358.HK）的格兰杰原因	7.110 8	0.029 0	拒绝
江西铜业（0358.HK）不是江西铜业（600362.SH）的格兰杰原因	4.721 4	0.094 0	不拒绝
山东墨龙（002490.SZ）不是山东墨龙（0568.HK）的格兰杰原因	0.674 3	0.714 0	不拒绝
山东墨龙（0568.HK）不是山东墨龙（002490.SZ）的格兰杰原因	0.086 5	0.958 0	不拒绝
东江环保（002490.SZ）不是东江环保（0895.HK）的格兰杰原因	2.191 6	0.534 0	不拒绝
东江环保（0895.HK）不是东江环保（002490.SZ）的格兰杰原因	4.346 3	0.226 0	不拒绝
浙江世宝（002672.SZ）不是浙江世宝（1057.HK）的格兰杰原因	15.332 0	0.004 0	拒绝
浙江世宝（1057.HK）不是浙江世宝（002672.SZ）的格兰杰原因	14.197 0	0.007 0	拒绝
安德利（605198.SH）不是安德利（2218.HK）的格兰杰原因	0.120 4	0.729 0	不拒绝

原假设	Chi2 统计量	P 值	结果（5%）
安德利（2218.HK）不是安德利（605198.SH）的格兰杰原因	6.735 5	0.009 0	拒绝
复旦张江（688505.SH）不是复旦张江（1349.HK）的格兰杰原因	3.690 2	0.158 0	不拒绝
复旦张江（1349.HK）不是复旦张江（688505.SH）的格兰杰原因	0.328 1	0.849 0	不拒绝

表 10　港股、美股交叉上市中概股格兰杰因果检验结果

原假设	Chi2 统计量	P 值	结果（5%）
阿里巴巴（BABA.N）不是阿里巴巴（9988.HK）的格兰杰原因	252.060 0	0.000 0	拒绝
阿里巴巴（9988.HK）不是阿里巴巴（BABA.N）的格兰杰原因	8.045 2	0.090 0	不拒绝
网易（NTES.O）不是网易（9999.HK）的格兰杰原因	263.000 0	0.000 0	拒绝
网易（9999.HK）不是网易（NTES.O）的格兰杰原因	6.946 4	0.326 0	不拒绝
百度集团（BIDU.O）不是百度集团（9888.HK）的格兰杰原因	307.510 0	0.000 0	拒绝
百度集团（9888.HK）不是百度集团（BIDU.O）的格兰杰原因	10.264 0	0.114 0	不拒绝
理想汽车（LI.O）不是理想汽车（2015.HK）的格兰杰原因	343.180 0	0.000 0	拒绝
理想汽车（2015.HK）不是理想汽车（LI.O）的格兰杰原因	9.887 2	0.078 0	不拒绝
百盛中国（YUMC.N）不是百盛中国（9987.HK）的格兰杰原因	297.540 0	0.000 0	拒绝
百盛中国（9987.HK）不是百盛中国（YUMC.N）的格兰杰原因	4.986 7	0.418 0	不拒绝
中通快递（ZTO.N）不是中通快递（2057.HK）的格兰杰原因	342.100 0	0.000 0	拒绝
中通快递（2057.HK）不是中通快递（ZTO.N）的格兰杰原因	16.058 0	0.013 0	拒绝
华住（HTHT.O）不是华住（1179.HK）的格兰杰原因	322.85	0.000 0	拒绝

原假设	Chi2 统计量	P 值	结果（5%）
华住（1179.HK）不是华住（HTHT.O）的格兰杰原因	9.674 1	0.085 0	不拒绝
携程（TCOM.O）不是携程（9961.HK）的格兰杰原因	375.640 0	0.000 0	拒绝
携程（9961.HK）不是携程（TCOM.O）的格兰杰原因	30.100 0	0.000 0	拒绝
小鹏汽车（XPEV.N）不是小鹏汽车（9868.HK）的格兰杰原因	1.923 0	0.166 0	不拒绝
小鹏汽车（9868.HK）不是小鹏汽车（XPEV.N）的格兰杰原因	3.003 8	0.083 0	不拒绝
哔哩哔哩（BILI.O）不是哔哩哔哩（9626.HK）的格兰杰原因	325.790 0	0.000 0	拒绝
哔哩哔哩（9626.HK）不是哔哩哔哩（BILI.O）的格兰杰原因	7.090 4	0.131 0	不拒绝
新东方（EDU.N）不是新东方（9901.HK）的格兰杰原因	184.13	0.000 0	拒绝
新东方（9901.HK）不是新东方（EDU.N）的格兰杰原因	1.919 3	0.166 0	不拒绝
微博（WB.O）不是微博（9898.HK）的格兰杰原因	391.480 0	0.000 0	拒绝
微博（9898.HK）不是微博（WB.O）的格兰杰原因	5.584 2	0.589 0	不拒绝
汽车之家（ATHM.N）不是汽车之家（2518.HK）的格兰杰原因	743.430 0	0.000 0	拒绝
汽车之家（2518.HK）不是汽车之家（ATHM.N）的格兰杰原因	8.551 8	0.286 0	不拒绝
再鼎医药（ZLAB.O）不是再鼎医药（9688.HK）的格兰杰原因	15.752 0	0.000 0	拒绝
再鼎医药（9688.HK）不是再鼎医药（ZLAB.O）的格兰杰原因	4.143 5	0.126 0	不拒绝
和黄医药（HCM.O）不是和黄医药（0013.HK）的格兰杰原因	184.030 0	0.000 0	拒绝
和黄医药（0013.HK）不是和黄医药（HCM.O）的格兰杰原因	3.802 8	0.578 0	不拒绝

续表

原假设	Chi2 统计量	P 值	结果（5%）
万国数据（GDS.O）不是万国数据（9698.HK）的格兰杰原因	357.790 0	0.000 0	拒绝
万国数据（9698.HK）不是万国数据（GDS.O）的格兰杰原因	16.976 0	0.018 0	拒绝
宝尊电商（BZUN.O）不是宝尊电商（9991.HK）的格兰杰原因	497.780 0	0.000 0	拒绝
宝尊电商（9991.HK）不是宝尊电商（BZUN.O）的格兰杰原因	9.369 2	0.227 0	不拒绝

从表 9 的检验结果可以看出，在 A、H 股交叉上市的 12 家中概股企业收盘价序列的 24 个格兰杰因果检验的结果中仅有 6 个结果是显著的，即在 95% 的置信度下拒绝原假设。其中药明康德、浙江世宝的 A、H 股构成双向的格兰杰因果关系，即 A 股是 H 股的格兰杰原因，H 股也是 A 股的格兰杰原因，说明药明康德和浙江世宝的 A 股与 H 股联动性较高；江西铜业的 A 股是 H 股的格兰杰原因，而 H 股不是 A 股的格兰杰原因；安德利的 A 股不是 H 股的格兰杰原因，而 H 股是 A 股的格兰杰原因，具有单向的影响关系。

从表 10 的检验结果可以看出，在港股、美股交叉上市的 17 家中概股企业收盘价序列的 34 个格兰杰因果检验的结果中有 19 个结果是显著的，即在 95% 的置信度下拒绝原假设。其中中通快递、携程、万国数据三家公司的港股、美股构成双向的格兰杰因果关系，即港股是美股的格兰杰原因，美股也是港股的格兰杰原因，因此具有明显的股价联动性；而仅除了小鹏汽车，其余公司都构成单向的格兰杰因果关系，即港股不是美股的格兰杰原因，而美股是港股的格兰杰原因。

通过对比可以看出，12 家选择在 A、H 交叉上市的中概股中仅 4 家存在格兰杰因果关系，17 家在港股、美股交叉上市的中概股中有 16 家存在格兰杰因果关系，其中在港股、美股交叉上市的中概股联动性强于在 A、H 股交叉上市的中概股。港股、美股交叉上市中概股的联动性相互影响程度更高，这是由于香港和美国的股票交易市场在投资者构成、交易规则、信息公开制度，以及上市条件方面有许多相似之处，因此选择在港股、美股交叉上市的中概股股价联动性较高；而 A 股市场与港股、美股市场差异点较多导致选择在 A、H 交叉上市的中概股股价联动性相对较弱，此外也说明港股、美股市场在国际市场上定价机制更强，信息传递速率更快。

六、研究结论与启示

本文根据最近几年来已经回归国内后的中概股选择在不同市场进行交叉上市的现象展开研究，重点探索了已回归中概股在交叉上市后的价格联动性问题。通过相关系数检验发现，在 29 家公司中，有 22 家公司的收盘价序列呈现高度相关。其中，12 家 A、H 股交叉上市的中概股企业中有 6 家公司的收盘价序列高度相关，而在 17 家港股、美股交叉上市的中概股企业中，有 16 家公司的收盘价序列高度相关。这表明 A、H 股交叉上市的中概股企业可能存在较弱的联动性，但港股、美股交叉上市的股价之间可能具有较强的联动性。进一步进行单位根、协整检验发现，29 家中概股公司的股票收盘价序列之间都表现出很强的协整关系。这意味着这些股票之间存在着同涨同跌的趋势，并且具有长期稳定的均衡关系。这一结果与相关系数模型的结果相互印证，证明了中概股交叉上市股价联动性的存在。格兰杰因果检验显示，在 12 家 A、H 股交叉上市的中概股企业中，只有 4 家企业的 A、H 股票收盘价序列存在格兰杰因果检验，大多数企业的序列之间不存在格兰杰因果检验。在 17 家港股、美股交叉上市的中概股企业中，16 家企业的序列之间存在格兰杰因果检验。表明虽然 A 股与港股的变化可能同步存在联动性，但并不一定存在明显的因果关系。而港股与美股之间的联动性则更为显著，说明港股和美股的股票交易市场在投资者群体、交易制度及信息披露要求等方面具有共通性，从而导致这两个市场的定价效率较高，信息传播速度较快。未来，我国资本市场会不断推动一系列的对外开放政策与证券交易所改革政策，加大对外市场开放，提升与国际市场的联动性。

因此，针对本文的研究问题，可以得出结论，无论是 A、H 股交叉上市的中概股企业还是港股、美股交叉上市的中概股企业，它们之间都存在着显著的股价联动关系。特别是在港股、美股交叉上市的中概股企业中，这种联动性更为显著，显示了港股、美股市场的定价机制更为强大，信息传递速度更快。

这一结论对于投资者、监管部门以及中概股企业都有着重要的启示。对于投资者而言，了解交叉上市股票之间的价格联动性可以帮助他们更有效地管理投资组合，应对市场风险的变化。同时，这也有助于他们提升风险管理能力，及时预测市场动态，调整投资策略，从而规避潜在风险。监管部门则需要深入理解股价联动性，并采取相应措施加强金融监管，早期识别市场风险，维护市场的公平和有效运行。此外，推动金融市场的改革与开放也是必要的，以提高市场的国际竞争力和吸引力。对于中概股企业来说，它们应当提升自身的定价和风险管理能力，充分利用股价联动性的信息，优化企业的资本结构和市场定位，以及增强对市场变化的敏感性，从而保障企业的长期稳健发展。

参考文献

宫晓莉、熊熊，2020，《波动溢出网络视角的金融风险传染研究》，《金融研究》第 5 期：39—58。

郭庆红、易荣华，2022，《中美经贸摩擦下中概股回归上市的市场效应分析》，《金融理论与实践》第 12 期：23—31。

饶建萍、王波、唐铭惠，2019，《贸易战前后中美股市联动性研究》，《经济数学》第 36 卷第 4 期：8—13。

杨子晖、王姝黛，2021，《突发公共卫生事件下的全球股市系统性金融风险传染——来自新冠疫情的证据》，《经济研究》第 8 期：22—38。

姚圣、赵耀，2024，《A+H 交叉上市的环境信息披露效应：提升机制与作用路径研究》，《外国经济与管理》第 1—16 篇。

苑莹、凤靖宇、刘娜，2022，《国际股市联动条件下中国股市与汇市的非线性相依关系研究》，《系统管理学报》第 31 卷第 1 期：66—79。

张喆，2022，《A 股市场在开放过程中与其他主要股市的联动性——基于 GARCH 族模型的分析》，《东岳论丛》第 43 卷第 8 期：97—108。

郑佳宁、栾栋、李培志，2022，《基于生存分析的中概股企业生存及退市动因研究》，《东北财经大学学报》第 6 期：51—62。

郑志刚、蔡茂恩、李邈等，2023，《新经济企业为什么偏好交叉上市？——来自美国中概股公司的证据》，《金融研究》第 9 期：188—206。

Gang Hu, Ji-Chai Lin, Owen Wong, Manning Yu. 2019. "Why have many U.S.-listed Chinese firms announced delisting recently?." *Global Finance Journal*, 41：13—31.

Hanif, W., Mensi, X., 2021. "Vinh Vo. Impacts of COVID-19 outbreak on the spillovers between US and Chinese stock sectors." *Finance Research Letters*, 40：101922.

Henry Agyei-Boapeah, Wang Y, et al., 2019. "Intangible investments and voluntary delisting: Mass exodus of Chinese firms from US stock exchanges." *International Journal of Accounting and Information Management*, 27（2）：224—243.

经济政策不确定性与中国
短期跨境资本流动

李亚菲　任　嘉[*]

摘要：伴随中国经济日益融入全球化进程，中国跨境资本的流动速度和规模不断扩大。基于全球及各国政策不确定性加剧的背景，本文采用2000—2020年的月度数据，运用 TVP-VAR 模型分析经济政策不确定性对中国短期跨境资本流动的影响。实证结果显示，经济政策不确定性对中国短期跨境资本流动的冲击效应随时期而不同，具有明显的时变特征。全球经济政策不确定性对中国短期跨境资本流动具有正向影响，且长期效应更为显著。中国经济政策不确定性对中国短期跨境资本流动具有负向影响，其影响同样存在时滞性，中长期效应较强。

关键词：不确定　跨境　资本流动　TVP-VAR

Abstract：As China's economy progressively integrates into the global economic system, the velocity and magnitude of its cross-border capital flows have markedly increased. Utilizing monthly data from 2000 to 2020, this paper employs the Time-Varying Parameter Vector Autoregression（TVP-VAR）model to examine the effects of economic policy uncertainty on China's short-term cross-border capital flows within the context of intensifying global policy uncertainty. The empirical findings indicate that the impact of such uncertainty varies over time, displaying distinct time-varying characteristics. Specifically, global economic

---

* 李亚菲，普华永道商务咨询（上海）有限公司咨询师；任嘉，上海外国语大学国际金融贸易学院讲师。

policy uncertainty positively affects China's short-term cross-border capital flows, with the long-term effects being particularly significant. In contrast, uncertainty in China's economic policy negatively influences these flows, exhibiting lagged effects with more pronounced implications over the long term.

Keywords：Uncertainty；Cross-border；Capital flows；TVP-VAR

一、引　言

伴随中国经济与全球经济关系的日趋紧密，中国的跨境资本流动成为研究的焦点问题。一方面，国际资本的跨国流动能够为经济和金融市场带来发展活力和机遇。以外商直接投资形式流入的国际资本可以为东道国带来先进的技术和管理能力，以证券投资等形式流入的跨境资本有助于增强一国金融市场的制度建设和公司治理水平。但是另一方面，异常的短期跨境资本流动也会对一国的宏观经济造成负面冲击，导致资源配置扭曲。尤其是短期跨境资本流入的激增、骤停或大规模流动逆转，将严重影响一国金融系统的稳定。

自 2008 年全球金融危机以来，跨境资本流动日益成为新兴市场国家遭受国际金融冲击的重要渠道。跨境资本具有逐利、顺周期、波动性强、易于逆转的特点，其规模和流向往往受一国内外部多方面因素影响。近年，全球贸易摩擦加剧、地缘政治局势日趋紧张、主要大国政治关系复杂、经济复苏前景不明，各国的经济走势和政策取向存在不同程度的分化，全球经济政策不确定性程度显著增强。理论上，经济政策的不确定会影响国际投资者对未来的预期和风险评估，进而影响居民或企业的投资偏好与资产配置。当经济政策不确定性上升时，金融资产的国内外预期投资回报率发生变化，投资主体出于规避风险的考虑，可能会迅速调整投资行为，导致短期跨境资本流动加剧，危及一国的金融安全。特别是当宏观经济处于下行阶段时，跨境资本的大进大出可能会加剧金融市场的恐慌情绪，反过来进一步加剧资本流出，加大金融市场的脆弱性，催生系统性金融风险。并且，资本外流经常与本币汇率的贬值预期相互加强，形成恶性循环。随着中国资本账户开放步伐的加快，国际资本流动面临的政策约束下降，资本快进快出的可能性也相应提高。尤其随着中国经济进一步融入全球金融体系，驱动跨境资本流动的因素将愈加复杂。研究全球及中国经济政策不确定性对国际资本流动的传导和冲击，有助于我们更好地观察中国跨境资本的流动状况与变动趋势，为建立金融风险监控和防御机制、防范宏观系统性金融风险提供决策依据。

基于以上背景，本文选取 2000 年至 2020 年的月度经济数据，运用 TVP-VAR 模型，研究全球及中国经济政策不确定性对中国短期跨境资本流动的影响。通过对短期跨境资本流动影响因素的分析，尤其是政策不确定性因素对资本流动动态效应的研究，旨在为加强对跨境资本流动的监测、预警和防范管理提供实证参考。

二、文献综述

（一）短期跨境资本流动的驱动因素

跨境资本流动是国际金融领域的重要议题，前期研究从多个维度对其动因进行了深入分析。Calvo 等（1994）在对拉丁美洲资本流动的经验研究中，首次区分了国际资本流动的"推动因素"（Push Factors）与"拉动因素"（Pull Factors）。他们认为，对拉美地区而言，推动资本流动的外部因素主要是国际利率变化和发达国家的宏观经济环境，内部的拉动因素主要涉及东道国经济增长率、经济政策稳定性和金融市场开放程度等。这一研究为理解跨境资本流动提供了重要的理论框架，后续学者在此基础上开展了大量研究，进一步丰富了这一框架。从推动因素来看，全球宏观经济政策尤其是美国等主要经济体的货币政策（Frankel et al.，1999）、国际金融市场波动（Eichengreen and Hausmann，1999）、全球金融周期（Rey，2015）以及利率和大宗商品价格等国际市场因素（Forbes and Warnock，2012；Byrne and Fiess，2016；Gambacorta et al.，2017），被认为是影响资本流动的主要外因。从拉动因素来看，多数研究强调了东道国的经济增长、金融稳定、政策信誉及稳定性、经济政策和结构调整对资本流动的影响（Frankel et al.，1999；Eichengreen and Hausmann，1999；Rey，2015）。此外，东道国的经济开放与金融市场深化程度（Byrne and Fiess，2016），以及市场投资环境（Schertler and Tykvova，2012）也被视为主要内因。Sarno 等（2015）的研究发现，全球因素是新兴市场国家资本流动最重要的影响因素，可能解释 80% 以上的跨境资本流动。Eichengreen 和 Gupta（2016）的研究进一步证明，自 2002 年以来，新兴经济体的跨境资本流动越来越受到全球因素的驱动。

从时间效应来看，Fratzscher（2012）通过对 2008 年金融危机前后的比较研究发现，危机前国内的拉动因素更为显著，而危机后国外的推动因素更为重要。张明和肖立晟（2014）对主要经济体 2000 年至 2013 年数据的实证分析显示，在市场平稳时期，本币汇率变动率和经济增长率是新兴经济体吸引资本流入的关键因素；但在市场波动时期，利率和经济增长率对发达国家资本流动的影响更大。Koepke（2015）对 1996 年至 2014 年期间关于跨境资本流动相关文献的总结后发现，资本流动的驱动因素随时间的推移发生变化，并因投资组合的类型有所差异。一般而言，推动因素是证券资本流动的主要驱动因素，而拉动因素则是外国直接投资的主要驱动因素。此外，Copker（2015）根据影响的持续时间，将跨境资本流动的相关因素分为短期的周期性因素（如利率）和长期的结构性因素（如国家政策、金融机构投资和交易多样化程度）。Milesi-ferretti 和 Thiel（2011）的研究认为，在正常的经济环境下，大众主要依据国家经济的发展水平和金融业的开放性等进行投资判断，但在金融危机时，由于投资者对风险和预期十分敏感，经济环境的风险程度成为资本流动的主要因素。Gambacorta 等（2017）发现，全球市场风险对银行资本流动的影响程度在金融危机之后有所下降。Linda（2023）围绕全球风险情绪的研究发现，不同国家资本流动的风险敏感度不同，并且这种敏感度在正常时期和极端压力时期存在显著差异。

对于中国的跨境资本流动，汪洋（2004）的实证研究发现，中外利差和汇率对中国的国际资本流动有显著影响，但物价水平不影响短期跨境资本流动。张谊浩等（2007）使用向量自回归模型对中国 1996—2005 年的年度数据进行实证分析，发现中外利差和资本市场价格是影响中国跨境资本流动的关键因素。陈浪南和陈云（2009）的实证研究显示，长期和短期跨境资本流动的影响因素不一致，长期资本流动主要受中国利率和货币升值预期影响，而短期资本流动则主要受中外利差和房地产投资收益影响。

吕光明和徐曼（2012）按照投资者资本配置的动机，将影响资本流动的因素区分为"套价"因素和"套汇"因素，其中，"套价"因素主要指房地产价格和股票价格，"套汇"因素主要包括汇率预期变动和利差。张明和谭小芬（2013）对中国 2000 年至 2012 年的月度数据的实证分析发现，相比较于其他因素，人民币汇率预期对短期跨境资本流动影响更强，国内生产总值增长率、通货膨胀率、人民币信用扩张规模对短期跨境资本影响微弱。并且，前期的资本流出可能会导致后期资本持续流出，反之亦然。张明（2015）基于国际收支平衡表的分析发现，国家间经济发展差距和各国投资者对待风险的态度，会对短期国际资本的流出产生影响。李婧和吴远远（2017）使用 VAR 模型分析中国 2009—2016 年的月度经济数据，发现经济增长率、全球投资者避险情绪、汇率和房地产收益率等因素对短期国际资本流动有显著影响。此外，工业同比增速对短期跨境资本流动的影响具有长期性和滞后效应。宋金桂（2018）使用 VAR 模型研究短期和中长期跨境资本流动的先导指标，发现中外利差和远期结售汇差额对短期跨境资本流动影响相对较大。

（二）短期跨境资本流动的测算

对于跨境资本流动测算方式，目前国际上较为成熟并被普遍接受的主要有三种。

跨境资本流量测算的直接法由 Cuddington（1986）提出，基于国际收支平衡表中的相关科目进行直接相加计算。具体而言，主要通过将"误差与遗漏"项的流入数额和"私人非银行部门短期资本流入"加总来测算跨境资本流动。该方法因计算的简便性和直接性而受到欢迎，但其局限性也较为明显。采用该方法测算过于绝对，容易脱离现实。例如，"误差与遗漏"项中可能包含由于资料差错、换算失误等带来的不能反映真实资本流动的因素。此外，该方法假设未选中的项目均为非短期国际资本，但通过地下渠道流动的短期资本并未包含在"私人非银行部门短期资本流入"项目中，可能导致使用该方法测算出的资本流量规模偏小（张明，2011）。

间接法（或称余额法）最早由 World Bank（1985）提出，其测算公式为：短期国际资本流入＝外汇储备增量－经常项目顺差－FDI 净流入－外债增量。间接法通过对多个宏观经济指标进行综合计算，试图更全面地捕捉跨境资本流动的规模和方向。尽管相较于直接法，间接法更加完善，但其也存在一定的局限性。由于公式中各个科目之间的相互影响和潜在的重复计算，间接法容易高估资本流动规模（张明，2011）。后续学者们在 World Bank（1985）的基础上对间接法进行了改进。例如，Morgan Guaranty Trust Company（1986）在原公式基础上添加了"商业银行海外净资产增量"，Lessard 等（1987）进一步加入了"停留在国外的海外资产再投资收益""其他投资收益"和"旅游收入"等新科目。中国学者也在此基础上进行了补充完善，常见的拓展包括对外汇储备增量、贸易顺差和 FDI 净流入的调整。

混合法是对直接法和间接法的综合运用，由 Dooley（1986）首次提出，其计算公式为：短期国际资本流入=误差与遗漏项（流入）−本国居民除 FDI 之外的对外债权增量−由 World Debt Table 中获得的债务增量与该国国际收支平衡表中外债增量之差+产生国际平均收益的对外债权额。混合法试图通过结合两种方法的优势，减少各自的局限性，提高测算的准确性和可靠性。

综上所述，这三种测算方法各有优劣。直接法以其简便性和直接性为特点，但可能低估资本流动规模；间接法通过综合多个宏观经济指标，提高了测算的全面性，但可能高估资本流动规模；混合法则通过整合前两者的优势，试图在精度和可靠性之间取得平衡。这些方法在不同的研究背景和数据条件下，提供了多样化的分析工具，为跨境资本流动的研究提供了坚实的基础。

（三）经济政策不确定性与短期跨境资本流动

随着对资本流动研究的深入，经济政策不确定性也开始被纳入跨境资本流动的研究框架。从含义上说，经济政策不确定性是指市场主体由于无法准确获知政府是否、何时或如何调整现行经济政策而产生的不确定性（谭小芬和左振颖，2020）。在研究中，政策的稳定性被认为是影响国际投资的重要因素（Jensen，2003）。如果经济主体难以预测政策发生变化的时间和方式（Guler & Ion，2012），无法准确判断这一改变所带来的后果，可能会对经济主体带来负面影响。

从东道国角度来看，一方面，经济政策不确定性的增加，会影响投资者预期（单东方，2020），导致资本投资和生产活动的暂停（Bloom，2009）；另一方面，经济政策不确定性在对经济波动造成冲击的同时，会增加国与国之间的贸易摩擦，减少国际资本流动（贾玉成和吕静韦，2020）。具体来说，当一国经济政策的不确定性增加时，股票市场风险溢价上升，促使国际投资者基于避险动机而调整资产配置，将资金投向预期投资回报更高的国家（Bloom，2009；Pastor et al.，2013）。Albulescu 和 Ionescu（2018）对欧盟成员国经济政策与资本流动状况的实证研究显示，当一国经济政策不确定性升高时，资本进入该国市场的可能性降低。冯凤获和施建淮（2019）使用 20 个国家年度数据进行的实证研究进一步发现，东道国经济政策的不确定性对证券投资具有显著影响，但是对直接投资的影响并不显著。从母国角度来看，经济政策的不确定性增加了投资环境的不稳定性，导致资本成本上升，市场信心波动。Gauvin 等（2014）的研究证实了，当本国经济政策不确定性增加时，一国对外部市场尤其是对新兴经济体的股票和债券投资显著下降。此外，国际资本流动也是政策不确定性向全球传导的重要渠道（Cesa-Bianchi and Fernandez-Corugedo）。全球经济不确定性通过影响经济增长及其稳定性作用于跨境资本流动（Ahir, et al.，2023），但其影响效应的研究结论并不一致。一些学者认为，全球主要经济体尤其是美国的货币政策调整及政策不确定性对国际资本流动的影响尤为显著（Kalemli-Ozcan，2021；Cerutti and Obstfeld，2022），而 Forbes 和 Warnock（2021）的研究则发现，自全球金融危机以来，发达经济体的货币政策与资本流动的关系显著下降，谭小芬等（2018）认为全球经济政策不确定性对于新兴经济体资本流动的影响具有非线性特征。

（四）研究评述

有关资本流动的前期文献在识别和度量资本流动相关驱动因素的研究较为丰富，尤其是对短期跨境资本流动的推动和拉动因素的研究已经取得一定共识。不论是从资本供给层面引导国际资本向特定国家流动的全球性因素，还是从资本需求层面引导国际资本向特定国家流动的国内因素，都受到广泛关注。全球风险、发达国家的经济产出和政策利率、东道国国内的产出增长及资产报酬率等国家政治经济变量，是研究中关注的主要因素。同时，资本流动的规模和方向既受各国产出与价格因素的影响，又与宏观经济政策波动密切相关。经验研究表明，全球层面和东道国自身的经济政策调整是影响国际资本流向的重要驱动因素。利率、汇率和全球风险状况等因素也会与经济政策不确定性相互作用，从而影响跨境资本流动的规模和方向。但是，对于经济政策不确定性对各国跨境资本流动的冲击效应，现有研究的结论并不统一。随着全球经济的动态发展和中国金融市场的不断开放，跨境资本流动的驱动因素也在不断演变，持续跟踪并进一步探究资本流动的内外部因素，有助于深入理解和预测资本流动的趋势与作用机制，为制定更加有效的宏观经济政策提供理论支持。

三、特征事实与理论分析

（一）中国短期跨境资本流动的特征事实

从中国 2001 年 1 月到 2020 年 12 月月度跨境资本流动的情况来看，中国短期跨境资本流动的规模和方向呈现较大的波动性（如图 1 所示）。

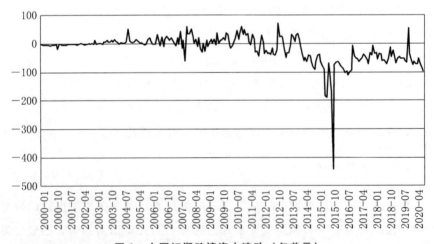

图 1　中国短期跨境资本流动（亿美元）

资料来源：作者自行绘制，参考张明（2011）的做法，采用间接法测算中国跨境资本流动规模，具体计算公式为：短期跨境资本流动（SCF）＝每月外汇占款增量－每月进出口顺差－每月实际使用的外商直接投资。数据来源：Wind、商务部数据中心和中国人民银行。

2000 年至 2007 年期间，中国主要面临跨境资本的持续流入。这段时间，伴随经济全球化的快速发展，同时受益于人口红利和积极的对外开放政策，中国经济日益融入世界经济，经济高速增长，经常账户和资本金融账户呈现持续的"双顺差"局面，外汇储备资产快速积累。2008 年全球金融危机期间，国际金融市场动荡加剧，相应地，中国的短期资本流动也出现了较大程度的波动。2008 年 1 月至 9 月，中国出现明显的跨境资本流入。但随着危机蔓延，2008 年 10 月起，国际资本开始出现外流趋势。这主要是由于源于美国等发达国家的跨境资金大规模回归本国救市，同时黄金等具有高避险属性的金融资产在危机期间受到国际投资者的更大青睐。在欧债危机恶化后，中国也一度出现了短期跨境资本外流的现象。受益于金融危机期间中国及时出台的危机应对政策，2010 年至 2011 年，中国短期跨境资本整体流动趋势较为平稳。

2014 年之后，中国经济进入新常态，长期的国际收支双顺差格局变化，短期资本开始出现大规模的外流现象。2012 年，中国首次出现资本与金融账户逆差，2014 年 5 月至 2016 年 12 月，中国连续出现非储备性质金融账户逆差。2015 年"8·11"汇改后，人民币汇率双向波动趋势加强。一方面，随着中国经济的快速发展，国内居民人均收入大幅提高，伴随资本账户开放进程的加快，海外投资渠道拓宽，中国居民海外投资规模增加。另一方面，受人民币兑美元汇率贬值预期、中美利差收窄，以及全球投资者风险偏好调整等因素的影响（张明，2015），海外投资者对人民币资产信心有所下滑，中国短期资本外流的压力明显增大。2017 年至 2020 年，受中美贸易摩擦和中美货币政策调整等因素影响，中国短期跨境资本双向波动特征明显。

（二）经济政策不确定性影响短期跨境资本流动的传导渠道

理论上，经济政策不确定性可能通过以下渠道影响短期跨境资本流动：

首先，从资产价格渠道来看，经济政策的不确定性会通过利率和汇率等宏观经济变量，间接影响资产价格，进而影响国际资本的全球配置。当经济政策不确定性上升时，金融机构可能会抬高风险溢价，收紧信贷条件。投资者对市场的不稳定性预期增强，对未来融资成本和收益的不确定性加强（Rauning，2017），可能减少跨境资本流动。同时，由于资产价格的波动性加大，也会促使投资者重新评估自身的风险承担能力，调整短期资产配置的组合与方向，从高风险资产向更安全、更低风险的资产转移（Forbes and Warnock，2012）。

其次，从贸易渠道来看，经济政策不确定性的增强往往同时伴随着国家关税政策的调整变更、非关税贸易壁垒的加强，以及区域贸易协定的重新谈判，进而影响跨国企业的投资决策。不论是全球经济政策的不确定性，还是东道国政策的不确定性上升，都可能使企业对未来政策环境的变动更为敏感，对投资项目未来经营的不稳定预期加强（Magud，2008），驱使企业取消原定的投资与并购扩张计划，或延迟投资以等待更为明确的政策环境，避免未预料到的关税成本或贸易限制。同时，企业还可能调整全球供应链布局，寻求更加稳定的供应链来源，减少政策波动对企业经营的影响。

再次，从信心渠道来看，经济政策不确定性还可能通过市场情绪影响短期跨境资本流动。当经济政策不确定性上升时，居民和企业对未来经济增长的信心下跌，市场悲观情绪蔓延，风险厌恶情绪上升，资产避险需求增强，投资决策也更加谨慎。研究发现，新兴市场国家资本流动对全球风险的敏感度随着时间推移持续上升（Eichengreen et al.，2017）。此外，经济政策不确定性往往具有较强的外溢效应，可能通过国际贸易和金融市场传导到其他国家，增强全球金融体系的脆弱性。尤其是主要大国经济政策的不确定性可能影响国际信用市场条件，并通过资产负债表的跨国关联形成国际传导（谭小芬和左振颖，2020），引发全球金融市场波动，促使国际投资者调整全球资产配置策略，导致国际资本流动格局的变化。

四、模型构建与数据说明

（一）模型设定

本文运用时变参数向量自回归模型 TVP-VAR（Time-Varying Parameter Vector Autoregression）进行实证研究。TVP-VAR 模型是在传统 VAR 模型基

础上扩展而来的，其突出特点是假定系数矩阵和协方差矩阵都是时变的，可以捕捉变量之间随时间变化的动态关系，能够有效处理参数的高维性和模型的非线性特征。无论冲击大小的改变，还是传导途径的变化，TVP-VAR 模型都提供适应性的响应。

根据 Primiceri（2005）和 Nakajima（2011）的研究，TVP-VAR 模型的表达式如下：

$$y_t = X_t\beta_t + A_t^{-1}\Sigma_t\varepsilon_t, \quad t = s+1, \cdots, n, \quad \varepsilon_t \sim N(0, I_k)$$
$$X_t = I_k \otimes (y'_{t-1}, \cdots, y'_{t-s})$$

其中，y_t 是 $k\times1$ 维可以观测向量，相关系数 β_t 是 $k_t^2\times1$ 维时变系数向量，参数 A_t 是 $k\times k$ 维向量是结构化模型的约束矩阵，Σ_t 是 $k\times k$ 维向量表示冲击的同期相关系数矩阵。$\otimes$ 表示克罗内克（Kronecker）乘积。同时假设所有参数都服从随机游走过程，假设 $a_t(a_{21}, a_{31}, a_{41}, \cdots, a_k, a_{k-1})'$ 是 A_t 矩阵中非 0 和非 1 元素的矩阵并且参数服从随机游走，即：

$$\beta_{t+1} = \beta_t + \mu_{\beta t},$$
$$\alpha_{t+1} = \alpha_t + \mu_{\alpha t},$$
$$h_{t+1} = h_t + \mu_{ht}$$

$$\begin{pmatrix} \varepsilon_t \\ \mu_{\beta t} \\ \mu_{at} \\ \mu_{ht} \end{pmatrix} \sim N\left(0, \begin{pmatrix} 1 & 0 & 0 & 0 \\ 0 & \Sigma_\beta & 0 & 0 \\ 0 & 0 & \Sigma_a & 0 \\ 0 & 0 & 0 & \Sigma_h \end{pmatrix}\right), \quad t = s+1, \cdots, n$$

其中，$\beta_{s+1} \sim N(\mu_{\beta0}, \Sigma_{\beta0})$，$\alpha_{s+1} \sim N(\mu_{\alpha0}, \Sigma_{\alpha0})$，$h_{s+1} \sim N(\mu_{h0}, \Sigma_{h0})$。假设，外部冲击服从联合正态分布，如上所示。参考 Nakajima（2011）的研究，进一步假定 Σ_β、Σ_α、Σ_h 是对角矩阵，同时满足 $(\Sigma_\beta)_i^{-2} \sim \text{Gamma}(40, 0.02)$、$(\Sigma_\alpha)_i^{-2} \sim \text{Gamma}(40, 0.02)$、$(\Sigma_h)_i^{-2} \sim \text{Gamma}(40, 0.02)$。

（二）变量选取与数据说明

本文主要选取 2000 年 1 月—2020 年 12 月的月度数据进行实证分析。具体的变量选择与数据说明如下。

1. 中国短期跨境资本流动

本文参考张明（2011）的做法，采用间接法测算中国短期跨境资本流动规模 SCF，其具体计算公式为：跨境资本流动＝每月外汇占款增量–每月进出口贸易顺差–每月实际使用的外商直接投资。其中外汇储备增量数据源于中国人民银行网站，每月贸易顺差和每月实际使用的外商直接投资数据源于商务部，以亿美元为单位衡量。

2. 经济政策不确定性

本文从全球与中国经济政策不确定性两个层面，研究政策不确定性对中国跨境资本流动的影响。全球经济政策不确定 GEPU，采用 Baker 等（2016）基于新闻报道构建的经济政策不确定性指数。该指数是通过具有权威性和领导力的媒体报道，选取反映经济政策不确定性的特定关键字，然后运用文本挖掘技术构建而得的。目前，这一指标被国内外众多学者认可并广泛应用于相关研究之中。中国经济政策不确定性 CEPU，同样采用 Baker 等（2016）构建的指标，主要是以中国香港地区的《南华早报》为信息来源构建。该指标也是研究中国经济政策不确定性的常用指标。

3. 经济增长

本文选择使用中国月度工业增加值的同比增速作为中国经济增长速度 EC 的代理指标，数据源于 Wind 数据库。

4. 汇率

本文采用人民币兑美元的即期汇率 ER，数据来自 Wind 数据库。

5. 利差

本文使用中美利差 IM，计算公式为：中美利差＝中国银行间市场同业拆借七天加权平均利率–美国联邦基金利率。其中，中国银行间市场同业拆借七天加权平均利率及美国联邦基金利率均来自 Wind 数据库。

五、实证结果与分析

（一）单位根检验及最优滞后阶数的判断

为确定数据的平稳性，避免由于非平稳数据导致的伪回归现象，本文首先对变量数据进行 ADF 单位根检验。检验结果显示，经一阶差分处理后，所有变量的 ADF 统计量均在 1% 的显著性水平上表现平稳（如表 1 所示），满足构建 TVP-VAR 模型进行实证检验的前提条件。

表 1　ADF 检验结果

变　　量	变量符号	检验形式	ADF	P 值	是否平稳
全球经济政策不确定性	GEPU	(C, 0, 2)	-12.528 42	0.000 0 ***	平稳
中国经济政策不确定性	CEPU	(C, 0, 1)	-16.191 85	0.000 0 ***	平稳
跨境资本流动	SCF	(C, 0, 2)	-15.651 45	0.000 0 ***	平稳
经济增长速度	EC	(C, 0, 2)	-14.590 82	0.000 0 ***	平稳
人民币汇率	ER	(C, 0, 0)	-8.800 730	0.000 0 ***	平稳
利　　差	IM	(C, 0, 0)	-18.379 74	0.000 0 ***	平稳

注：*** 表示在 1% 的水平上显著。

此外，为确定模型的最优滞后阶数，利用相关信息准则进行判断。综合考虑 AIC、SC 和 HQ 信息准则，判定滞后 3 阶最优（如表 2 所示）。

表 2　模型滞后阶数的选择

Lag	Log L	LR	FPE	AIC	SC	HQ
0	-5 468.611	NA	1.24e+12	44.873 86	44.959 86	44.908 49
1	-4 154.081	2 553.636	34 863 050	34.394 11	34.996 08 *	34.636 55
2	-4 075.623	148.555 3	24 628 994	34.046 09	35.164 04	34.496 34 *
3	-4 037.853	69.658 68	24 305 478 *	34.031 58 *	35.665 50	34.689 63
4	-4 005.229	58.562 91	25 048 335	34.059 25	36.209 15	34.925 11
5	-3 979.957	44.120 83	27 459 247	34.147 19	36.813 07	35.220 86
6	-3 962.805	29.103 48	32 234 849	34.301 68	37.483 53	35.583 15
7	-3 935.134	45.587 93	34 795 605	34.369 95	38.067 78	35.859 23
8	-3 900.989	54.577 37 *	35 715 386	34.385 15	38.598 95	36.082 24
9	2 844.382	NA	1.53e-15	-19.925 49	-19.861 41 *	-19.899 80 *

注：表中 Log 表示滞后阶数，Log L 为对数似然值，LR 为似然比，FPE 为最终预测误差，AIC 为赤池信息准则，SC 为施瓦茨信息准则，HQ 为汉南-奎因准则，* 表示对应检验的最佳滞后期选择。

（二）模型参数估计结果

本文使用马尔科夫链蒙特卡洛方法（MCMC）对模型进行模拟抽样。参照 Nakajima（2011）的赋值方法，设置抽样次数为 10 000，得到 TVP-VAR 模型中 β_t、α_t、h_t、Σ_β、Σ_α、Σ_h 的均值、标准差及收敛判断值

（Geweke）和无效因子的估计值（如表3所示）。可以观察到，所有参数对应的 Geweke 值均未超过 5% 显著性水平的临界值，表明无法拒绝后验分布的零假设。并且，无效因子的数值普遍比较小。模型估计结果说明，TVP-VAR 模型可以对参数进行有效估计，满足应用该模型进行分析的条件。

表3　模型参数估计结果

参数	均值	标准差	95%上限	95%下限	Geweke	无效因子
s_{b1}	0.021 9	0.001 7	0.018 9	0.026 2	0.022	5.29
s_{b2}	0.022 4	0.001 8	0.019 3	0.026 2	0.619	6.31
s_{a1}	0.022 7	0.001 9	0.019 4	0.026 8	0.972	9.69
s_{a2}	0.023 4	0.002 0	0.019 9	0.027 8	0.000	12.00
s_{h1}	0.024 8	0.002 3	0.020 8	0.029 5	0.223	20.63
s_{h2}	0.024 6	0.002 2	0.020 8	0.029 2	0.954	19.76

从该模型估计结果的图像来看，也支持模型参数估计的可靠性和稳健性（如图2所示）。图首行表示数据自相关性，每条曲线都是从高处突然很快下降到时 0 附近，并在横轴上下小幅波动，说明数据具有自相关性。图中第二行展示的是 TVP-VAR 模型的取值路径，可以看出每个数据都在一定范围内，未出现极端取值的情况，取值路径相对平稳。后验分布的密度函数图显示，每个参数的分布近似正态分布，样本取值有效。正态分布的形态也表明 MCMC 抽样策略成功捕获了参数的后验分布特性。

（三）时变脉冲响应分析

为了深入研究政策不确定性对中国短期跨境资本流动的影响，刻画变量间的动态响应路径，本文分别运用 TVP-VAR 模型的等间隔脉冲响应函数和时点脉冲响应函数进行分析。首先，做出等间隔脉冲响应图，研究特定滞后期条件下变量间的时变关系。本文设置 1 个月、4 个月和 8 个月作为脉冲响应期，分别反映短期、中期和长期的响应动态，观察变量对每个时间点进行正向冲击后短期跨境资本流动在设定的相等时间间隔内的变化（如图3所示）。其中，点线表示滞后 1 期的脉冲曲线，虚线表示滞后 4 期，实线表示滞后 8 期。图中 20 期、40 期、60 期、80 期、100 期分别对应 2005 年 9 月、2009 年 1 月、2012 年 5 月、2015 年 8 月和 2019 年 1 月。

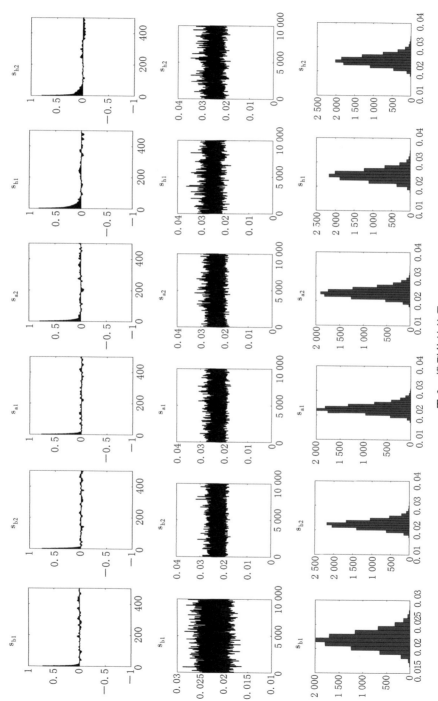

图 2 模型估计结果

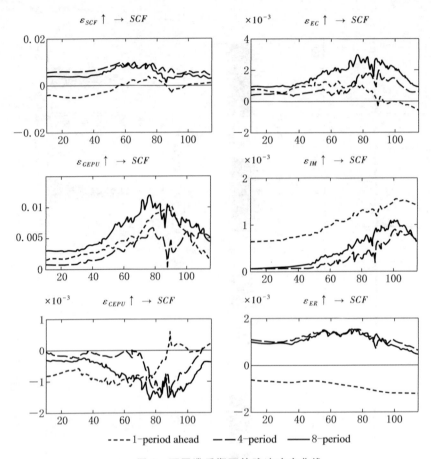

图 3　不同滞后期下的脉冲响应曲线

　　研究结果显示，经济政策不确定性对中国短期跨境资本流动的影响效应随时间变化波动，具有明显的时变特征。从方向来看，滞后 1 期、4 期、8 期的时变等间隔脉冲响应曲线走势基本一致，但冲击程度存在差异。全球经济政策不确定性 GEPU 冲击基本为正，反映出全球不确定性在各期对中国跨境资本流动的正向效应，即当全球经济政策不确定性上升时，会推动短期跨境资本流入中国。而中国经济政策不确定性 CEPU 冲击显著为负，表明中国政策不确定性对中国短期跨境资本流动具有负向效应，即不确定性加强时，会驱动短期跨境资本流出中国；反之，则会提高我国短期跨境资本流动的净流入量。从冲击强度来看，当全球经济政策不确定性受到一个标准差的正向冲击时，中国短期跨境资本流动的响应系数为正，在 2000

年至 2013 年期间呈现加强趋势，在 2014 年左右达到正向峰值，此后有所下降，在 2015 年下半年后出现一定程度的回升。跨境资本流动对全球经济政策不确定性冲击的响应程度在滞后 8 期相对较强，表明其对中国跨境资本流动的长期影响。中国经济政策不确定性对跨境资本流动的冲击呈负向效应，总体反应比较平稳，但在 2014 年后变化加强。短期效应与中长期效应出现一定分化，滞后 1 期曲线在 2015 年末一度对短期跨境资本流动产生正向影响。其原因可能是 2015 年我国实行了 "8·11" 汇改，人民币汇率的形成机制更加市场化。总体来说，中国经济政策不确定性对短期跨境资本流动影响的中期效应更为显著，其次是长期效应，短期效应相对较弱。政策不确定性的负面影响主要体现在中长期，可能因为经济主体拥有更充裕的时间来对政策变动作出反应，并据此调整其投资策略。

此外，中国短期跨境流动资本对自身具有正向的影响，即短期跨境资本具有自我加强的效应。从短期跨境资本对我国经济增长速度的冲击所形成的脉冲响应曲线来看，其影响基本是正向的，意味着经济增长率的提高

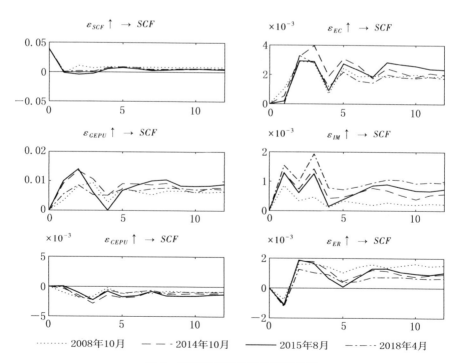

图 4　不同时点下的脉冲响应曲线

会伴随着短期资本净流入的增加。滞后 8 期的正向影响最为显著，说明中国经济增速对短期跨境资本流动的影响随着时间推移更加明显。从短期国际资本流动对中美利差正向冲击所产生的脉冲响应图中可以看到，中美利差具有正向响应，即当中美利差扩大时，短期跨境资本流动净额增加。正向响应最高的是滞后 1 期曲线，说明短期跨境资本对中美利差在短期内高度敏感。同时，近年来中国短期跨境资本流动对中美利差的正向响应程度有所扩大。从短期跨境资本流动对人民币汇率的正向冲击所产生的脉冲响应曲线可以看到，短期内中国短期跨境资本流动对人民币汇率的冲击呈现出负响应，但中长期则表现出正向响应，表明其影响具有一定的滞后性。

进一步，通过不同时间点下的脉冲响应图观察特定时间点下特定事件对于中国短跨境资本流动的影响。本文选取全球及中国政策环境中的几个代表性事件，分别关注 2008 年 10 月全球金融危机时期、2014 年 10 月美国结束量化宽松货币政策、2015 年 8 月中国的"8·11"汇改和 2018 年 4 月中美贸易争端升级这几个时点，观察不同条件下各变量对中国跨境资本流动的冲击，脉冲响应结果如图 4 所示。可以看出，四个不同特定时点脉冲响应曲线的形态走势基本一致。全球经济政策不确定性对跨境资本流动的冲击先上升再下降，此后总体保持稳定态势。中国经济政策不确定性对跨境资本流动的冲击呈负向效应，总体反应也比较平稳。对比分析不同代表时点的脉冲响应结果可以看到，2015 年"8·11"汇改时期，经济政策不确定性对中国跨境资本流动的影响最为显著，其次是在美联储货币政策调整时期，其影响也较为显著。2008 年全球金融危机时期，全球及中国经济政策不确定性对中国跨境资本流动的影响相对较弱，可能是由于危机期间全球央行协调行动，相对缓和了政策不确定性对资本流动的冲击。

六、研究结论与政策建议

本文利用 TVP-VAR 模型实证分析了全球与中国经济政策不确定性与中国跨境资本流动之间的动态时变关系。研究结果表明，经济政策不确定性对中国短期跨境资本流动的冲击具有明显的时变特征。不论是全球经济政策不确定性，还是中国经济政策不确定性，都会使中国短期跨境资本流动加剧。全球经济政策的不确定性对短期跨境资本流动产生正向影响，并且这种影响随着时间推移更加显著。而中国经济政策的不确定性则对短期跨境资本流动产生负向的影响，这种影响在中长期内表现得更为强烈。目前，中国经济进入新常态阶段，外部市场逆全球化思潮涌动、地缘政治冲击频发，宏观金融市场不确定性因素增多，全球及各国经济政策的不确定性也显著增加。为确保中国经济的持续健康发展与金融稳定，结合上述研究结果，本文提出如下的政策建议。

首先，注重政府经济决策的稳定性，提高政策的透明度与一致性。在制定相关政策法规时，应该将经济政策不确定性的影响纳入考量范畴。近年来，中国在制定和执行经济政策的自主性显著加强，应更加注重避免政策不明确或剧烈波动对资本市场造成的不利影响，预防金融恐慌引发的系统性风险。此外，还需要密切关注美国等主要大国经济政策的波动，及时采取应对措施，以减轻其对中国经济的负面影响。当前，全球市场需求持续低迷，中国经济增速也存在下行风险，隐性金融风险加大。如果宏观经济政策处置不当，可能动摇国际投资者对中国金融体系的信心，影响人民币汇率预期，加剧跨境资本的外流风险。鉴于短期跨境资本自发性、流动性和灵活性的特点，有必要加强对这类资本流动的预警和监控系统，细化对短期资本流动的监测与追踪，并完善短期跨境资本流动的测算方法。同时，需要创新监管思维和方法，重视结构性改革，构建系统性的宏观经济政策组合，将重点放在防范国际投机资本冲击，减少短期跨境资本的大规模流入和流出，以维护金融市场的稳定。

其次，加强宏观审慎监管与微观审慎监管，审慎开放资本账户。短期逐利性资本的顺周期性会放大经济波动，助长非理性信贷繁荣，加剧金融体系的潜在风险。为防范资本大规模进出对国内经济造成的冲击，在监管上应进一步强化宏观审慎监管与微观审慎监管，同时有效协调宏观审慎监管和货币政策，增强金融宏观调控的前瞻性与有效性，加强对顺周期因素的约束。同时，在宏观审慎政策框架下及时释放压力，避免与市场发生强烈对抗。在持续推动人民币汇率市场化改革、完善人民币汇率形成机制的过程中，也应谨慎推动控制资本账户的开放进程，防止过快开放而招致的投机资本冲击，避免人民币汇率超调。需要保持耐心和务实态度，稳步推进资本市场改革，通过稳定、明确、透明的经济政策指导，增强国内外投资者对中国资本市场和政策体系的理解，引导市场参与者形成合理预期。

再次，重视宏观经济政策的国际协调。全球金融危机后，主要国家中央银行都加强了对系统性风险的防范监管。一方面，金融风险往往具有较强的顺周期性，全球及主要大国金融风险会通过多种渠道在不同市场间传播扩散，并在开放经济条件下跨境传染。另一方面，随着中国经济实力与全球影响力的增强，中国经济政策的对外溢出效应也在日益增强。要有效应对国际资本流动引发的系统性金融风险冲击，需要各国加强政策协调。中国作为负责任大国，应积极开展国际沟通和合作，加强宏观经济金融政策的国家间协调，共同推进宏观审慎监管，减少政策不确定性引发的负面溢出效应，遏制全球性金融风险的发生和蔓延。同时，应充分利用好"一带一路"政策与沿线国家加深合作，提高中国在国际金融体系中的话语权和影响力。

参考文献

陈浪南、陈云，2009，《人民币汇率、资产价格与短期国际资本流动》，《经济管理》第 1 期：1—6。

冯凤荻、施建淮，2017，《中国国际资本流动的影响因素——基于分类账户的实证研究》，《经济与管理研究》第 38 卷第 8 期：33—43。

贾玉成、吕静韦，2020，《经济周期和经济政策不确定性推动了贸易摩擦吗》，《经济学家》第 3 期：75—86。

李婧、吴远远，2017，《中国短期跨境资本流动影响因素实证研究：2009—2016》，《经济与管理研究》第 38 卷第 8 期：23—32。

吕光明、徐曼，2012，《中国的短期国际资本流动——基于月度 VAR 模型的三重动因解析》，《国际金融研究》第 4 期：61—68。

单东方，2020，《经济政策不确定性对 FDI 影响研究》，《经济问题》第 3 期：42—49。

宋金桂，2018，《跨境资金流动先导指标研究》，《浙江金融》第 7 期：26—32。

谭小芬、张凯、耿亚莹，2018，《全球经济政策不确定性对新兴经济体资本流动的影响》，《财贸经济》第 3 期：55。

谭小芬、左振颖，2022，《全球经济政策不确定性对新兴市场国家银行跨境资本流动的影响》，《国际金融研究》第 9 期：35—45。

汪洋，2004，《中国的资本流动：1982—2002》，《管理世界》第 7 期。

张明，2011，《中国面临的短期国际资本流动：不同方法与口径的规模测算》，《世界经济》第 2 期：39—56。

张明、谭小芬，2013，《中国短期资本流动的主要驱动因素：2000—2012》，《世界经济》第 11 期：93—116。

张明、肖立晟，2014，《国际资本流动的驱动因素：新兴市场与发达经济体的比较》，《世界经济》第 8 期：151—172。

张明，2015，《中国面临的短期资本外流：现状、原因、风险与对策》，《金融评论》第 3 期：17—30。

张谊浩、裴平、方先明，2007，《中国的短期国际资本流入及其动机——基于利率、汇率和价格三重套利模型的实证研究》，《国际金融研究》第 9 期：41—52。

Ahir, H., Bloom, N. and Furceri, D. 2023. "Global economic uncertainty remains elevated, weighing on growth". *IMF Blog*.

Albulescu, Claudiu Tiberiu, and Adrian Marius Ionescu. 2018. "The long-run impact of monetary policy uncertainty and banking stability on inward FDI in EU countries." *Research in International Business and Finance*, 45：72—81.

Baker, Scott R., Nicholas Bloom, and Steven J. Davis. 2016. "Measuring economic policy uncertainty." *The Quarterly Journal of Economics*, 131 (4)：1593—1636.

Bloom, Nicholas. 2009. "The impact of uncertainty shocks." *Econometrica*, 77 (3)：623—685.

Byrne, Joseph P., and Norbert Fiess. 2016. "International capital flows to emerging markets：National and global determinants." *Journal of International Money and Finance*, 61：82—100.

Calvo, Guillermo A., Leonardo Leiderman, and Carmen M. Reinhart. 1994. "Capital inflows to Latin America：the 1970s and 1990s." *Economics in a Changing World：Volume 4：Development, Trade and the Environment*：123—148.

Cerutti, E.M., Obstfeld, M. and Zhou, H., 2021. "Covered interest parity deviations：Macrofinancial determinants." *Journal of International Economics*, 130, p.103447.

Cesa-Bianchi, A. and Fernandez-Corugedo, E., 2018. "Uncertainty, financial frictions, and nominal rigidities：A quantitative investigation." *Journal of Money, Credit and Banking*,

50 (4): pp.603—636.

Cuddington, John T. 1986. "Capital flight: Estimates, issues, and explanations." Vol.58. Princeton, NJ: International Finance Section, Department of Economics, Princeton University, No.58.

Dooley, Michael P. 1986. "Country-specific risk premiums, capital flight and net investment income payments in selected developing countries." *International Monetary Fund Departmental Memorandum*, 17.

Eichengreen, B. and Hausmann, R., 1999. "Exchange rates and financial fragility."

Eichengreen, B., P. Gupta, and O. Masetti. 2017. "Are Capital Flows Fickle? Increasingly? And Does the Answer Still Depend on Type?" *World Bank Policy Research Paper* No.7972.

Forbes, K.J. and Warnock, F.E., 2021. "Capital flow waves—or ripples? Extreme capital flow movements since the crisis." *Journal of International Money and Finance*, 116, p.102394.

Frankel, Jeffrey A., and Shang-Jin Wei. 1994. "Yen bloc or dollar bloc? Exchange rate policies of the East Asian economies." in *Macroeconomic linkage: Savings, Exchange Rates, and Capital Flows*, University of Chicago Press, pp.295—333.

Fratzscher, M. 2012. "Capital flows, push versus pull factors and the global financial crisis." *Journal of International Economics*, 88 (2): 342—356.

Gambacorta, Leonardo, et al. 2017. "The shifting drivers of global liquidity." *CEPR Discussion Papers*, No.12127.

Gauvin, Ludovic, Cameron McLoughlin, and Dennis Reinhardt. 2014. "Policy uncertainty spillovers to emerging markets-evidence from capital flows."

Goldberg, L.S. and Krogstrup, S., 2023. "International capital flow pressures and global factors." *Journal of International Economics*, 146, p.103749.

Gulen, H., & Ion, M. 2012. "Policy Uncertainty and Corporate Investment." *SSRN Working Paper*.

IMF. 2016. "Understanding the slowdown in capital flows to emerging markets." *World Economic Outlook*, Chapter 2, April.

Jensen, Nathan M. 2003. "Democratic governance and multinational corporations: Political regimes and inflows of foreign direct investment." *International Organization*, 57 (3):587—616.

Kalemli-Özcan, S., 2019. "US monetary policy and international risk spillovers."

National Bureau of Economic Research, No.w26297.

Koepke, R. 2015. "What Drives Capital Flows to Emerging Markets: A Survey of the Empirical Literature." *IIF Working Paper*, April.

Lessard, Donald R., and John Williamson. 1987. "Capital flight and third world debt."

Magud, N.E. 2008. "On Asymmetric Business Cycles and the Effectiveness of Countercyclical Fiscal Policies." *Journal of Macroeconomics*, 30 (3): 885—905.

Milesi-Ferretti, Gian-Maria, and Cédric Tille. 2011. "The great retrenchment: international capital flows during the global financial crisis." *Economic Policy*, 26 (66): 289—346.

Morgan Guaranty Trust Company. 1986. "LDC capital flight, world financial markets."

Pástor, Ľuboš, and Pietro Veronesi. 2013. "Political uncertainty and risk premia." *Journal of Financial Economics*, 110 (3): 520—545.

Raunig, B., Scharler, J., and Sindermann, F. 2017. "Do Banks Lend Less in Uncertain Times?" *Economica*, 8 (336): 682—711.

Reinhart, C., & Montiel, P. 2001. "The dynamics of capital movements to emerging economies during the 1990s." *MPRA Paper* No.7577.

Rey, H., 2015. "Dilemma not trilemma: the global financial cycle and monetary policy independence." National Bureau of Economic Research, No.w21162.

Sarno, L., I. Tsiakas, and B. Ulloa. 2015. "What Drives International Portfolio Flows?" Mimeo March.

Schertler, Andrea, & Tereza Tykvová. 2012. "What lures cross-border venture capital inflows?" *Journal of International Money and Finance*, 31 (6).

World Bank. 1985. World Development Report.

语言生动性对投资者决策的影响

——基于低碳创新信息披露的实验研究 *

杨建铭 李 路 李 洋**

摘要： 上市公司的信息披露是投资者进行投资判断和选择的重要依据，近年来非财务信息的披露受到越来越多的关注。本文采用实验研究的方法，从非财务信息披露的语言特征出发，重点检验了低碳创新信息披露中的生动语言或枯燥语言的使用是否会对投资者的投资决策产生影响。实验结果表明：低碳创新信息披露中的生动语言表述能够显著提升公司对于投资者的吸引力程度，并且增强投资者投资该公司的意愿。同时本文还进行了调节效应检验，进一步研究发现，低碳创新信息披露中的生动语言的使用对于投资者的投资意愿的影响在回顾和展望之中没有显著差异，都能够提升投资者的投资意愿。最后，在中介效应的分析中发现投资者对于所披露信息的记忆程度在信息披露语言的生动性程度对于投资者判断的影响中起到部分中介的作用。

关键词： 信息披露 低碳创新 语言生动性

Abstract： The information disclosure of listed companies is an important basis for investors to make investment judgment and choice. In recent years, the disclosure of non-financial information has attracted more and more attention.

---

* 本研究得到上海市哲学社会科学规划一般课题（2020BJB024）的资助。

** 杨建铭，上海外国语大学国际金融贸易学院硕士研究生；李路，上海外国语大学国际金融贸易学院教授、博士生导师、金融创新与发展研究中心执行主任；李洋，上海外国语大学国际金融贸易学院副教授，主要研究方向为国际金融、金融风险管理。

Based on the linguistic characteristics of non-financial information disclosure, this paper uses experimental research methods to test whether the use of vivid language or dry language in the disclosure of low-carbon innovation information will have an impact on investors' investment decisions. The experimental results show that vivid language in the disclosure of low-carbon innovation information can significantly improve the company's attractiveness to investors and enhance investors' willingness to invest in the company. At the same time, this paper also conducted a moderating effect test, and further research found that the use of vivid language in the disclosure of low-carbon innovation information has no significant difference in the impact on investors' investment intentions between the review and the outlook, and both can improve investors' investment intentions. Finally, in the analysis of intermediary effect, it is found that investors' memory of the disclosed information plays a partial intermediary role in the influence of the vividness of information disclosure language on investors' judgment.

Keywords：information disclosure；Low-carbon innovation；Language vividness

一、引　言

自 2023 年推行全面注册制以来，与全面注册制紧密相关的配套制度相继修订发布，其中就包括了《公开发行证券的公司信息披露编报规则第 15 号——财务报告的一般规定》等信息披露的相关规定。上市公司有效高质量的信息披露无论是对提高企业的核心竞争力（王化成等，2023）还是促进资本市场融资功能完善抑或是保护中小投资者权益（高利芳等，2023）都具有重要的意义。同时相较于核准制，更为市场化的注册制呼唤更加及时、准确的信息披露，信息披露制度的重要性被推到了一个更高的高度。而在 2024 年，信息披露制度完善的脚步也并未停下，2 月 8 日《上市公司自律监管指引第 X 号——可持续发展报告（试行）（征求意见稿）》的发布，从可持续发展信息的角度进一步完善了上市公司的信息披露。此举将进一步提升可持续信息披露制度的科学化、体系化、法治化和国际化水平。

　　本文所研究的会对投资者所产生影响的语言正是来自上市公司的信息披露之中，上市公司信息披露的内容大体上可以分为财务性信息和叙事性信息。此前已有大量文献聚焦于公司披露的财务信息对于投资者判断和选择的影响。而在存在着信息不对称的资本市场中，以企业环境、社会和公司治理（ESG）表现为主的非财务信息得到了投资者的高度认可，被视为企业财务信息的重要补充信息来源。本文的研究重心将放在上市公司信息披露中的叙事性信息，重点研究信息披露中叙事性语言的生动程度对于投资者判断和选择的影响。生动的语言往往能够吸引读者的注意力以及激起读者的兴趣，使其更加专注地阅读文本中的相关信息，从而也能记住更多的信息。Hales 等（2011）通过实验研究发现生动的语言对持有反向头寸的投资者（即牛市中的空头投资者和熊市中的多头投资者）的判断有显著影响，而对于持有一致头寸的投资者的判断影响有限。本文选择以上市公司所披露的信息作为文本内容的具体考察对象，主要是因为上市公司所披露的文本信息含量更为丰富，且存在着差异化的表述，除此之外部分文本内容是基于自愿性的披露原则编制的，文本信息的可操纵性空间更大（林晚发等，2022）。方便后续实验材料的设计和编制。

　　本文所研究的文本内容主要是上市公司在低碳创新方面披露的相关信息，本文之所以选择以低碳创新信息披露作为研究考察的对象，主要原因有如下几点。第一，2020 年 9 月，我国明确"碳达峰"以及"碳中和"的"双碳"目标，这为中国企业绿色转型提出了方向和要求，而绿色低碳创新便是实现企业绿色转型的重要手段（王永贵等，2023），目前受到业界和学术界的广泛关注。第二，较传统的技术创新，绿色技术创新具有前期资金投入大、获利周期长、风险难以预估的特征（徐佳等，2020）。所以投资者在选择是否投资低碳创新时往往会更加谨慎，因此投资者除了关注低碳创新的财务指标之外，文字信息的阅读在投资者所做出的投资选择中也是至关重要的。第三，低碳创新的信息披露以文字形式披露居多，因此会有大量关于低碳创新的文字信息，为本文实验材料的设计提供了大量有效的文本信息来源。文字信息主要来自上市公司财务报告中的管理层讨论与分析、可持续发展报告、社会责任报告以及 ESG 报告。第四，低碳创新的信息披露作为 ESG 信息披露的重要组成部分，与 ESG 信息披露存在着类似的情况，目前都是强制性披露与自愿性披露并存，且缺乏统一的披露标准（崔志刚等，2024），所以不同上市公司之间在低碳创新上的信息披露无论是在形式上还是表达方式上都会存在着较为明显的差异。

低碳创新的信息披露在披露内容上与管理层讨论与分析存在一定的共同之处。依据披露信息内容的不同，都可以主要分为回顾与展望两个部分，回顾部分主要描述企业在低碳创新方面所做出的努力，展望部分主要描述企业未来在低碳创新方面的规划，不同部分的语言表述特点以及给投资的传递的增量信息有所不同。已有研究发现，管理层会在管理层讨论与分析（MD&A）中进行策略性披露，这类策略性披露会显著影响投资者决策与市场效率，并且这种影响在回顾与展望部分强弱程度不同（林晚发等，2022）。上述结论目前仅从实证的角度出发进行相关研究，尚未从实验角度出发进行研究。值得一提的是，在涉及语言特征的研究中，实验研究的优势在于解释变量具有可操纵性，这么一来就可以避免实证研究中复杂的内生性问题。因此本文选择对回顾/展望这一因素进行操纵。

通过以上分析，本文主要具有以下三方面理论及现实研究意义：

第一，本文重点关注语言的生动性程度对于投资者判断和选择的影响，有助于了解非财务信息披露语言表述的生动性水平在投资者选择和判断之中所起到的作用。 文字信息作为财务信息的重要补充部分，在投资者的选择和判断中起着重要的作用，同时信息披露的语言表述目前在不同的上市公司之间还存在着明显的差异，本文主要从语言特征中的生动性入手研究对于投资者选择判断的影响，有利于更好地了解语言的生动性表述是如何以及怎样影响投资者的投资选择和判断，从而为进一步地完善信息披露的相关规范提供一定的帮助。

第二，本文进一步丰富了信息披露与投资者判断这一视角的相关研究，并且进一步集中于低碳创新信息披露。 当前关于信息披露与投资者选择判断之中的研究主要集中讨论信息披露的质量（黄珺等，2015）以及信息披露的形式（张巧良等，2015；屈小兰等，2022）。对于投资者选择和判断的影响，而少有文献从信息披露的语言特征入手研究非财务的信息披露对于投资者决策的影响。本文基于信息披露语言特征的视角，对于语言生动性的相关研究以及信息披露的相关研究有增量贡献，有利于进一步了解语言特征表述在信息披露中的应用与投资者决策之间的关系。

第三，本文聚焦我国上市公司信息披露层面，重点关注可持续信息披露中的低碳创新信息披露，研究具有现实意义，为信息披露制度的完善提供相关建议。信息披露中叙述性语言相对财务语言而言，要做到规范化、科学化和统一化，存在着较大的难度，其中披露语言的语言特征就是一个需要重点考虑的因素，部分上市公司在信息披露中利用特别积极和生动的语言来对上市公司的业绩表现进行粉饰，从而影响市场情绪，扭曲投资者的决策和判断。通过研究信息语言特征对于投资者选择和判断的影响，能够更好地为信息披露相关制度的完善提供有用的建议。

二、文献回顾与理论分析

（一）文献回顾

在有关上市公司信息披露环节中，财务报表中的叙述性信息是重要的信息来源（Bozzolan et al., 2009），可以为投资者带来增量信息，进而影响投资者的决策行为（Francis et al., 2003）。目前还鲜有文献提及低碳创新信息披露与投资者决策之间的关系，但是在 ESG 信息披露与环境信息披露中已经有部分文献讨论信息披露与投资者之间的关系，而低碳创新信息披露作为 ESG 信息披露和环境信息披露的重要组成部分，相关的文献对于本文也有一定的借鉴意义，所以本文将从 ESG 信息披露与环境信息披露与投资者的关系来进行相关的文献梳理，ESG 信息作为重要的非财务信息披露，能够让投资者更好地了解企业在环境保护、承担社会责任和加强公司治理方面所做出的努力（盛明泉等，2024），是投资者做出投资判断的重要信息依据。已有研究从可持续报告中的负面信息、社会责任披露的第三方担保的角度研究了 ESG 信息披露对于投资者决策的影响，研究结果表明公司在可持续发展报告中自主披露的负面消息并不会影响投资者基于财务指标所做出的判断结果，但是在非政府组织中对负面信息的披露对投资的判断会产生负面影响（Reimsbach et al., 2015）；企业所披露的积极社会责任成果要是得到了第三方担保的验证，将会提高投资者的投资意愿（Pra-toomsuwan et al., 2023）。

在环境信息披露领域中已有研究发现环境信息披露会对投资者造成一定的影响，主要体现在资金使用的效果和投资方案的选择上。张晨等（2016）在朱怀一（2023）的文章中进一步发现，拥有高质量环境信息披露的企业更容易获得投资者的青睐。关于具体的影响机制，已有文章从投资信心和风险感知的角度进行讨论，从投资者信心的角度出发，研究发现公司环境信息披露指数与投资者信心之间存在正相关关系，但是投资者对公司环境信息披露行为和质量的反应存在一定的时滞性差异。唐国平等（2011）而从投资者风险感知的角度出发，研究发现有证据表明投资者会对环境信息披露的数量进行定价。更多的环境信息披露减少了公司的事前股权成本，因为它减少了投资者的信息不对称。然而，这种关系是非线性的。一旦环境披露数据的数量超过一定的阈值水平，企业的事前股权成本将再次上升。还有文章聚焦于信息披露与机构投资者之间的关系，研究发现在重污染行业上市公司，企业环境信息披露质量与机构投资者增持行为呈显著的正相关关系；企业环境信息披露质量并不会影响机构投资者的减持行为（Yu E.P. et al.，2021）。张戈辰等（2022）除了研究环境信息披露对于投资者的影响，也有文献研究投资者对于环境信息披露的影响，从机构投资者的角度出发研究发现机构投资者整体对环境信息披露质量具有显著的正向影响，并且进一步研究发现相对于不稳定的机构投资者，稳定的机构投资者对环境信息披露质量具有正向影响（Li Z. et al.，2022）。从投资者关注程度出发，研究发现公众对环境问题的关注提高了投资者对重污染行业企业的关注程度，从而提高了企业的环境信息披露质量（Yao S. et al.，2023）。

低碳创新披露的内容大体上可以分为回顾和展望两个部分，这点与M&A中的信息披露大体相同，能够为投资者、分析师等外部投资者提供企业经营成果与未来目标的有效信息。Hussainey和Walker（2009）研究发现，MD&A中展望部分内容披露水平的提高，将有助于改善股价对盈利的预期情况。本文对已有文献的探索即在于进一步细化分析低碳创新信息披露，并进一步研究低碳创新信息披露中叙述性语言的特征对投资者判断和决策的影响。

已有文献已经从如下角度分析了上市公司信息披露中语言特征对投资

者判断和决策的影响。Elliott 等（2015）从语言的具体抽象的角度出发，证明了具体语言将提高投资者的舒适度和投资意愿。Asay（2017）等从可读性强弱的角度出发，发现当公司披露信息较差时，投资者将更多依赖外部信息进行判断。Tan 等（2014）从语言积极或消极出发，研究发现当披露信息可读性较低时，积极的语言会使得不太成熟的投资者获得更高的收益判断，但反而会降低成熟投资者对收益的判断。Brown 等（2022）从语言交互性的角度进行分析，研究发现交互性更强的披露语言可以使得投资者在处理披露信息时不会受到重复信息过多的干预，可以有效地同时处理重复与非重复信息。此外，还有较多学者从语气乐观或悲观的角度对投资者决策分析（Feldman et al., 2010；Demers & Vega, 2011；Davis et al., 2014；Davis & Tama-Sweet, 2012）。

聚焦生动语言或枯燥语言的研究，目前通常从以下几个方面对语言生动性进行定义，生动的语言是指"能够激发人的想象力达到以下程度的语言：（1）情感上有趣，（2）具体而生动，（3）在感官、时间或空间上接近"（Nisbett & Ross, 1980）。生动的语言表述往往比枯燥的语言表述更具有说服力，同时对人们所做出的选择和判断也会产生更大的影响（Nisbett & Ross, 1980）。这个想法已经在各种各样的背景下进行了检验。然而，往往在直观上认为生动的语言会影响信息处理，但支持这一观点的证据却非常少（Nisbett & Ross, 1980）。Taylor 和 Thompson（1982）在他们的文献调查中得出结论："所谓生动效应的存在和中介……是弱的，如果存在的话。"然而，值得注意的是，Taylor 和 Thompson（1982）还是发现了一些生动效应的例子，除此之外在 Kisielius 和 Sternthal（1986），Hosman（2002）的文章中也提到了关于生动效应的相关例子，特别是当生动和苍白的信息之间存在明显对比时，以及当信息被关注时（McGill and Anand, 1989）。

最后，回到语言生动性在金融方面的研究。从动机敏感性与语言生动性相结合的角度出发（Hales et al., 2011）认为投资者只有在所呈现信息与自我预期不一致时（比如持有某家公司的空头头寸，却收到了有关该公司的积极信息），这个时候投资者会有更强的动机阅读所呈现的内容，从而进一步验证自我预期正确与否。这个时候语言的生动性特征对投资者的判断和选择就会体现出明显的影响。从解释的合理性与语言生动性相结合的角度出发（Chen et al., 2017）得出了当所呈现的盈利警告信息具有解释合理性时，语言的生动性才会对投资者的判断和选择有显著的影响；反之，则没有显著的影响。

（二）理论分析

如上所述，低碳创新信息披露中的生动语言或枯燥语言使用会影响投资者的投资判断和决策。本文认为其主要通过以下机制产生影响：

根据前文的生动性效用理论，生动的语言表述往往比枯燥的语言表述更具有说服力，同时对人们所做出的选择和判断也会产生更大的影响（Nisbett & Ross, 1980）。所以当低碳创新的信息披露使用更加生动的语言时，能够使得投资者更愿意相信所呈现的内容是真实的，从而会使得投资者对于使用生动语言来披露信息的公司产生更强的投资偏好。

Nisbett 和 Ross（1980）以及 Moser（1992）认为生动的信息比苍白的信息更容易获得，因此更容易做出判断。换句话说，生动的信息也许是因为其有趣、独特和更丰富的性质，可能会促进对接收到的信息进行更丰富的联想和想象，从而加深对于接收到的信息的理解。而在 Taylor 和 Thompson（1982）的研究中认为生动信息在情感上是更有趣且交互性更强的，它可以引起读者更强的情感共鸣，使得投资者能够更好地理解信息，并且回想起所接收到的信息，进而将这些信息作为所做判断和选择的依据。所以当投资者在阅读以生动性语言进行披露的公司信息时，往往投资者得到更多的增量信息，从而使得投资者对于这家公司有更为具体和准确的认识，进而来帮助投资者进行投资决策和选择。

最后，在现象学领域，对于生动性给出的定义就是在接收到信息后，如果物体被感知，心理意象反映视觉表征的综合质量（包括特异性、细节、清晰程度和丰富性）的程度（Benussi, 1925）。由此推演出来的结论就是更为生动的信息可以使接收者记忆得更牢固也更清晰。所以本文认为生动性而非枯燥语言在低碳创新的信息披露中使用可以使得投资者更有效地记住报告中的更多信息，从而有利于投资者进行投资判断和选择。由此，本文提出研究假说 1：

研究假说 1：相比较枯燥语言，低碳创新信息披露信息中的生动语言使用会提升投资者的投资意愿。

三、样本选择与研究设计

本研究的目的主要探究上市公司低碳创新信息披露的生动语言或枯燥语言表达对投资者投资意愿的影响。本研究采用实验室实验，选取了多家不同上市低碳创新信息披露的相关表述来编制实验材料。

（一）实验对象

本次实验共招募了 48 名金融学专业的本科生（37.5% 为男生，62.5% 为女生，年龄为 20—24 岁），本次实验是在他们的一门专业必修课上完成，参与实验可获得一定的课程分数。不同被试之间存在选修课程以及个人经历的差异，其中 79.17% 的被试修过《投资学》《公司财务》《财务报表分析》等含有阅读公司年报的课程，基本具备阅读上市公司年报的能力；79.17% 的被试有过投资股票的经历，具备进行投资判断的基本能力；另有62.5% 的被试未来有投资股票的计划，说明被试对投资领域有一定的兴趣。

（二）实验设计

本文采用 2×2 混合实验设计。第一个操纵的因素为所提供的文本信息是回顾还是展望，即公司在低碳创新方面所披露的相关内容是关于过去的还是关于未来的。第二个操纵的因素是所提供的文本信息的语言生动性程度。本文共选取 16 家上市公司的低碳创新信息披露的相关表述，依据回顾和展望以及文本信息的生动、枯燥程度对内容进行了整理和制作。经过整理和制作后，实验材料共分为四种类型：回顾具体、回顾抽象、展望具体、展望抽象，48 名被试都会依次看到 16 家上市公司的某一种情况（即回顾具体、回顾抽象、展望具体、展望抽象中的 1 种情况）。即本文所提供的实验材料通过循环的方式呈现给被试，本文假定回顾具体为 1、回顾抽象为 2、展望具体为 3、展望抽象为 4，不同公司按照字母顺序从 A 至 P 依次编号。一个被试可能能够看到的 16 家公司的实验材料的排列顺序为

"A1、B2、C3、D4……M1、N2、O3、P4"共计 4 种不同的排列组合方式，即 4 种不同的呈现方式。①被试所能看到的不同公司的材料都是以独立的方式呈现，以下给出对于 A 公司所编制出来的四份材料，从上至下的顺序呈现依次为回顾枯燥、回顾生动、展望枯燥、展望生动即 A1、A2、A3、A4。

回顾枯燥

A 公司非常认真地布局，不仅把"回收—造纸—包装—销售—服务"这五个环节串联起来，还形成了再生纸资源回收利用的循环。公司扩大了再生资源回收业务的规模，让回收纤维得到了更好的循环利用。公司在各造纸基地进行了资源综合利用，推进了热电互联，还安装了屋顶清洁能源光伏项目。

图 1　回顾枯燥材料（即 A1）

回顾生动

A 公司运筹帷幄，精心布局，不仅打通"回收—造纸—包装—销售—服务"的通路，更是打造了再生纸资源回收利用的闭环。公司在再生资源回收业务布局上扩而充之，实现回收纤维的绿色循环。公司匠心独运，在各造纸基地开展资源综合利用，推进热电互联蓬勃发展，全面实施屋顶清洁能源光伏项目。

图 2　回顾生动材料（即 A2）

展望枯燥

A 公司会一直保持开放的态度，继续与产业链中的相关企业开展合作，与他们一起搭建资源回收网上平台，让再生资源的回收更加方便。公司将坚持为价值客户提供更好的绿色包装解决方案，与不同的产业之间进行合作，使得回收、造纸、包装产业链上的三个环节之间的合作可以做得更好。

图 3　回顾枯燥材料（即 A3）

展望生动

A 公司将坚持开放理念，为产业链"搭建生态圈"，与合作伙伴共构产业互联网生态圈，搭建资源回收平台，优化再生资源回收体系。公司将坚持为价值客户提供绿色包装一体化解决方案，加强跨产业协同，深化"纵向一体化"模式，推进"回收—造纸—包装"跨产业链商业模式升级。

图 4　回顾生动材料（即 A4）

---

① 其他三种呈现方式为"A2、B3、C4、D1……M2、N3、O4、P1"与"A3、B4、C1、D2……M3、N4、O1、P2"以及"A4、B1、C2、D3……M4、N1、O2、P3"。

（三）实验流程

在实验过程中，被试会先阅读一段导入语，对实验的整体要求以及其所扮演的角色有一个大致的认知。之后，填写被试的个人特征（主要包括性别、投资经历、投资计划、与年报阅读相关课程的学习经历）。在实验当中，被试会假设自己是股票投资者，通过阅读某上市公司低碳创新信息披露的实验材料，从而评估该公司的吸引程度以及对该公司的投资意愿。即48位被试会看到前文所述的四种排列方式中的其中一种，每位被试在阅读完一段实验材料之后，就会对本文所设计的问题进行打分，所设计的问题包括该公司的吸引力程度，投资者的投资意愿，对于实验材料的生动性，实验材料中所提及的内容是否已经发生，以及是否能记住实验材料的相关内容进行判断。由此完成对于16段实验材料的阅读以及相关问题的回答。

（四）变量说明

本文的自变量设定为语言的生动性程度与文本内容的回顾与展望，生动性语言一般使用更具有文学色彩的词语，更能引起读者情感共鸣的词语，包括"水涨船高""大刀阔斧""稳扎稳打"等成语，或者使用更为丰富的修辞手法，比如排比、比喻、拟人、通感等。文本内容的回顾与展望，主要指所提供的实验材料内容是关于历史的，还是关于未来的。因变量包括对公司的投资意愿、投资可能性。这三个变量以被试打分结果作为数据来源，分值从1—100分。本文的中介变量为对于实验材料的记忆程度，以被试对于"您看完×××公司的信息后，能否记住以上信息"这一问题的打分结果作为数据来源，打分从1—7分，1分代表完全记不住，7分代表记住所有信息，从左向右对于信息的记忆程度依次递增。

四、实验结果与分析

（一）操纵性检验

为了检验实验中是否成功地对所设定的两个自变量进行了操控，在本次实验的问卷中设置了相应的问题要求被试进行回答。首先本文要求被试回答"您认为×××公司 ESG 报告中低碳创新部分所提供信息的生动程度为",请被试在 1—100 分之间进行打分。在生动材料的组别中的回答均值为 53.19 分显著高于材料的组别中的回答均值为 40.97 分（p<0.001），表明对于低碳创新信息披露的语言生动性程度的操纵是成功的。在回顾展望这一因素中，本次实验要求被试回答"请您评价×××公司 ESG 报告中低碳创新部分所提供的信息是否已经发生"，选择"已经发生"或者"尚未但将要发生"。本文在变量设定时，将已经发生设置为数值 1，将"尚未但将要发生"设置为数值 0。在回顾材料的组别中的回答均值为 0.83 显著高于在展望材料的组别中的回答均值为 0.09（p<0.001），表明本次实验对于实验内容的回顾和展望的操纵也是成功的。

（二）假设检验

本文将从公司对投资者的吸引力以及投资者的投资意愿来衡量语言的生动性程度如何对投资者的判断和选择产生影响。

第一，从公司对投资者的吸引力的角度出发，本文假设投资者在阅读企业的低碳创新信息披露时，生动性的语言能够使得公司对于投资者而言更具有吸引力。为了检验这一假设，本文进行方差分析（见表 1 Panel B1），语言的生动枯燥的主效应显著（F = 11.236，p = 0.001），以下表 1 Panel A1 显示了描述性统计的结果。本文发现投资者在看到生动语言时的打分显著高于看到枯燥语言时的打分。生动语言组别的均值为 50.35 显著高于枯燥组别的均值 44.55（p = 0.001）。上述结果表明，从公司对投资者的吸引力的角度出发，生动性的语言表述可以使得该公司对于投资者的吸引力更高。本文的假设 1 成立。除此之外，本文还发现低碳创新信息披露中的回顾部分的表述在公司吸引力程度上的得分会显著高于展望部分的描述（p<0.001）。在回顾部分的得分为 56.23，在展望部分的得分为 38.67。

第二，从投资者的投资意愿出发。本文假设低碳创新信息披露中的生动语言能够更好地激发投资者的投资意愿，为了检验这一假说，本文进行方差分析（见表 2 Panel B2），语言的生动枯燥的主效应显著（F = 10.116，p = 0.002），从 Panel A2 中可以看出生动情况下的均值 47.02 显著高于枯燥

表 1　公司吸引程度的检验结果

Panel A1：描述性统计（公司吸引程度）

信息披露语言的生动性				
回顾/展望		生动	枯燥	Average
回顾		59.65	52.81	56.23
		（25.12）	（23.40）	（24.51）
		$n = 192$	$n = 192$	$n = 384$
展望		41.05	36.29	38.67
		（24.60）	（22.44）	（23.66）
		$n = 192$	$n = 192$	$n = 384$
Average		50.35	44.55	47.45
		（26.54）	（24.37）	（25.64）
		$n = 384$	$n = 384$	$n = 768$

Panel B1：方差分析（公司吸引程度）

Source	Type III Sum of Squares	df	Mean Square	F	Sig.
Corrected Model	65 901.254[a]	3	21 967.085	38.221	<0.001
Intercept	1 729 286.783	1	1 729 286.783	3 008.805	<0.001
回顾展望	59 238.314	1	59 238.314	103.069	<0.001
生动枯燥	6 457.720	1	6 457.720	11.236	0.001
回顾展望×生动枯燥	205.220	1	205.220	0.357	0.550
Error	439 102.964	764	574.742		
Total	2 234 291.000	768			
Corrected Total	505 004.217	767			

a. $R^2 = 0.130$（Adj-$R^2 = 0.127$）

注：Panel A1 中无括号的数值表示所处组别的均值计算结果；括号内的数值表示所处组别的标准差计算结果。

情况下的均值 41.18（p = 0.002）。除此之外，本文还发现回顾部分的投资意愿得分 53.25，显著高于展望部分的投资意愿得分 34.96（p<0.001）。回顾展望的主效应显著（F = 99.344，p<0.001）。由此可见投资者对于使用生动语言来披露相关信息的公司的投资意愿会更高，回顾部分的表述相较于展望部分的表述而言，更能够激起投资者的投资意愿。

表 2　投资意愿的检验结果

Panel A2：描述性统计（投资意愿）

<table>
<tr><td colspan="4" align="center">信息披露语言的生动性</td></tr>
<tr><td>回顾/展望</td><td>生动</td><td>枯燥</td><td>Average</td></tr>
<tr><td rowspan="3">回顾</td><td>56.70</td><td>49.80</td><td>53.25</td></tr>
<tr><td>（26.78）</td><td>（25.54）</td><td>（26.39）</td></tr>
<tr><td>$n=192$</td><td>$n=192$</td><td>$n=384$</td></tr>
<tr><td rowspan="3">展望</td><td>37.34</td><td>32.57</td><td>34.96</td></tr>
<tr><td>（25.63）</td><td>（26.78）</td><td>（24.66）</td></tr>
<tr><td>$n=192$</td><td>$n=192$</td><td>$n=384$</td></tr>
<tr><td rowspan="3">Average</td><td>47.02</td><td>41.18</td><td>44.10</td></tr>
<tr><td>（27.94）</td><td>（25.97）</td><td>（27.13）</td></tr>
<tr><td>$n=384$</td><td>$n=384$</td><td>$n=768$</td></tr>
</table>

Panel B2：方差分析（投资意愿）

Source	Type III Sum of Squares	df	Mean Square	F	Sig.
Corrected Model	71 038.677[a]	3	23 679.559	36.598	<0.001
Intercept	1 493 896.333	1	1 493 896.333	2 308.907	<0.001
回顾展望	64 276.922	1	64 276.922	99.344	<0.001
生动枯燥	6 545.005	1	6 545.005	10.116	0.002
回顾展望×生动枯燥	216.750	1	216.750	0.335	0.563
Error	494 318.990	764	647.014		
Total	2 059 254.000	768			
Corrected Total	565 357.667	767			

a. $R^2=0.126$（Adj-$R^2=0.122$）

注：Panel B1 中无括号的数值表示所处组别的均值计算结果；括号内的数值表示所处组别的标准差计算结果。

（三）调节效应

接下来本文进行调节效应分析，本文仍旧从两个维度去验证中介效应，先从公司对于投资者的吸引力程度出发。数据结果表明低碳创新信息披露中的生动语言的使用对于投资者的投资意愿的影响在回顾和展望之中没有显著差异，都能够提升投资者的投资意愿。本文进行方差分析，表 3 Panel A1 的结果显示，回顾展望与信息披露语言的生动性程度的交互效应并不显著（F=0.357，p=0.55）。为了进一步验证这一结论，即无论是在回顾中还是在展望中语言的生动性水平都能够提升投资者的投资意愿这一说法。本文对信息披露语言的生动性进行了简单主效应分析，见表 3 Panel B1。

Panel B1 表明，在公司的回顾和展望部分使用生动性的语言表述都可以显著影响公司对投资者的吸引程度。在回顾部分中生动的语言表述显著提高了公司吸引力程度的打分结果（F=7.567，p=0.006）。在展望部分中生动的语言表述也会显著提高公司吸引力程度的打分结果（F=3.914，p=0.049）。上述结果表明，无论是在回顾还是展望中，语言的生动表述都能显著地影响投资者的判断，这一结果支持了研究假说 2。

表 3　公司吸引力程度的调节效应分析结果

Panel A1：方差分析（公司吸引程度）

Source	Type III Sum of Squares	df	Mean Square	F	Sig.
Corrected Model	65 901.254ª	3	21 967.085	38.221	<0.001
Intercept	1 729 286.783	1	1 729 286.783	3 008.805	<0.001
回顾展望	59 238.314	1	59 238.314	103.069	<0.001
生动枯燥	6 457.720	1	6 457.720	11.236	0.001
回顾展望× 生动枯燥	205.220	1	205.220	0.357	0.550
Error	439 102.964	764	574.742		
Total	2 234 291.000	768			
Corrected Total	505 004.217	767			

a. $R^2 = 0.130$（Adj-$R^2 = 0.127$）

Panel B1：信息披露语言的简单主效应分析（公司吸引力程度）

回顾/展望		Sum of Squares	df	Mean Square	F	Sig.
回顾	Contrast	4 482.667	1	4 482.667	7.567	0.006
	Error	226 290.240	382	592.383		
展望	Contrast	2 180.273	1	2 180.273	3.914	0.049
	Error	212 812.724	382	557.101		

从投资意愿这一角度进行衡量来检验调节效应,数据分析结果表明,低碳创新信息披露中的生动语言的使用对于投资者的投资意愿的影响在回顾和展望之中没有显著差异,都能够提升投资者的投资意愿。本文进行方差分析,表4 Panel A2所得出的结果显示回顾展望与生动枯燥的交互效应并不显著($F=0.335$,$p=0.563$)。本文进行信息披露语言的简单主效应分析,表4 Panel B2所得出的结果显示在公司的回顾和展望部分使用生动性的语言表述都可以显著影响投资者的投资意愿。在回顾部分中生动的语言表述显著提高了投资者投资意愿的打分结果($F=6.643$,$p=0.01$)。在展望部分中生动的语言表述也会显著提高公司吸引力程度的打分结果($F=3.615$,$p=0.058$)上述结果表明,无论是在回顾还是展望中,语言的生动表述都能够显著地影响投资者的判断,此处得出的结论与用投资可能性衡量下所得出的结果一致。

表4 投资意愿的调节效应分析结果

Panel B2:方差分析(投资意愿)

Source	Type III Sum of Squares	df	Mean Square	F	Sig.
Corrected Model	71 038.677[a]	3	23 679.559	36.598	<0.001
Intercept	1 493 896.333	1	1 493 896.333	2 308.907	<0.001
回顾展望	64 276.922	1	64 276.922	99.344	<0.001
生动枯燥	6 545.005	1	6 545.005	10.116	0.002
回顾展望× 生动枯燥	216.750	1	216.750	0.335	0.563
Error	494 318.990	764	647.014		
Total	2 059 254.000	768			
Corrected Total	565 357.667	767			

a. $R^2=0.126$ (Adj-$R^2=0.122$)

Panel C2:信息披露语言的简单主效应分析(投资意愿)

回顾/展望		Sum of Squares	df	Mean Square	F	Sig.
回顾	Contrast	4 571.940	1	4 571.940	6.643	0.01
	Error	262 920.557	382	688.274		
展望	Contrast	2 189.815	1	2 189.815	3.615	0.058
	Error	231 398.432	382	605.755		

至此本文已从两个不同角度即公司对投资者的吸引力程度和投资者的投资意愿这两个角度验证了本文所提出的假说。即本文可以发现在低碳创新信息披露中使用更加生动的语言可以使得公司对于投资者的吸引力水平大大提高，同时也能够提高投资者的投资意愿。其次，本文还发现无论是在展望还是回顾当中，低碳创新信息披露中生动的语言表述都能够使得公司对于投资者的吸引力水平有所提高，同时也能提高投资者的投资意愿。即低碳创新信息披露中生动的语言表述对于投资者所产生的影响在回顾和展望之中无显著的差异。除此之外，本文还发现低碳创新信息披露中回顾部分的内容比展望部分的内容更能够提高公司对于投资者的吸引力同时也能更好激起投资者的投资意愿。通过如下图 5 和图 6，能够更直观地观察到以上所述结果。

（四）中介效应

接下来本文将进行中介效应的分析，在现象学领域，对于生动性给出的定义就是在接收到信息后，如果物体被感知，心理意象反映视觉表征的

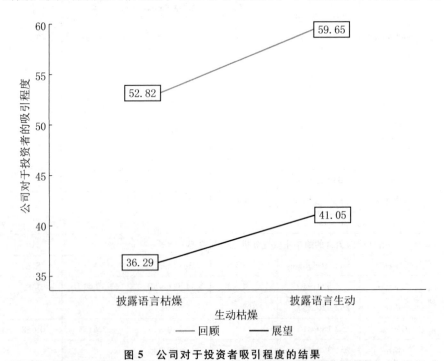

图 5　公司对于投资者吸引程度的结果

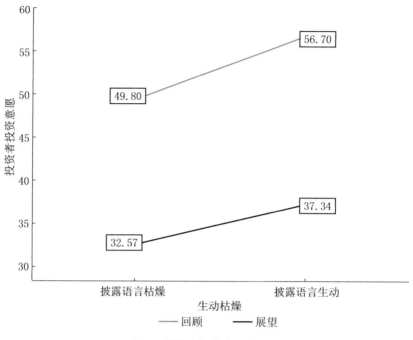

图 6　投资者投资意愿的结果

综合质量（包括特异性、细节、清晰程度和丰富性）的程度（Benussi，1925）。除此之外，生动性可以被认为是记忆数据库中可用内容的粗略代理；关于表征对象 X 或涉及 X 的关系的报告将或多或少地生动，这取决于关于 X 的信息被认为是完整或详细的密集梯度，反过来，这应该反映在行为中，例如"响应关于 X 的查询所需的时间"。这与心理学中的经典验证主义直接相关（Miller，2013）。在心理学中，在情景记忆中的生动性被定义为如果物体被感知，心理意象反映视觉表征的综合质量（细节、画面清晰度）的程度。这些内部心理图像的回忆高度依赖于长期记忆检索，也可以说，图像的生动度也高度依赖于记忆（D'Argembeau，2006）。由此本文认为低碳创新信息披露中的生动语言表述是通过影响读者（投资者）对于所披露信息的记忆程度，从而影响投资者所做出的判断和选择。温忠麟等（2014）的文章中指出，Baron 等（1986）的逐步回归是可以用于检验中介效应的常用方法。因此本文将使用逐步回归的方法来检验中介效应。本文所采用的技术方法为偏差校正的非参数百分位 Bootstrap 法，使用 SPSS 中

PROCESS 程序中的简单中介模型进行分析，中介模型结果如下表 5 所示，本文仍旧从两个维度去验证中介效应，先从公司对于投资者的吸引力程度出发。

自变量低碳创新信息披露语言的生动性水平显著影响了中介变量投资对所披露相关信息的记忆程度（$a_1 = 0.265$，$p = 0.0151$）自变量低碳创新信息披露语言的生动性水平显著影响了因变量公司对于投资者的吸引力水平（$b_1 = 5.931$，$p = 0.0013$）。当本文同时把低碳创新信息披露语言的生动性水平与投资者对所披露相关信息的记忆程度，以及公司对于投资者的吸引力水平同时放入一个模型中时，低碳创新信息披露语言的生动性水平仍旧显著影响公司对于投资者的吸引力水平（$c_1 = 3.235$，$p = 0.0286$）。

表 5　中介模型（公司吸引力程度）中各变量的回归分析

变量	模型 1 (自变量对因变量)		模型 2 (自变量对中介变量)		模型 3 (自变量、因变量与中介变量三者关系)	
	β	t	β	t	β	t
信息披露语言的生动性	5.931	3.225 *** (0.0013)	0.265	2.435 ** (0.0151)	3.235	2.193 ** (0.0286)
信息记忆程度					10.169	20.838 *** (<0.001)
R^2	0.013		0.008		0.371	
F	10.403 ***		5.931 **		225.261 ***	

注：括号内表示估计系数所对应的 p 值；*、** 和 *** 分别表示在 10%、5% 和 1% 的统计水平上显著。

并且中介效应的 Bootstrap 95% CI 不包含 0（[0.4749-4.8768]），表明中介效应显著，由此可以得出投资者对所披露相关信息的记忆程度，在低碳创新信息披露语言的生动性水平对于公司吸引程度的影响中起到部分中介的作用。中介效应占总效应的比例为 45.45%。所以本文提出的以投资者对所披露信息的记忆程度来作为中介变量是成立的。具体中介效应如下表 6 所示。

表 6　公司对于投资者的吸引力程度的中介回归结果

	效应值	标准误	Bootstrap 95%		占总效应比率
			下限	上限	
总效应	5.930 9	1.838 8	2.321 2	9.540 7	
直接效应	3.235 2	1.475 0	0.339 7	6.130 7	
间接效应	2.695 7	1.118 9	0.474 9	4.876 8	45.45%

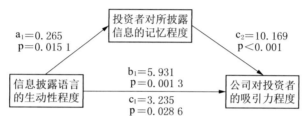

图 7　中介效应检验结果（公司吸引力程度）

接下来本文从投资意愿这一角度继续讨论本文所提出来的中介效应假设。自变量低碳创新信息披露语言的生动性水平显著影响了中介变量投资对所披露相关信息的记忆程度（$a_1 = 0.265$，$p = 0.015\ 1$），自变量低碳创新信息披露语言的生动性水平显著影响了因变量投资者的投资意愿（$b_1 = 5.961$，$p = 0.002\ 3$）。当本文同时把低碳创新信息披露语言的生动性水平与投资者对所披露相关信息的记忆程度，以及投资者的投资意愿同时放入一个模型中时，低碳创新信息披露语言的生动性水平仍旧显著影响投资者的投资意愿（$c_1 = 2.980$，$p = 0.050\ 6$）。

表 7　投资者投资意愿的中介回归结果

变量	模型 1（自变量对因变量）		模型 2（自变量对中介变量）		模型 3（自变量、因变量与中介变量三者关系）	
	β	t	β	t	β	t
信息披露语言的生动性	5.961	3.060*** (0.002 3)	0.265	2.435** (0.015 1)	2.980	1.958* (0.050 6)
信息记忆程度					11.246	22.334*** (<0.001)
R^2	0.012		0.008		0.402	
F	9.366***		5.931**		257.141***	

注：括号内表示估计系数所对应的 p 值；*、** 和 *** 分别表示在 10%、5% 和 1% 的统计水平上显著。

　　而且，中介效应的 Bootstrap 95%置信区间不包含 0（［0.618 3-5.507 7］），表明中介效应显著，由此可以得出投资者对所披露相关信息的记忆程度，在低碳创新信息披露语言的生动性水平对于公司吸引程度的影响中起到部分中介的作用。中介效应占总效应的比例为 50.01%。所以本文提出的以投资者对所披露信息的记忆程度来作为中介变量是成立的。具体中介效应如下表 8 所示。

表 8　投资者投资意愿的中介回归结果

	效应值	标准误	Bootstrap 95%		占总效应比率
			下限	上限	
总效应	5.961 3	1.947 9	0.002 3	2.137 4	
直接效应	2.979 9	1.522 0	0.050 6	6.130 7	
间接效应	2.981 4	1.248 2	0.618 3	5.507 7	50.01%

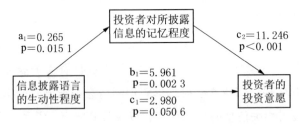

图 8　中介效应检验结果（投资者投资意愿）

　　综上所述，本文从公司吸引程度和投资者投资意愿两个角度验证了投资者对于所披露信息的记忆程度在低碳创新信息披露语言对于投资者判断的影响中起到中介作用。

五、研究结论与不足

　　本文通过心理学的理论和实验研究的方法，对低碳创新信息披露的语言特征进行研究和讨论。从两个维度出发（公司对投资者的吸引力程度、投资者的投资意愿）去研究低碳创新信息披露语言的生动性程度对投资者判断和选择的影响。研究发现上市公司在低碳创新信息披露中使用更为生动而非枯燥的语言能够提高公司对于投资者的吸引力程度并且提高投资者对于公司的投资意愿。此外，本文还发现低碳创新信息披露中回顾部分的表述相较于展望部分的表述更能够提高公司对于投资者的吸引力并且激起投资者的投资意愿。进一步研究发现在低碳创新信息披露中无论是在回顾部分还是在展望部分，使用更为生动的语言进行信息披露都能够提高公司对于投资者的吸引力程度并且提高投资者对于公司的投资意愿。在中介效应分析中，本文发现了低碳创新信息披露的生动性水平对于投资者判断产生影响的具体路径。本文通过偏差校正的非参数百分位 Bootstrap 法进行中介效应的分析，本文发现投资者对所披露信息的记忆程度在低碳创新信息披露的生动性水平对于投资者判断产生的影响当中起到部分中介的作用。

本文采用 2×2 的实验设计，第一个操纵的因素是回顾/展望：即所提供的文本信息要么是回顾历史的内容，要么是展望未来的内容。第二个操纵的因素是语言的生动性。选取了 16 家上市公司低碳创新表现的相关文本为基础材料进行实验材料的制作，选取 48 名金融学专业的学生作为被试，具体研究信息披露语言的生动性程度是否会对投资的投资判断和决策产生影响，并且研究这样的影响在回顾和展望中是否存在明显差异。本文的实验结果发现：信息披露的生动语言而非枯燥语言使用能够显著提升上市公司的吸引力，并增强投资者对上市公司的投资可能性，促进投资者投资意愿的上升。进一步研究发现，上述影响在回顾部分与展望部分中无明显的差异。

本文可能的理论贡献在于：其一，本文丰富了文本信息如何影响投资者决策的文献，尤其是拓展了生动语言或枯燥语言在不同类型文本中的影响研究（Hales et al., 2011）；其二，丰富了环境信息披露领域的相关研究，目前在该领域已经有了许多的相关研究，其中就包括环境信息披露对于上市公司的影响（卢静等，2019）、环境信息披露的现状以及其质量上存在的问题（强晓倩，2018），以及环境信息披露的影响因素（张泽天等，2020），而本文则更进一步聚焦于企业的低碳创新的信息披露，并且研究企业低碳创新信息披露的语言特征对于投资者选择的影响；其三，区别以往使用实证研究的方法进行上市公司财务报告的文本信息含量分析，本文利用实验研究的方法对上市公司财务报告进行了具体且细致的实验检验，克服了较为复杂的内生性问题，为未来该领域的研究提供了参考（Xu et al., 2022）。

　　本文将语言特征对于人所做出的选择判断的影响拓展到了财务信息披露的领域，研究了低碳创新信息披露中非财务语言的生动性程度对于投资者判断所产生的影响。但是本文还是存在着一些不足之处需要进行考量，一是样本局限性：本文研究的重点放在低碳创新信息披露中与低碳创新相关的相应表述和相对较小的样本容量进行实验；而不同内容的信息表述各公司之间会存在着不同的特点，这可能导致本研究存在一定的局限性。二是外部效应：实验室环境与实际投资决策环境存在差异；虽然实验方法有助于控制变量，但真实市场中的投资者可能会受到更多因素的影响，如市场情绪、宏观经济状况等。三是时间因素：本研究仅考察某一个特殊的时间点对于投资者判断选择的影响，而在实际投资环境下，投资者往往会在一个较长的时间周期中做出投资选择，往往投资者所做出来的投资行为与投资者所做出的投资选择和判断并非完全同步，所以未来的研究可以考虑研究进行一个更长周期以及信息不断动态变换的实验设计，更好地还原现实的投资环境，从而得出更好的研究结论。

参考文献

　　崔志伟、刘自敏、田露露等，2023，《企业 ESG 表现与融资约束——基于信息披露数量与质量的再讨论》，《产业经济评论》第 3 期：155—170。

　　高利芳、林梦春、翟胜宝，2023，《可视化年报与会计信息质量："表里如一"还是"表里不一"?》，《会计研究》第 6 期：31—46。

　　黄珺、朱攀，2015，《社会责任信息披露、管理层信任度与投资者决策》，《软科学》第 29 卷第 5 期：68—72。

　　林晚发、赵仲匡、宋敏，2022，《管理层讨论与分析的语调操纵及其债券市场反应》，《管理世界》第 38 卷第 1 期：164—180。

　　卢静、赵丹，2019，《环境会计信息披露对公司价值影响的实证研究》，《科技与管理》第 21 卷第 2 期：98—104。

　　强晓情，2021，《上市公司环境会计信息披露现状及对策研究》，《现代营销（经营版）》第 5 期：4—5。

　　屈小兰、胡杉杉，2022，《股权质押信息披露形式、信用风险揭示充分性与投资者决策》，《会计之友》第 15 期：33—40。

盛明泉、李志杰、汪顺，2024，《ESG 信息披露与企业全要素生产率》，《统计与信息论坛》第 8 期：88—100。

唐国平、李龙会，2011，《环境信息披露、投资者信心与公司价值——来自湖北省上市公司的经验证据》，《中南财经政法大学学报》第 6 期：70—77。

王化成、王芃芃、孙昌玲等，2022，《中国上市公司核心竞争力信息披露：现状、问题与改进建议》，《会计研究》第 8 期：14—29。

王永贵、李霞，2023，《促进还是抑制：政府研发补助对企业绿色创新绩效的影响》，《中国工业经济》第 2 期：131—149。

温忠麟、叶宝娟，2014，《中介效应分析：方法和模型发展》，《心理科学进展》第 22 卷第 5 期：731—745。

徐佳、崔静波，2020，《低碳城市和企业绿色技术创新》，《中国工业经济》第 12 期：178—196。

张晨、秦婧、曾欢，2016，《中国上市公司环境信息披露的经济后果研究——基于投资者决策行为的探讨》，《中国商论》第 9 期：14—17。

张戈辰、胡有顺，2022，《环境信息披露对机构投资者增减持行为的影响研究——基于我国重污染行业上市公司的实证分析》，《市场周刊》第 35 卷第 8 期：140—143+185。

张巧良、孙蕊娟，2015，《ESG 信息披露模式与投资者决策中的锚定效应》，《财会通讯》第 29 期：26—28+129。

张泽天、李蓓，2020，《低碳经济视角下的环境会计信息披露影响因素分析——基于造纸业上市公司的样本数据》，《中国林业经济》第 5 期：122—125。

朱怀一，2023，《基于投资者决策的环境信息披露对企业价值的影响研究》，《绿色财会》第 3 期：10—16。

邹甘娜、袁一杰、许启凡，2023，《环境成本、财政补贴与企业绿色创新》，《中国软科学》第 2 期：169—180。

Baron, R. M., and Kenny, D. A. 1986. "The Moderator-Mediator Variable Distinction in Social Psychological Research: Conceptual, Strategic and Statistical Considerations." *Journal of Personality and Social Psychology*, 51（6）：1173—1182.

Benussi, V. 1925. La Suggestione e L'ipnosi: Come Mezzi di Analisi Psichica Reale. N. Zanichelli.

Bozzolan, S., Trombetta, M., and Beretta, S. 2009. "Forward-Looking Disclosures,

Financial Verifiability and Analysts' Forecasts: A Study of Cross-Listed European Firms." *European Accounting Review*, 18 (3): 435—473.

Brown, N.C., Gale, B.T., and Grant, S. M. 2022. "How Do Disclosure Repetition and Interactivity Influence Investors' Judgments?" *Journal of Accounting Research*, 60 (5): 1775—1811.

Chen, M., and Chang, A.C.C. 2017. "Effects of Language Vividness and Explanation Plausibility on Nonprofessional Investors' Reactions to Earnings Warnings." *Journal of Accounting & Finance*, 17 (9): 2158—3625.

Davis, A.K., and Tama-Sweet, I. 2012. "Managers' Use of Language across Alternative Disclosure Outlets: Earnings Press Releases versus MD&A." *Contemporary Accounting Research*, 29 (3): 804—837.

Davis, A.K., Ge, W., Matsumoto, D., et al. 2015. "The Effect of Manager-Specific Optimism on the Tone of Earnings Conference Calls." *Review of Accounting Studies*, 20: 639—673.

Demers, E.A., and Vega, C. 2011. "Linguistic Tone in Earnings Announcements: News or Noise?" *SSRN Electronic Journal*.

Elliott, W.B., Rennekamp, K.M., and White, B.J. 2015. "Does Concrete Language in Disclosures Increase Willingness to Invest?" *Review of Accounting Studies*, 20: 839—865.

Feldman, R., Govindaraj, S., Livnat, J., et al. 2010. "Management's Tone Change, Post Earnings Announcement Drift and Accruals." *Review of Accounting Studies*, 15: 915—953.

Francis, J., Schipper, K., and Vincent, L. 2003. "The Relative and Incremental Explanatory Power of Earnings and Alternative (to Earnings) Performance Measures for Returns." *Contemporary Accounting Research*, 20 (1): 121—164.

Li, Z., Zhang, T., Zhao, X., et al. 2022. "Monitoring or Colluding? Institutional Investors' Heterogeneity and Environmental Information Disclosure Behavior." *Frontiers in Psychology*, 13: 911901.

Moser, D.V. 1992. "Does Memory Affect Judgment? Self-Generated versus Recall Memory Measures." *Journal of Personality and Social Psychology*, 62 (4): 555.

Nisbett, R.E., and Ross, L. 1980. *Human Inference: Strategies and Shortcomings of Social Judgment*. Englewood Cliffs, NJ: Prentice-Hall.

Pratoomsuwan, T., and Chiaravutthi, Y. 2023. "Willingness to Invest and the

Assurance of Corporate Social Responsibility Reports." *Corporate Social Responsibility and Environmental Management*, 30 (1): 192—208.

Reimsbach, D., and Hahn, R. 2015. "The Effects of Negative Incidents in Sustainability Reporting on Investors' Judgments—An Experimental Study of Third-Party versus Self-Disclosure in the Realm of Sustainable Development." *Business Strategy and the Environment*, 24 (4): 217—235.

Taylor, S.E., and Thompson, S.C. 1982. "Stalking the Elusive 'Vividness' Effect." *Psychological Review*, 89 (2): 155.

Riley, Tracey J., Semin, Gün R., and Yen, Alex C. 2014. "Patterns of Language Use in Accounting Narratives and Their Impact on Investment-Related Judgments and Decisions." *Behavioral Research in Accounting*, 26 (1): 59—84.

Yao, S., Li, T., Sensoy, A., et al. 2023. "Investor Attention and Environmental Information Disclosure Quality: Evidence from Heavy Pollution Industries in China." *International Journal of Finance & Economics*, 29 (3): 2971—2990.

Yu, E.P., Tanda, A., Luu, B.V., et al. 2021. "Environmental Transparency and Investors' Risk Perception: Cross-Country Evidence on Multinational Corporations' Sustainability Practices and Cost of Equity." *Business Strategy and the Environment*, 30 (8): 3975—4000.

基于高效贷款交换的在线
投资保护机制研究[*]

沈冰清[**]

摘要： 为网贷投资者提供流动性对于投资保护至关重要，尤其是在危机或极端情况下。现有的一些在线平台为 P2P 网络贷款的资金交易提供了二级市场。然而，它们未能实现公平性和高流动性。在本研究中，我们提出了一种新方法来促进 P2P 贷款持有人之间的贷款交换，为他们的资产带来流动性。该方法包括一个公平、令人满意的贷款交换体系，以解决公平性和用户参与问题。为了实现该系统，我们设计了一种贷款交换机制，用于搜索满意的汇率和计算贷款汇率。特别是提供了一种请求验证算法，以提高搜索效率。此外，还设计并实现了一个贷款交换模拟器，通过实验对该机制进行评估，结果表明所提出的机制适用于在线投资保护。

关键词： P2P　借贷　在线投资　交换体系　公平机制　用户期望

Abstract： Ensuring liquidity for online loan investors is crucial for safeguarding their investments, particularly during crises or extreme circumstances. While some existing online platforms offer secondary markets for trading P2P loans, they cannot ensure fairness and high liquidity. In this research, we introduce an innovative approach aimed at facilitating the exchange of P2P loans to enhance liquidity in their assets. Our proposed approach entails the development of a fair and effi-

---

　* 本研究受获中央高校基本科研业务费专项资助（项目编号：2023TS012）。

　** 沈冰清，上海外国语大学国际金融贸易学院副教授，研究方向为元宇宙技术。

cient loan exchange system to address issues related to fairness and user engagement. To realize this system, we have devised a loan exchange mechanism capable of facilitating searches for satisfactory exchange rates and calculating loan exchange rates. Additionally, we have designed and implemented a loan exchange simulator to assess the effectiveness of the mechanism through experiments, demonstrating its suitability for safeguarding online investments.

Keywords: P2P loan; online investment; exchange system; fairness mechanism; user expectancy

一、引 言

危机和极端情况（如疾病和冲突）使小企业公司面临信贷风险（Agca et al., 2020）。由于传统银行机构的高标准，它们很难从传统银行机构融资。在新冠疫情危机期间，P2P借贷平台吸引了更多借款人（Najaf et al., 2022），因为它们通过金融科技为小企业提供了替代性选择和低中介成本。然而，一些 P2P 平台通过扣留投资者的利息收入来设立"临时基金"，以解决困难时期的短期流动性问题，从长远来看，这可能会赶走投资者（Nigmonov and Shams, 2021）。此外，危机期间的 P2P 贷款往往利率较高，期限较长，没有经过充分的风险评估（Nigmonov and Shams, 2021），这使投资者面临违约风险。这些风险意味着贷款流动性对保护投资者投资的重要性。

证券化将多笔贷款打包成债券在二级市场上出售，是实现贷款流动性的一种方法。然而，由于资产透明度较低，P2P 贷款证券化可能会导致违约相互关联并造成系统性风险（Bavoso, 2020）。另一方面，一些 P2P 网络借贷平台为投资者提供了一个二级市场，以溢价或折价的方式买卖 P2P 贷款的持有量（Byanjankar et al., 2020），这可以满足贷款流动性的需求。然而，这种方法面临两个问题。首先是资产定价错误。由于投资者对资产的估值不同、信息不对称，同一资产的贷款在二级市场上可能会以不同的价格上市（Caglayan et al., 2020），这可能会诱发投资者的套利行为，带来不公平。此外，一项研究表明，现有的一些 P2P 贷款二级市场存在流动性不足的问题（Harvey，2018），投资者很难在票据到期前进行交易。

本研究通过提出一种提高贷款流动性的贷款交换方法来解决在线 P2P 贷款投资保护问题。在这种方法中，一些投资者可以用自己的贷款与其他投资者交换他们偏好的贷款。一个关键问题是贷款交换系统要满足公平性和用户参与性的要求，以克服现有 P2P 贷款二级市场中的套利和流动性不足问题。为此，我们首先提出了一种基于虚拟货币交易（VMX）的公平贷款交换体系。然而，如果产生的汇率低于预期，一些投资者将不愿参与。为了进一步提高用户参与度，我们将预期理论应用于一种新颖的贷款再分配策略，该策略将投资者的贷款交换动机与奖励汇率联系起来。通过贷款交换所带来的奖励性效应，该策略还能解决用户满意问题。然后，我们提出了一种高效的贷款交换机制来实现贷款交换体系。此外，我们还实施了一个贷款交换模拟器来评估所提出的方法。通过该模拟器，并进行了一系列实验，以显示该机制的有效性。

本文是通过贷款交换保护在线投资领域的一项开创性研究工作，为电子市场（Electronic Marketplace）领域做出了理论和方法上的贡献，包括：

1. 一种公平的贷款交换方案和一种令人满意的贷款再分配策略，并形式化地表达了帕累托最优性和用户满意度；

2. 一种高效的贷款交换机制，采用双重迭代策略来计算实现令人满意的贷款再分配模型，以及一种基于图连接性测试的请求验证方法；

3. 最后是贷款交换模拟器设计方法，用于组装机制中的各类组件并生成贷款交换率。

本文接下来的内容安排如下。第二小节介绍了一些相关的初步工作。第三小节提出了一个公平和令人满意的贷款交换系统，从理论上解决了公平性和用户参与问题。第四小节设计了一种高效的贷款交换机制来实现该系统。第五小节实现了贷款交换模拟器，并在此基础上进行了满意度实验。最后，第六小节总结了本研究。

二、基于虚拟货币交换的虚拟财富转移——预备工作

到目前为止，通过交换进行的财富转移只在虚拟货币系统中进行过研

究。Guo 和 Chow（2008）首次研究了虚拟货币系统，揭示了货币贬值导致体系崩溃的危险性。Guo 等（2009）研究了虚拟财富及其在现实和虚拟世界中的实现。考虑到虚拟财富在虚拟世界和现实世界之间流动，Guo 和 Gong（2011）研究了虚拟世界的生存状态和破产信号。

为了避免系统崩溃或破产造成的财富损失，Guo 等（2011）建立了虚拟财富保护制度与虚拟货币交换（Virtual Money Exchange，VMX）理论。它在虚拟财富形成理论的基础上，进一步将虚拟货币价值分为内在价值和可交换价值，并指出只有当总内在价值等于总可交换价值时，VMX 才是帕累托最优的，称为帕累托交换点。通过将货币供给视为内在价值、货币需求视为可交换价值，该项研究提出了一种公平的虚拟货币再分配策略，并通过虚拟汇率算法（VERA）加以实现，只有当所有虚拟货币的总供给和总需求相等时，才能达到帕累托交换点。

在根据帕累托交换点计算汇率时，一些卖方和买方可能会发现给出的汇率不符合他们的预期。例如，卖方可能打算以至少 125 单位的虚拟货币 Y 换取 1 000 单位的虚拟货币 X。换句话说，当根据帕累托交换点计算汇率并给出 $1X:10Y$ 时，卖方可能期望的是 $1X:8Y$。VMX 理论没有回答如何满足用户的虚拟汇率预期问题。

三、公平满意的贷款交易体系

（一）贷款交换请求者

贷款交换请求人（简称请求人）是指希望使用自己的贷款交换其他贷款的 P2P 贷款持有人。给定一组贷款 $\{L_1, L_2, \cdots, L_n\}$，则贷款交换请求（简称请求）为 $L_i \rightarrow (L_j, \cdots, L_k)$，即使用自己的贷款交换一个或多个其他贷款。这种请求称为原始请求。

（二）代币化贷款担保

用于交换的 P2P 贷款需要代币化为用于交换的贷款证券，其中包括以下三个步骤。

1. 首先，将所有请求的贷款票据面值按贷款类型汇总，得出每类贷款的总价值。例如，请求人 1 和请求人 2 希望用分别为 x 美元和 y 美元的贷款 L_1 换取其他贷款。那么，贷款 L_1 的总价值就是 $x+y$。

2. 接下来，将每笔贷款的总价值映射到用于交换的贷款抵押金额上。例如，z 美元贷款 L_1 被标记为 m 股 l_1 证券（如无歧义，则称为 m 股 l_1）。由于这种贷款证券不以货币计价，因此称为代币化贷款证券。

3. 最后，请求者收到其贷款的代币化证券。例如，请求者 1 有 x 美元的贷款 L_1 需要兑换，他们会收到 $(x \times m)/z$ 股 l_1 作为其代币化贷款证券。

通过贷款代币化，可以用 r'_{xy} 来定义一个请求，即用 r'_{xy} 股 l_x 交换一定数量的 l_y。值得注意的是，l_y 的金额是先验未知的。在交换过程中，同一类型的请求被合并为一个请求：$r_{xy} = r'_{xy,1} + r'_{xy,2} + \cdots + r'_{xy,n}$，其中 $r'_{xy,i}$ 是一个标记化请求，r_{xy} 是一个聚合请求。

（三）公平贷款交换方案

为了实现公平的贷款交换，我们证明可以通过帕累托最优化来建立公平的贷款交换市场。首先，公平贷款交换的定义如下。

定义 1（公平贷款交换）。给定一组请求，公平贷款交换所提供的贷款汇率 E^* 对所有请求者都是最优的。E^* 中的汇率称为公平汇率。

接着，我们参考 VERA 算法（Guo et al., 2011），提供一种公平贷款汇率算法，从而证明 E^* 的存在。VERA 算法的核心思想是一种再分配策略，它通过一组浮动汇率来调整供需之间的不平衡，从而达到均衡。该算法也是基于供需平衡假设建立的，现重新阐述如下。

假设 1（供求平衡）。一类贷款与其他贷款交换的货币供应总量总是等于其他贷款交换对该类贷款的需求总量。

我们具体描述一下公平贷款交换（Fair Loan Exchange, FLE）方案。根据假设 1，l_x 的总供给等于 l_x 的总需求，可用公式（1）表示。其中，$\sum_{y=1}^{n} s_{xy}$ 表示 l_x 对 $l_1, l_2, \cdots, l_n$ 的总供给，表示 l_x 与 $l_1, l_2, \cdots, l_n$ 交换后的未知总需求，特别地 $s_{xy} = ud_{xy} = 0$。

$$\sum_{y=1}^{n} s_{xy} = \sum_{y=1}^{n} ud_{xy} \tag{1}$$

在均衡点上，其他贷款交换对 l_x 的总需求也可以通过其他贷款交换对 l_x 的供给来反映。设 e_{xy} 为贷款 x 兑换贷款 y 的汇率。均衡点上的供需关系可用公式（2）表示。

$$\sum_{y=1}^{n} ud_{xy} = \sum_{y=1}^{n} s_{yx} e_{yx} \tag{2}$$

通过将 $\sum_{y=1}^{n} ud_{xy}$ 代入公式（2），公式（1）可转换为公式（3）。

$$\sum_{y=1}^{n} s_{xy} = \sum_{y=1}^{n} s_{yx} e_{yx} \tag{3}$$

最后，给定一组请求 $R = \{ \{r_{12}, r_{13}, \cdots, r_{1n}\}, \{r_{21}, r_{22}, \cdots, r_{2n}\}, \cdots, \{r_{n1}, r_{n2}, \cdots, r_{nn}\} \}$，将公式（3）扩展为一组交换，如公式（4）所描述。

$$\begin{cases} \sum_{y=1}^{n} r_{1y} = \sum_{y=1}^{n} r_{y1} e_{y1} \\ \sum_{y=1}^{n} r_{2y} = \sum_{y=1}^{n} r_{y2} e_{y2} \\ \vdots \\ \sum_{y=1}^{n} r_{ny} = \sum_{y=1}^{n} r_{yn} e_{yn} \end{cases} \tag{4}$$

通过求解公式（4），可以得到一组贷款汇率 $E = \{e_{11}, e_{12}, \cdots, e_{1n}, e_{21}, e_{22}, \cdots, e_{2n}, \cdots, e_{n1}, e_{n2}, \cdots, e_{nn}\}$。

通过将贷款交换模型的特征映射到（Guo et al., 2011）中描述的虚拟货币交换模型的特征，可以证明 FLE 方案产生的汇率是帕累托最优的，即 $E = E^*$。

帕累托最优意味着 FLE 计划中贷款的再分配将增加一些请求者的价值，而不会减少其他请求者的价值，这样的分配无法被进一步优化。因此，FLE 计划产生的 E 对所有请求者来说都是最优的，所以 $E = E^*$。总之，FLE 方案表明了公平贷款交换的存在，而公平贷款交换的条件就是应用 FLE 方案得出的贷款汇率。这意味着公平的贷款交换市场需要实现 FLE 方案，并且只向所有请求者返回 E^*，这为贷款交换机制设计和贷款汇率计算算法设计提供了目标。

（四）令人满意的贷款再分配战略

FLE 计划为制定贷款再分配策略奠定了坚实的基础。然而，用户可接受的再分配策略需要进一步解决预期问题，以产生令人满意的汇率。为解决这一问题，我们首先提出了一个令人满意的贷款再分配（Satisfactory Loan Redistribution, SLR）模型，该模型结合了（Vroom, 1964）和（Porter & Lawler, 1968）中的期望理论来解释用户期望和满意度，如图 1 所示。

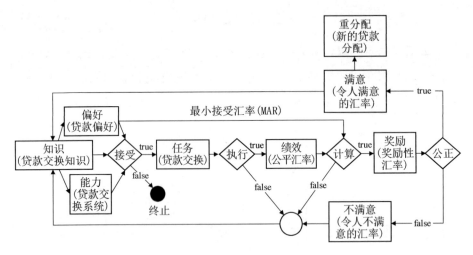

图 1　令人满意的贷款再分配模式

令人满意的贷款再分配模式包括六个步骤：

1. 首先，请求者根据自己对贷款交换的了解、偏好以及交换系统执行任务的能力决定是否接受贷款交换任务。如果请求者不接受任务，贷款再分配就会终止。

2. 其次，系统执行贷款交换任务。如果执行成功，就会产生一组公平利率。前两个步骤实现了弗鲁姆期望理论（Vroom, 1964）中的期望阶段，即能从绩效中感知到努力得到承认的概率。

3. 然后，根据用户偏好，将每个公平率与请求者的最低接受率（Minimum Acceptance Rate, MAR）进行比较。如果公平率大于或等于 MAR，则表示请求者感受到了奖励。这一步骤体现了弗鲁姆期望理论中的价值性和工具性（Vroom, 1964）。价值性是指对特定奖励的偏好程度，工具性则是指认为绩效会带来特定奖励的概率。期望值、价值和工具性的结合解释了请求者选择 MAR 的动机。

4. 接下来，将公平汇率集与所有请求的 MAR 进行比较。如果所有请求者都感受到了奖励，则表示公平汇率对所有请求都是满意的，称为满意汇率。这一步骤体现了波特和劳勒的期望模型（Porter and Lawler, 1968）中的奖励评估阶段，即通过将奖励与感知到的公平性进行比较来衡量满意度。在贷款交换中，获得满意的汇率意味着对所有请求者都是公平的。

5. 最终，采用令人满意的汇率生成新的贷款分配。否则，该交换任务会产生不满意的汇率，这些汇率将被丢弃。

6. 此外，生成的满意/不满意率，以及任务执行和奖励获取的失败率，都会被添加到贷款交换的历史记录中形成经验知识，供请求者今后选择 MAR 时参考。

基于 SLR 模型，用户满意度可通过计算得出。设 A 为任务接受度，P 为执行绩效，R 为奖励，Q 为公平，S 为满意。它们之间的关系可以用公式（5）来描述，即只有当贷款交换任务被接受（条件 1：$A=\text{true}$）、任务执行产生公平利率（条件 2：$P=\text{true}$）、获得奖励（条件 3：$R=\text{true}$）且奖励是公平的（条件 4：$Q=\text{true}$）时，贷款交换才是令人满意的（即 $S=\text{true}$）。

$$S = A \wedge P \wedge R \wedge Q \tag{5}$$

具体来说，条件 1—4 可以用数学方法阐述如下。如果一个任务被某些用户接受，它将由一些未完成的请求 R 反映出来，可用公式（5）表示；如果执行成功，它将生成一个不为空的 E^*，并且每个汇率都包含一个有效值，可用公式（6）表示；如果获得了奖励，至少有一个公平汇率大于或等于请求的 MAR，这可以用公式（7）表示；另外，如果根据奖励获感受到了公平，那么其余所有请求都会获得奖励，这可以用公式（8）表示。

$$A := (R \neq \varnothing) \tag{6}$$

$$P := (E^* \neq \varnothing) \bigwedge_{x,y} (e_{xy} \neq 0) \tag{7}$$

$$R := (e_{x_1 y_1} \geq MAR_{x_1 y_1, j}) \tag{8}$$

$$Q := \bigwedge_{\substack{x \neq x_1,\ y \neq y_1, \\ i \neq j}} (e_{xy} \geq MAR_{xy, i}) \tag{9}$$

将公式（5）代入公式（6）—（8），令人满意的交换的正式定义如下。

定义 2（令人满意的交换）。如果式（10）为真，则贷款交换的结果是令人满意的。

$$S = (R \neq \varnothing) \wedge (E \neq \varnothing) \wedge_{x, y} (e_{xy} \neq 0) \wedge_{x, y} (e_{xy} \geq \min_i MAR_{xy, i}) \quad (10)$$

可以证明，如果执行了有限数量的贷款交换任务，就可能存在令人满意的交换率，这为令人满意的贷款再分配策略的实施奠定了理论基础。特别是定义 2 描述了实现令人满意的贷款再分配的条件，这意味着在满足两个条件的情况下可以获得令人满意的汇率。首先，需要设计减少不合理请求的方法。其次，贷款交换任务的执行次数必须足够多。

四、高效的贷款交换机制

（一）机制概述

贷款交换机制包含七个步骤，包括请求收集、请求检验、方程生成、方程转换、方程求解、无偿请求删除和贷款分配，如图 2 所示。前六个步骤可以组织成一个双重迭代框架，实现令人满意的贷款再分配策略。此外，方程生成、转换和求解是汇率计算的三个主要步骤。另外，请求验证属于请求预处理过程，是汇率计算成功与否的关键。最后，贷款分配完成贷款交换过程。

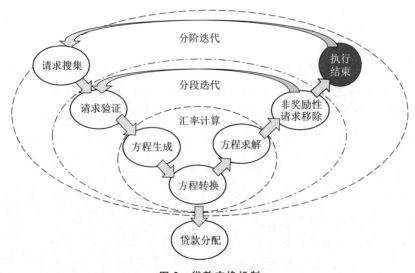

图 2　贷款交换机制

（二）双重迭代策略

基于双重迭代的策略将令人满意的贷款再分配策略可计算化，通过多次试验寻找满意的汇率。在该策略中，寻找一个满意交换的计算过程被分为 m 个阶，每个阶有 n 个段。m 个阶分别用 T_1，T_2，$\cdots$，T_m 表示。第 i 阶的 n 个段用 T_{i1}，T_{i2}，$\cdots$，T_{in} 表示。请求集用 R_{ij} 表示，在阶 i 和段 j 中是不同的。此外，如表 1 所示，搜索将分三个档位进行，包含分段迭代和分阶迭代，最终达到满意度水平。

表 1　三档贷款汇率定义

档位	描　　述
绩效档	这样就得到了一组公平汇率 E^*。这意味着公式（7）中的条件得到满足。
奖励档	在 E^* 中，一些公平率高于最低可得报酬率。这意味着得到了一些奖励汇率，并满足公式（8）中的条件。
满意档	在 E^* 范围内，所有汇率都是奖励汇率。这意味着获得了令人满意的汇率，满足公式（9）中的条件。

1. 分段迭代

该策略首先通过段迭代寻找令人满意的交换。在一个段 T_{ij} 内，通过计算汇率得到 E^*，从而达到绩效档。然而，在单个阶段，很可能达不到满意档，因为从某些请求中得到的汇率可能低于某些 MAR。这些请求被称为未满足请求，用 R_u 表示。解决这个问题的方法是在分段迭代中移除这些未满足的请求。在 T_{ij+1} 段，任务执行请求变为 $R_{ij+1} = R_{ij} \setminus R_u$。移除请求是合理的，以此去掉不合理的高 MAR，增加满足的机会。分段迭代的终止条件是搜索达到满意档，$|R_{ij+k}| < 2$，或者 $j+k=n$。

2. 分阶迭代

由于 $|R_{ij+k}| < 2$ 或 $j+k=n$，分段迭代可能无法达到满意度。为了解决这个问题，新的阶迭代开始接受新的请求，用 R_v 表示。新的阶迭代实际上是用新请求重置段迭代。在 T_{i+1j} 阶，任务执行请求变为 $R_{i+1j} = R_v \cup R_{in}$。分阶迭代为留在分段迭代中的请求提供了获得奖励的机会。阶迭代的终止条件是搜索达到满意度，$|R_{i+k'j}| = \varnothing$，或者 $i+k'=m$。

可以证明，如果 m 和 n 足够大，就能用双重迭代策略找到满意交换率。从用户的角度来看，请求有可能被移除而无法满足。在这种情况下，请求者可以从历史数据中吸取经验教训，在新的请求中相应地改变 MAR，并提交新的请求，最终可能在阶迭代中得到满足。

（三）请求检验

在计算贷款汇率之前，需要对请求进行验证，以确保贷款交换请求的需求端都配有对应的供应端。没有为需求贷款提供供应的请求为无效请求，称为孤儿请求。公式（3）中的孤儿请求是不可解的。然而，要正确找到所有的孤儿请求是困难的，下面几个例子可以说明这一点。一方面，如图 3（a）所示，贷款交换包括三个贷款（l_1、l_2 和 l_3）和四个请求（r_{12}、r_{21}、r_{31} 和 r_{32}）。其中，r_{31} 和 r_{32} 是孤儿请求，因为在 l_1 和 l_2 的交换中没有关于 l_3 的请求。如图 3（b）所示，在 l_3 的交换中也没有 l_1 的供应。另一方面，如图 3（c）所示，虽然也没有请求 r_{13}，但可以从 r_{12}、r_{24}、r_{43} 中得到交换 l_3 所需的 l_1。如果这三个请求都能满足，则 l_1 与 l_3 的交换仍可进行。因此，首先确定所有孤儿请求至关重要，这可以通过有向交换图来实现。

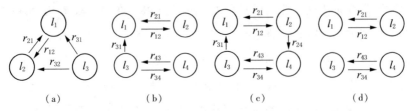

图 3 孤儿请求示例：（a）包含两个孤儿请求，（b）包含一个孤儿请求，（c）和（d）不包含孤儿请求

1. 有向交换图

给定一组请求 R，可以从中构造出一个有向交换图 $G_R = (L, R)$，其中 L（一组交换贷款）表示图中的顶点，R 表示图中的弧。在 G_R 中，一条从 l_a 到 l_n 的路径（用 $F_{a \to n}$ 表示）是由 n 个请求 r_{ab}，r_{bc}，$\cdots$，r_{mn} 组成的序列，其中第 i 个请求的需求就是第 $(i+1)^{th}$ 个请求的供给。那么，一个周期包含一组请求 $\{r_{ab}, r_{bc}, \cdots, r_{na}\}$，且（1）存在 $F_{a \to n}$；（2）$F_{a \to n}$ 上最后一个请求的需求就是 $F_{a \to n}$ 上第一个请求的供给。根据孤儿请求的定义，可以通过在

G_R 中搜索包含 l_x 和 l_y 的循环来验证请求 r_{xy}，但对于较大的 R 来说，这种方法效率很低。

定义 3（强连接有向交换图）。如果对于任意两个顶点 l_x，$l_y \in L$，G_R 中存在一个包含 $\{r_{xy}, r_{yx}\}$ 或 $\{r_{xp}, r_{yq}, r_{qi}\}$ 的循环，其中 l_p，$l_q \in L$，则 G_R 是一个强连接有向交换图。

根据定义 3，可以采用以下条件检验请求：如果 G_R 是强连接的有向交换图，则它不包含孤儿请求，这是验证请求合法性的一个强条件。通常，一个 G_R 可能包含多个不相连的子图，称为 G_R 的组件。如果在每个组件中，每个请求的贷款供应和需求都匹配，如图 3（d）所示，则 R 仍然有效。在这种情况下，只需确保组件内的连通性即可，下面的定义正说明了这一点。

定义 4（强连接成分）。如果 E 是 G_R 的子图且该子图是强连接的，则 E 是 G_R 的强连接组件。

可以证明，如果 E 是 G_R 的强连接组件，那么它就不包含孤儿请求。

2. 孤儿请求识别

根据定义 4 可以通过两级检验来识别孤儿请求。

a. 图级验证。首先，给定一个 G_R，我们用 Tarjan 算法（Tarjan，1972）检查它的连通性。如果 G_R 是强连接的，则 R 不包含孤儿请求，验证过程结束。否则，将进入组件级验证。

b. 组件级验证。如果 $R \setminus A = \varnothing$，则表示 R 不包含孤儿请求，验证过程结束。否则，我们通过 $R_o = R \setminus A$ 找到所有的孤儿请求。最后，我们可以通过消除有效请求来获得有效请求。

（四）汇率计算

有了一组有效的请求，就可以通过求解公式（4）计算出它们的汇率。然而，公式（4）很难求解，因为它包含 n 个方程，有 $(n-1)^2$ 个变量，即 $\{e_{12}, e_{13}, \cdots, e_{1n}, e_{21}, e_{23}, \cdots, e_{2n}, \cdots, e_{n1}, e_{n2}, \cdots, e_{n-1n}\}$。为便于计算，引入一个虚拟贷款证券 l_0，该证券在市场上没有请求。有了 l_0，请求 r_{xy} 可以分为 r_{x0} 和 r_{0y}，即先提供 r_{x0} 份 l_x 换取一定量的 l_0，然后再提供 l_0 的总量换取一定量的 l_y。另外，汇率 e_{xy} 也可以通过公式（11）转换为 e_{x0} 和 e_{y0}

$$e_{xy} = e_{x0}/e_{y0} \tag{11}$$

通过对 $r_{xy} = r_{yx}e_{yx}$ 的转换，可将其转换为 $r_{xy}e_{x0} = r_{yx}e_{y0}$。同样，公式（4）也可以转换为公式（12）。

$$
\begin{cases}
e_{10} \displaystyle\sum_{y=1}^{n} r_{1y} = \displaystyle\sum_{y=1}^{n} r_{y1}e_{y0} \\[2mm]
e_{20} \displaystyle\sum_{y=1}^{n} r_{2y} = \displaystyle\sum_{y=1}^{n} r_{y2}e_{y0} \\[2mm]
\qquad\qquad \vdots \\[2mm]
e_{n0} \displaystyle\sum_{y=1}^{n} r_{ny} = \displaystyle\sum_{y=1}^{n} r_{yn}e_{y0}
\end{cases}
\tag{12}
$$

公式（12）有两个解。在一个解中，所有 e_{x0} 的值都等于 0，这是一个平凡解。为了得到非平凡解，公式（12）被写成矩阵形式，即

$$
\begin{bmatrix}
r_{11} & r_{21} & \cdots & r_{n1} & \displaystyle\sum_{y=1}^{n} r_{1y} \\[4mm]
r_{12} & r_{22} & \cdots & r_{n2} & \displaystyle\sum_{y=1}^{n} r_{2y} \\[2mm]
 & & \vdots & & \\[2mm]
r_{1n} & r_{2n} & \cdots & r_{nn} & \displaystyle\sum_{y=1}^{n} r_{ny}
\end{bmatrix}
$$

由于矩阵包含 n 个自变量，有 n 行和 $n+1$ 列，因此可以通过基本行运算将其转换为简化行阶梯形（RREF）矩阵。

$$
\begin{bmatrix}
1 & 0 & \cdots & 0 & e_{10}^{*} \\
0 & 1 & \cdots & 0 & e_{20}^{*} \\
 & & \vdots & & \\
0 & 0 & \cdots & 1 & e_{n0}^{*}
\end{bmatrix}
$$

设公式（12）的解为 E_0^{*}，即 $e_{10} = e_{10}^{*}$，$e_{20} = e_{20}^{*}$，$\cdots$，$e_{n0} = e_{n0}^{*}$。最后利用公式（12）将 E_0^{*} 转换为 E^{*}，即可得出公式（4）的解。

（五）贷款分配

在计算出汇率后，就可以对贷款进行重新分配，并将汇率应用到请求

中，从而得出交换结果。设 r'_{xy} 为原始请求。r'_{xy} 的回报计算公式为 $t_{xy}=r'_{xy}e_{xy}$。在贷款交换结束时，请求者收到的贷款 L_y 的价值为 $t_{xy}Y/\sum_x r_{xy}$，其中 Y 为贷款 L_y 的总价值。

五、仿真实现与实验评估

（一）模拟器设计

模拟器软件架构如图4所示。它包含三个层次：运行基础设施、贷款交换引擎和用户界面。运行基础设施维护贷款交换历史并提供计算工具。贷款交换引擎实现贷款交换机制的各个组成部分。用户界面为用户与模拟器的交互提供图形化界面。在用户界面中，MAR 值的生成被限制在 $[\bar{e}_{xy}(1-k\%),\ \bar{e}_{xy}(1+k\%)]$ 范围内，该范围代表汇率 e_{xy} 的历史平均值，k 是一个称为 MAR 范围的系统变量。整个模拟器基于 Java 环境运行。

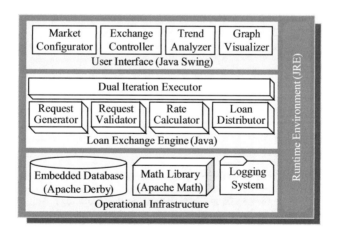

图4　贷款交换模拟器组件

在模拟器中，贷款交换引擎通过四个例程实现贷款交换机制：请求生成器、请求检验器、利率计算器和贷款分配器。这些例程被封装到一个双重迭代执行器中，以运行整个贷款交换流程，如算法1所示。

算法 1. 贷款交换集成机制

1.　　　For $m<M$,　　　　　　//Configure stage limit M
2.　　　and initialize $m=0$
3.　　　　$R' \leftarrow R' \cup$ GenerateRequests（）　　　//Call
4.　　　Request Generator
5.　　　　$R \leftarrow$ AggregateRequests（R'）
6.　　　For $n<N$,　　　//Configure phase limit M and
7.　　　initialize n = 0
8.　　　　$R_u \leftarrow$ RemoveOrphans（R）
9.　　　　$R \leftarrow R \setminus R_u$
10.　　　　$E^* \leftarrow$ CalculateExchangeRates（R）//Call Rate
11.　Calculator
12.　　　　If $E^* \neq \varnothing$, then　　　　　　　　//
13.　Performance level check
14.　　　　For $\forall r \in R$,
15.　　　　　$e \leftarrow$ findRate（r）
16.　　　　If $e<r. MAR$　　　　　　//
17.　　　　Reward level check
18.　　　　　　$R_u \leftarrow R_u \cup \{r\}$
19.　　　　End If
20.　　　End For
21.　　　If $R_u = \varnothing$　　　　　　　//
22.　　　Satisfaction level check
23.　　　　$T \leftarrow$ CalculateReturns（r）//Call Loan
　　　　　Distributor
　　　　　Return T
　　　　End If
　　　End If
　　　$n \leftarrow n+1$
　　End For
　　$m \leftarrow m+1$
　End For

（二）仿真实验

1. 实现令人满意的汇率的实验

在实验 1 中，我们使用满意汇率（Satisfactory Exchange Achievement Rate, SEAR）来检验统计中满意汇率（Satisfactory Exchange Rate, SER）的规律性达成情况，以及不同设置对规律性的影响。SEAR 的计算公式为公式（13）。

$$SEAR = \frac{Number\ of\ SER}{Number\ of\ Stages} \tag{13}$$

实验的目的是评估与 SEAR 相关的因素。测试用例可分为三组，分别考察 SEAR 与 MAR 范围、请求数和贷款数的关系。表 2 列出了本实验的默认设置。此外，在本实验中，我们假设事先不知道请求模式。基于这一假设，所有请求都是独立随机生成的。

表 2　实验 1 的默认设置

参　数	值
仿真时长	1 000 时间步
最小交易请求数	2
最小交易请求金额	10
最大交易请求金额	1 000

　　表 3 展示了使用不同参数进行的实验和结果。很明显，所有测试案例都存在满意点，这证实了贷款交换策略的正确性。为了进行更深入的分析，我们使用了有效请求数（Number of Effective Requests，NER）这一干扰变量，以方便对结果进行解释。有效请求数近似于每个阶段中无孤儿请求的平均请求数。

表 3　实验 1 结果

案例编号	MAR 范围	请求数	贷款种类	每阶中的段迭代数	每段中的有效请求数	NER	SEAR（%）
1	10	10 819	3	1.72	6.09	10.47	0.6
2	50	10 929	3	1.83	6.48	11.86	6.4
3	100	11 134	3	2.08	6.99	14.54	34.6
4	150	10 810	3	1.89	6.73	12.72	25.3
5	200	11 055	3	1.76	6.90	12.14	20.8
6	250	11 112	3	1.71	6.82	11.66	14.2
7	500	11 020	3	1.41	7.68	10.83	6.6
8	1 000	10 861	3	1.23	8.58	10.55	2.6
9	100	20 582	3	2.71	12.56	34.04	58.6
10	100	31 279	3	3.08	18.35	56.52	73.5
11	100	41 909	3	3.28	24.17	79.28	82.6
12	100	50 746	3	3.34	29.43	98.30	85.8
13	100	10 872	2	2.05	8.21	16.83	45.9
14	100	11 050	3	2.07	6.97	14.43	33.5
15	100	11 227	4	1.89	6.51	12.30	24.8
16	100	10 730	5	1.71	6.19	10.58	17.1
17	100	10 838	10	1.39	4.97	6.91	10.4

测试组 A（案例 1—8）检验了 SEAR 与 MAR 范围的关系。通过改变 MAR 范围的值，MAR 选择范围增大，这意味着可以请求更大的 MAR 值。测试组 B（案例 9—12）检验 SEAR 与请求次数的关系，测试组 C（案例 13—17）检验 SEAR 与贷款种类的关系。所有实验结果都证实了 SEAR 与 NER 之间的正相关关系。特别地，测试组 A 的结果显示 MAR 范围与 SEAR 之间的关系呈抛物线形。最大 SEAR 出现在 MAR 范围等于 100 时。这说明 MAR 选择范围过大或过小都可能导致 SEAR 值偏低。

2. 验证请求的实验

在实验 2 中，在给定的时间内会产生和处理大量的请求。表 4 列出了该实验的默认设置，该实验只使用了少量的贷款种类。此外，由于 MAR 与本实验无关，因此本实验中不指定 MAR。

表 4 实验 2 的默认设置

参数	值
贷款数	5
每个时间步内的交易请求数	10
仿真时长	100 时间步

表 5 列出了实验 2 的统计结果。平均而言，有请求验证的案例的成功交换次数是无请求验证案例的 1.24 倍。这意味着删除孤儿请求可以有效提高贷款交换的成功率，这在所有交换实例中都可以得到验证。

表 5 实验 2 结果

交换	无请求检验执行下的成功交换数	带请求检验执行下的成功交换数
l_1-to-l_2	50	51
l_3-to-l_1	53	56
l_3-to-l_4	49	58
l_3-to-l_2	47	55
l_1-to-l_4	51	56
l_4-to-l_2	52	56
l_1-to-l_5	52	53
l_3-to-l_5	48	60
l_4-to-l_5	44	57
l_2-to-l_5	45	55
Average	49.1	55.7

　　实验结果还绘制在趋势分析器中（如图 5 所示），显示了两个选定贷款之间的交换趋势。通过比较两种设置的趋势可以看出，请求检验可以增加历史数据的数量。由于 MAR 选择和未来汇率预测在很大程度上依赖于市场趋势，因此增加历史数据可以改善用户的市场操作。

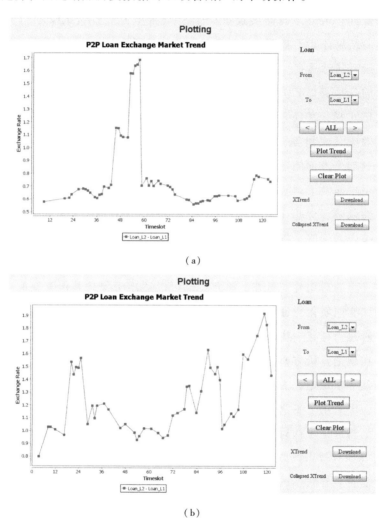

（a）

（b）

图 5　（a）无请求检验与（b）包含无请求检验下的贷款汇率趋势

六、总结与展望

　　本文提出了一种新的贷款交换方法，通过提高贷款流动性来保护在线投资。为了实现贷款交换系统，我们运用 VMX 理论提出了公平的贷款交换方案，并根据期望理论提出了令人满意的贷款再分配策略。通过贷款交换体系，我们可以获得公平和令人满意的贷款交换汇率，并提高用户的参与度，从而获得更高的流动性。为了实现该系统，我们还提供了贷款交换的机制设计。最后，我们实现了一个模拟器作为观察贷款交换行为的平台。实验结果证实了我们所设计的机制的正确性。

本研究同时具有一定的现实意义。在中国，P2P 借贷市场受到严格监管，目前几乎所有 P2P 平台都已被关闭。究其原因主要来自非法吸收存款风险（陈小杉，2016）、信用风险高（蒋先玲等，2020）、信息不对称造成的跟风效应（谈超等，2014），以及缺乏有效的市场监管机制（米晓文，2019）这四个方面问题。本文所提方法通过贷款流动性的提高给不同风险偏好的用户提供了调整资产结构的途径，优化用户资产配置，进而起到降低流动性风险、保护个人资产的效果。同时，P2P 借贷具有低融资门槛、低成本等内在价值。将来随着技术及市场的发展，若国内重新开放 P2P 网络借贷或以一种新形式出现（例如基于区块链的 P2P 网贷），我们的方案仍具有一定的适用性。另外，该方案也可以适用于保护其他类型的个人资产，例如非同质化凭证（Non-Fungible Right）。

本研究仍具有一些局限性。未来进一步的工作将在以下几个方面开展。首先，在理论分析方面，我们目前的研究仅引入了帕累托最优性、用户满意度等经济学理论，为公平机制提供了理论基础，但缺乏对这一理论的事后分析，即采用公平满意的贷款交换体系对市场可能造成的影响。未来，我们规划将进一步探讨贷款交换如何影响市场稳定性，以及如何与现有金融理论（如有效市场假说、信息不对称理论）相融合。长期来看，采用贷款交换是否会导致新的系统性风险，如过度依赖贷款交换导致市场波动增大、贷款质量下降等，我们也将对此进行深入评估。

其次，在技术实现方面，本研究通过引入虚拟货币交易（VMX）的概念，为解决资产定价和流动性问题提供了新思路，并在求解上采用与 VMX 理论一致的条件，即在所有贷款内部价值与外部需求达成一致这一特殊情况下得到帕累托均衡点，缺乏对该条件在 P2P 贷款场景下的定义和适配。接下来，我们将对贷款交换的具体操作细节采用更加严谨的数学模型推导，包括达到帕累托均衡点的一般条件，并进一步探索确保汇率公平性和动态调整的机制，以及处理非帕累托最优情况下用户期望管理的方式。

在验证评估方面，目前仅采用模拟器结合随机产生的仿真产生数据进行实验，该方法缺乏对现有市场特点和规律的反映，以及与实际情况的一致性。为了克服这个问题，未来规划将理论模型与历史交易数据相结合验证模型的有效性。同时增加对照组设计，对比分析不采用所提机制情况下，P2P 贷款流动性和公平性的问题，以便更直观地展示改进效果。此外，我们还将增加更多实验，比如使用不同参数设置模型时，评估贷款决策会发生怎样的变化；如果贷款交换请求者根据以往的经验采取行动，交易又将如何进行。最后，为了进一步证明该模型的适用范围，我们将验证其在不同情况下（尤其是极端情况下）的投资保护能力。

最后，从可行性和实用性的角度来看，我们需要一个去中心化的贷款交易市场来支撑所提出的贷款交易体系。为了进一步实现可靠性、透明性和可追溯性，我们计划为交易系统实现一个模块化的、基于区块链的市场框架，以展示本研究的可行性和实用性。同时，为了评估在线投资保护方案的有效性，我们也将在下一步工作中探讨一种衡量贷款流动性改善情况的方法。

参考文献

米晓文，2019，《国内外 P2P 网络借贷监管政策比较研究》，《北京金融评论》，第 1 期：80—86。

蒋先玲、张庆波、程健，2020，《P2P 网络借贷市场信用风险识别》，《中国流通经济》，第 4 期：67—75。

谈超、孙本芝、王冀宁，2014，《P2P 网络借贷平台的羊群行为研究——基于 Logistic 模型的实证分析》，《南方金融》，第 12 期：30—37。

陈小杉，2016，《论 P2P 平台非法吸收公众存款罪风险及承担》，《时代法学》，第 3 期：31—37。

Agca, S., Birge, J. R., Wang, Z., & Wu, J. 2020. The impact of COVID-19 on supply chain credit risk. *Available at SSRN 3639735.*

Bavoso, V. 2020. "The promise and perils of alternative market-based finance: the case of P2P lending in the UK." *Journal of Banking Regulation*, 21 (4), 395—409.

Byanjankar, A., Mezei, J., & Wang, X. 2020. *Analyzing Peer-to-Peer Lending Secondary Market: What Determines the Successful Trade of a Loan Note?* BT-Trends and Innovations in Information Systems and Technologies, Á. Rocha, H. Adeli, L. P. Reis, S. Costanzo, I. Orovic, & F. Moreira (eds.); pp.471—481, Springer International Publishing.

Caglayan, M., Pham, T., Talavera, O., & Xiong, X. 2020. "Asset mispricing in peer-to-peer loan secondary markets." *Journal of Corporate Finance*, 65, 101769.

Guo, J., & Chow, A. 2008. "Virtual Money Systems: A Phenomenal Analysis." *2008 10th IEEE Conference on E-Commerce Technology and the Fifth IEEE Conference on Enterprise Computing, E-Commerce and E-Services*, 267—272.

Guo, J., Chow, A., Gong, Z., & Sun, C. 2009. "Virtual Wealth Realization in Virtual and Real Worlds." *2009 IEEE International Conference on E-Business Engineering*, 85—94.

Guo, J., Chow, A., & Wigand, R. T. 2011. "Virtual wealth protection through virtual money exchange." *Electronic Commerce Research and Applications*, 10 (3), 313—330.

Guo, J., & Gong, Z. 2011. "Measuring virtual wealth in virtual worlds." *Information Technology and Management*, 12 (2), 121—135.

Harvey, S. 2018. *Lending Club's Note Trading Platform Facade: An Examination of Peer-to-Peer (P2P) Lending Secondary Market Inefficiency* [University of Dayton].

Najaf, K., Subramaniam, R. K., & Atayah, O. F. 2022. "Understanding the implications of FinTech Peer-to-Peer (P2P) lending during the COVID-19 pandemic." *Journal of Sustainable Finance & Investment*, 12 (1), 87—102.

Nigmonov, A., & Shams, S. 2021. "COVID-19 pandemic risk and probability of loan default: evidence from marketplace lending market." *Financial Innovation*, 7 (1), 83.

Porter, L. W., & Lawler, E. E. 1968. *Managerial Attitudes and Performance*. Irwin-Dorsey Press.

Tarjan, R. 1972. "Depth-First Search and Linear Graph Algorithms." *SIAM Journal on Computing*, 1 (2), 146—160.

Vroom, V. H. 1964. *Work and Motivation*.

上市公司治理

权力距离对家族企业治理的影响研究[*]

岳希峻　邓佩云[**]

摘要：家族企业是全球经济发展的有力驱动因素。然而，家族控制所引发的治理缺陷、资金困难等问题，让诸多家族企业陷入了困境。权力距离关注社会对权力分配不平等的接受程度。本文从文化差异和企业治理结构的视角出发，研究了在不同文化背景下权力距离对家族企业控制程度和家族持股水平的影响。本文以全球范围内的家族企业为研究样本，以霍夫斯泰德权力距离指数为核心解释变量，构建了权力距离与家族控制之间的双向固定效应模型。结果表明，权力距离越高，家族控制程度和家族持股水平越高。本文还从企业管理者的视角提出建议，包括关注文化等宏观因素对企业治理带来的影响；适当放松对企业的控制，采用更科学的控制结构和更高效的管理方式；合理放开股权融资，发挥股权在筹集资金、激励员工方面的作用等。

关键词：权力距离　家族控制　家族企业治理结构　家族持股水平

Abstract：Family businesses serve as crucial engines for economic development globally. However, governance flaws and financial constraints resulting from family control impair such momentum. Power distance is defined as the extent to

---

* 本研究受上海市白玉兰人才计划浦江项目"信任与企业年金领取方式选择的机制研究"（23PJC079）的资助。

** 岳希峻，上海外国语大学国际金融贸易学院本科生，主要研究方向为战略管理、公司金融；邓佩云，上海外国语大学国际金融贸易学院讲师，主要研究方向为社会保障、养老金融。

which a society accepts the fact that power is distributed unequally. This paper examines the impact of power distance on family control and shareholding from the perspectives of cultural differences and the governance structure of family businesses. Using family businesses worldwide, we construct Hofstede's Power Distance Index and build a two-way fixed effects model to explore the association between power distance and family control. We find that higher power distance corresponds to higher levels of family control and family shareholding. Paying more attention to macro factors such as culture on corporate governance, loosening control over the enterprise and adopting more scientific and efficient control structures, as well as rationalizing equity financing to leverage the role of equity in fundraising and employee motivation benefit the family businesses' governance.

Keywords：power distance；family control；family business governance structure；family shareholding

一、引　言

家族企业在全球经济活动中扮演着重要的角色。保守估计，世界范围内家族企业占企业总数的 65% 到 85%（Family Firm Institute, Inc., 2013）。在全球 500 强企业中，15% 是家族企业（McKinsey, 2014）。家族企业每年创造了全球 70% 的 GDP，并提供了 60% 的就业机会（McKinsey, 2024）。家族企业在中国近现代经济发展历程中也发挥了重要作用，85.4% 的私营企业采用了家族控制的治理模式（中国民 [私] 营经济研究会，2011）。传统宗族观念下的"家族企业家精神"是推动当代中国经济改革发展的关键动力之一（李新春和张书军，2005）。

然而，我国家族企业的发展也面临诸多挑战。家族企业面临着内部控制存在缺陷、代际传承遭受考验、创新能力逐渐减弱、资金融通陷入困境等问题。究其根源，家族企业内部治理缺陷是重要原因之一。一方面，家长式管理方式盛行，内部治理结构形同虚设，职业化的管理缺失。家族企业的控制权高度集中在个人手中，家族管理与企业管理混杂。公司缺乏合理的内部治理机制。例如，董事会、监事会等机构没有对决策权起到监督和约束的作用。家族企业的管理层长期被家族成员占据,外来优秀人才难以对公司发展产生积极的影响。另一方面,股权融资被限制,股权结构单一。多数家族企业为了维系家族对企业的绝对控制权,在融资时很少选择股权融资,而倾向于债权融资,从而加剧了融资难题。因此,家族对家族企业的过度控制使得企业陷入困境。

学界对企业中家族控制这一独特现象的关注,始于 Channon(1973),他基于家族控制的视角对家族企业做出了开创性的定义。此后,大量研究视家族控制为识别家族企业的标志与核心特征(苏忠秦和黄登仕,2012;朱丽娜等,2022),并开始研究这一现象的成因以及对家族企业的影响。一些学者基于财务视角,运用代理理论(王明琳和周生春,2006;Chrisman et al.,2005;Karra et al.,2006)、管家理论(范黎波等,2016;Miller et al.,2007),以及大股东理论(La Porta et al.,2000;Le Breton-Miller and Miller,2011)等传统公司治理理论来寻找家族成员控制家族企业的动机,但这些研究无法解释那些不利于财务目标的家族控制行为。Gómez-Mejía 等(2007)率先从非财务视角研究家族控制,指出家族成员可能会为了"维系控制""保证传承"等非财务目标,而放弃收益最大化这一传统决策指标。这一理论为研究家族控制提供了全新视角,成为后续家族企业研究的重要基础。然而,现有研究视家族企业为一个同质化的群体,忽视了家族企业内部的异质性。事实上,家族控制行为来自家族成员,而不同企业中家族成员的行为动机、思想观念、管理风格、决策方法千差万别。探寻家族企业内部的异质性,分析不同家族企业中家族控制存在不同的原因,有助于解决家族控制所带来的问题,完善家族企业的治理结构,保证其持续发展。

家族企业的治理与家族传统息息相关。因此,家族企业更容易受到地区文化的影响。也就是说,在不同文化的影响下,家族企业有可能做出不同的决策。由于家族控制这一概念与"权力""地位""等级"这些概念联系较为紧密,因此,本文参考社会成员间地位不平等程度的权力距离理论,探究文化对家族企业治理的影响。具体的,在权力距离较高的文化中,人们对"职位""地位"等因素更加重视,更加强调权力的维持。本文进而探究这种现象是否也存在于家族企业中;例如,在权力距离高的国家，家族成员是否会更加积极地维持自己对企业的控制权，即使这会损失企业的利益；又或是在权力距离较低的国家，家族成员是否会牺牲自己的控制权来换取企业的成长。因此，本文试图理清权力距离与家族对企业的控制程度的存在关系。与控制程度类似，家族通过设计公司治理模式从而调整持股比例，达到控制企业的目的。企业可以利用股权融资、股权激励等手段来促进企业的发展，但家族可能会为了维持自身对企业的持股比例而限制此类措施，牺牲企业长期发展机会。在权力距离较高的国家，家族是否会维系更高的股权，而在权力距离较低的国家是否会有相反的现象？——这是本文探究的第二个问题。

本文拓展了家族企业研究、公司治理研究和宏观因素研究，为相关领域做出了一定贡献。第一，家族企业研究方面，验证了家族企业并非完全同质的。代理理论、管家理论等传统公司治理理论无法解释家族成员牺牲经济利益而追求家族控制的行为。社会情感财富理论指出，家族成员控制家族企业是出于对非财务目标的追求，该理论的提出实现了家族企业研究的突破。然而，社会情感财富理论过度关注家族企业的统一性，研究也仅仅停留在家族企业与非家族企业相比有何特征这一层面上。本文研究不同权力距离下家族控制的不同，证明了不同文化背景的家族企业存在显著的差异，解释了为何一些国家的家族企业相较于其他国家的家族企业家族控制程度明显较高。第二，公司治理研究方面，拓展了治理结构的研究视角。目前，许多关于公司治理的研究，都仍将重心放在提升经营绩效上，而忽视了愈发重要的非财务指标。本文通过研究家族企业发现，设计治理结构所考虑的要素不局限于传统意义上财务绩效等因素，还和企业控制水平等更多非财务指标相关。家族企业所带来的"社会情感财富"视角，可以推广到对一般企业的研究。第三，宏观因素研究方面，提出了文化研究的全新方法。以往对家族企业行为或其他企业行为的研究，往往着眼于企业的微观层面，没有对地区文化等宏观因素进行分析。本文选取权力距离作为度量文化的重要指标，对家族企业的公司治理行为进行研究。

家族企业已经成为我国国民经济的重要组成部分。然而，经过了近四十年的发展，我国家族企业陷入了发展的瓶颈期，治理困境和融资难题制约着我国家族企业健康可持续成长。家族企业的创立者无不希望企业繁荣发展，而不是陷入"富不过三代"的困境。如何实现控制权和所有权的最优比率，科学的治理结构与合理的融资方式是实现该目标的关键。本文期望能为家族企业的公司治理提供参考意见，为其提升家族企业治理水平，促进家族企业健康发展贡献力量。

二、文献综述

Gómez-Mejía 等（2007）最早提出，家族企业在发展过程中，不仅仅追求财务目标（Financial objective），同时还很看重非财务目标（Non-financial objective），一些家族企业甚至将非财务目标置于财务目标之上。这些非财务目标包括持续控制、顺利传承、长远发展、家族声望，等等，它们被总结为社会情感财富（Socio-emotional Wealth，SEW），是否将社会情感财富视作经营的首要目标被视为区分家族企业与非家族企业的重要标准。家族企业的显著特征在于，将某些非经济目标视为决策参照点，例如社会情感财富是家族企业经营的首要目标，而在非家族企业中鲜有此现象。

社会情感财富理论为研究家族企业提供了全新视角。家族企业的决策过程很可能背离传统意义上利润最大化目标，而首先考虑社会情感财富。例如，在设计治理结构的过程中，家族企业会保证"维持家族影响""保证家族传承"等一系列非财务目标的达成，而将财务绩效最大化放在次要位置。因此，社会情感财富理论可以解释家族企业中，家族成员参与企业管理和家族对家族企业大量持股的现象。

然而，以往基于社会情感财富理论的研究也存在一定局限性。过往研究往往将"家族企业"看作完全同质化的群体，过度强调家族企业的普遍特征，而忽视了家族企业之间存在的异质性，没有对家族企业治理展开权变和具体的讨论。事实上，家族企业区别于非家族企业的核心特征，在于涉及亲属关系的家族成员会参与到企业经营中（Chua et al.，2009），进而使得家族企业的经营与管理、内部关系的维系与协调不仅依赖于企业的规章制度，更遵循着家族成员的行为习惯（Wright et al.，2014）。相比于非家族企业，由于家族成员的控制，当地的文化会不可避免地成为企业文化，因此家族企业比非家族企业更容易受到地区文化的影响（袁媛等，2022），使得企业的经营与管理、关系的维系与协调不仅依赖于企业的规章制度，更遵循着当地的文化观念。正因如此，全球各地的家族企业，其经营风格与目标存在着明显的差别。例如，日本家族企业注重集体主义和服务意识，德国家族企业强调稳定性和长期规划，而美国家族企业则偏向于个体主义和创新驱动。因此，选取恰当的研究视角，分析不同文化下家族企业重视非财务目标的程度，进而理解其控制程度，对于完善家族企业研究有重要意义。

文化对企业治理的研究一直以来就备受学界关注。宏观而言，文化通过影响人们的价值观念，构建了社会分配和运用资源的方式，进而影响了经济的运行机制（Stulz and Williamson, 2003）。微观而言，文化所蕴含的一系列价值观会影响人们的价值偏好，进而决定其经济决策（North, 1990）。由于家族企业相较于其他企业更易受到地区文化的影响，近年来地区文化对家族企业的影响已成为重要研究议题。大量研究通过某种文化符号，将文化这一抽象概念具象化，从而研究家族企业的各类经济决策行为。例如，潘越等（2019）利用家族企业实际控制人籍贯地的族谱数据来衡量其宗族观念，进而指出，宗族观念越强，家族成员参与公司治理的程度越高，参与的差序格局越明显。于晓东等（2019）以重男轻女观念为视角研究家族企业行为，发现重男轻女地区的家族企业更容易出现机会主义行为：他们更倾向于任命男性家族成员为企业 CEO 等重要职位，更多地引入家族成员参与企业治理。窦军生和游夏蕾（2023）从儒家文化出发，证明儒家文化所倡导的家族和谐会促进家族企业的创新行为。

Hofstede（1980）从事文化维度的研究，在社会成员的平等程度方面，他强调人类是具有支配性的物种，因此权力分配的不平等是普遍存在的现象，但不同社会对权力分配不平等有不同的接受程度。他使用"权力距离"这一概念来描述这种接受程度，将权力距离定义为"一个国家的社会群体或组织机构内的成员，对权力分配不均的可接受程度和期望"。一般而言，高权力距离意味着"对等级秩序的期望"，低权力距离意味着"对平等民主的期望"（Schwartz, 1992）。将权力距离应用于组织行为领域，在高权力距离的国家，公司的所有权等资源更加集中，权力较大的一方常常控制着大部分资源，具备影响资源分配的能力（李雪灵等，2012；杨明海和冯玉静，2012；麻宝斌，2013），各类组织的决策权被集中在高层管理者中，管理者较少授权，与员工的信任关系较低，认为员工对组织的认识浅薄，不具有采纳意义（周浩，2016；Erez，1994），因而采用更严厉的家长式领导（Koslowsky et al.，2011）。借鉴从文化角度解释企业行为的相关文献，本文将权力距离推广到家族企业治理领域，试图解释家族企业中家族控制的现象。为此，本文选用权力距离作为文化的度量维度来研究家族控制，为研究家族企业开拓新的途径，对完善当前的家族企业治理和融资研究有一定贡献。

自权力距离的概念被提出以来，学者们先后采用了国家维度的权力距离量表（Hofstede，1984）和组织维度的权力距离量表（Dorfman and Howell，1988）等方法进行度量。在衡量企业的权力距离时，研究者倾向于通过对该企业的管理者和员工进行问卷调查来获取数据，然后据此推断该企业的权力距离，以解释其管理实践。然而，这种方法可能存在内生性问题，即企业的某些特征可能同时影响了其权力距离和管理实践。同时，双向因果问题在这些研究中也有可能存在。相较之下，若采用国家层面的权力距离，有望规避上述问题。因此，本文将运用国家层面的权力距离来弥补相关研究的不足。

三、理论基础与研究假说

社会情感财富理论指出，为了稳定家族传承、维护家族声誉，家族一般会使更多的家族成员参与管理决策，并控制更多的家族企业股份。然而，在不同地区分布上，家族对家族企业的控制力呈现明显不同。亚洲地区、西非北非地区以及拉丁美洲地区的家族企业呈现出了更高的家族控制，这些国家的代表家族企业，如中国的碧桂园控股有限公司，日本的三得利控股有限公司，韩国的 LG 集团，巴西的 JBS SA 公司，埃及的 Mansour 集团等都具有很高的家族控制力。因此，家族控制行为在不同文化中存在差异，一些文化下的家族可能更愿意控制家族企业，即使损害经济效益；而另一些文化下的家族相较于对家族企业的控制，更加追求财务目标，文化对家族企业行为的此类影响受到了研究的广泛关注。

对家族控制的两种具体方式是加强家族控制程度、提高家族控股比例
（周立新和陈凌，2009；李维安和牛建波，2011），它们的核心在于区分家
族成员和"非家族成员"，使这两者在家族企业存在固化的边界。这种行
为可以理解为一种权力分配行为，即控制家族企业的权力在家族成员和非
家族成员间发生了不公平分配。根据霍夫斯泰德的文化维度理论，权力距
离是指人们对组织中权力分配不平等情况的接受程度，权力距离越大，人
们越接受权力分配不平等的情况；权力距离越小，人们越不接受权力分配
不平等的情况。因此，在不同权力距离的国家，家族控制这一"权力不公
平分配行为"必然存在不同。因此，本文提出，可以使用跨文化研究理论
中的权力距离这一概念来分析家族控制的行为。

在权力距离较高的国家，社会等级观念很强，这体现在企业治理中，
即表现为公司的领导者控制着公司的决策权，承担着管理公司重大事务的
责任（Robert et al.，2000），并较少进行分权和授权，从而维护自己在组织
中的权威（朱永跃和欧阳晨慧，2019），员工接受这种权力分配格局，并
没有参与决策的诉求，希望上级能为自己负责（Paine and Organ，2000），
这种现象在家族企业中更为显著。在高权力距离的国家，一方面，家族成
员希望确保企业行为与家族利益一致，防止对企业决策权的丧失，因此，
他们会更愿意引入受家族信任的、与家族命运休戚相关的"自己人"，进
而使得家族对企业有更高的家族控制力；另一方面，家族成员倾向于采用
家长式领导风格，认为自己对家族企业更加了解，可以做出更有利于家族
企业发展的决策，而与家族没有关联的员工则是"外来者"，对其应采用
任务式的领导而不必采纳其意见。而在低权力距离的国家，家族成员则希
望通过引入优秀的管理者和员工来完善家族企业的经营，从而获得更好的
经济绩效，普通员工也认为自己有能力和资格参与家族企业的经营管理。
这种差异使得在权力距离不同的国家，家族控制程度呈现出了显著差异，
因此，本研究提出假设：

H1：相对于权力距离低的国家，权力距离高的国家的家族企业家族控
制力更高。

权力距离的差异也影响了社会的资源分配差异，高权力距离的社会常
常表现出资源配置的不均衡，即权力较大的一方常常控制着大部分资源，

具备影响资源分配的能力，这种权力分配与资源分配的一致性也体现在了家族企业中。家族成员认为自身有保护家族的家族荣誉、家族文化、家族传承等非经济利益。而让股权外流，即让"外人"持有更多的股权不仅会降低家族财富，还会让家族企业面临更多的不确定性风险，甚至有可能因为"外人"的不道德行为破坏家族形象。高权力距离对"地位""等级"的强调也加剧了家族企业中的股份分配固化。在高权力距离国家，人们相信在社会中"各就其位"、不僭越权责能够有效维持社会稳定、获得最大的集体效益。因此，在高权力距离国家的家族企业中，个人的权责清晰划分，家族成员间关系紧密、各司其职，而非家族成员则被排斥在外。而在低权力距离国家，权力和资源分配不平等的现象不被接受，人与人之间的等级差异被淡化，家族成员愿意降低对家族企业的持股从而实现更好的经济效益。总之，在高权力距离国家，家族成员维持对家族企业的高水平控股，从而保护家族价值、维系等级秩序。因此，本研究提出假设：

H2：相对于权力距离低的国家，权力距离高的国家的家族持股水平更高。

四、数据与模型构建

（一）数据来源

本文根据企业样本、研究时段和所在国家等特征，综合匹配了四大数据库。

第一，安永会计师事务所瑞士圣加仑大学联合发布的全球家族企业指数[1]和 Legiox 发布的世界家族企业排名提供了家族企业名录[2]。由于本文研究文化对家族企业控制结构的影响，因此本文希望尽可能广泛地收集不同国家的家族企业信息，以增强研究的科学性与实用性。为了增强数据的可得性，本文参考了安永全球家族企业指数和 Legiox 全球家族企业排名。基于这两个名录，本文确定了来自中国、美国、法国、德国、希腊、丹麦、

---

[1] https：//familybusinessindex.com.

[2] https：//www.famcap.com/the-worlds-750-biggest-family-businesses.

芬兰、爱尔兰、维也纳、意大利、澳大利亚、奥地利、加拿大、捷克、以色列、科威特、列支敦士登、卢森堡、阿尔及利亚、埃及、阿根廷、墨西哥、智利、印度、印度尼西亚、马来西亚等五十多个国家和地区的四百多个家族企业，数据具有广泛的代表性。

第二，霍夫斯泰德文化维度研究官网提供了不同国家和地区的权力距离。①权力距离是本文的核心解释变量，是本文选用的研究文化的视角。霍夫斯泰德作为跨文化理论的最重要贡献者和最权威研究者之一，其提出的文化维度理论被学界广泛接受。他根据实地研究提出各个国家在不同维度的文化系数，并每年进行更新，权威性、时效性较好。

第三，Wind②、日本交易所集团 JPX③、德国商业登记簿④等权威金融数据库。这些金融数据库可以批量提供上市家族企业的重要信息，包括成立时间、市值、CEO、董事会成员信息、家族持股比、资产负债率、收入支出、员工数量，等等。

第四，联合国人口司⑤、联合国开发计划署⑥、世界银行⑦等国际组织的官网。在本文中，除了企业层面的控制变量外，模型还设置了城镇化率、人均 GDP、预期受教育年数等国家层面的控制变量，以控制不同国家之间的社会经济发展差异。这些控制变量的相关数据可以从联合国和世界银行等权威国际组织的官方网站上获取，这些数据具有时效性和高度权威性，能够为研究提供可靠的基础。

（二）变量定义

本研究采用家族成员董事会比例（FER）与家族成员 CEO 指标（FCEO）作为衡量家族控制力的标准。家族成员董事会比例是指家族企业

---

① https：//geerthofstede.com/research-and-vsm/dimension-data-matrix.
② https：//www.wind.com.cn.
③ https：//www.spglobal.com/spdji/zh/exchange-relationships/exchange/japan-exchange-group-jpx.
④ https：//www.unternehmensregister.de/ureg.
⑤ https：//www.un.org/development/desa/pd/.
⑥ https：//www.undp.org/.
⑦ https：//www.worldbank.org/en/home.

中担任董事会成员、监事会成员或高层管理者职位的家族成员人数与总董事会、监事会、高管人数的比例。家族成员 CEO 指标是指家族企业 CEO 是否为家族成员担任,如果是,则该指标数值为 1;如果不是,则该指标数值为 0。现有研究表明,家族成员以担任总经理的身份参与企业管理决策和家族通过控制董事会参与企业管理决策具有互补性,且家族成员担任总经理更能实现家族对家族企业的控制(代吉林等,2012;严若森和叶云龙,2014),因此,本研究将两种家族控制方式合并为一个指标,并赋予权重,其中 FER 赋予 40% 的权重,FCEO 赋予 60% 的权重。该指标以百分比的形式呈现,计算公式如下:

$$FCP = FER \times 40\% + FCEO \times 60\% \tag{1}$$

$$FER = \frac{董事会中的家族成员数量}{董事会成员数量} \tag{2}$$

$$FCEO = \begin{cases} 1, & \text{if 家族成员担任 CEO} \\ 0, & \text{else} \end{cases} \tag{3}$$

家族持股水平是指家族成员持股数量与家族企业总股本的比值。本研究所使用的家族持股水平数据均来自官方统计网站统计或企业年报披露数据。该指标亦以百分比的形式呈现,如 48.5 为该家族企业的家族成员持股比例达 48.5%。

权力距离指数 PDI 是衡量一种文化重视和尊重权威的程度的指标。本研究选用的国家权力距离指数来自霍夫斯泰德文化维度研究官网。该指数最近一次统计是 2015 年,所以本研究采用的是此最新数据。

本文使用了国家权力距离而非企业个体的权力距离,是因为如果使用企业微观主体的权力距离去解释其控制行为,会产生内生性的问题。而使用国家权力距离,一方面与企业的控制行为不可能存在双向因果,另一方面与企业的异质性相关性较小,因而最大限度地规避了内生性问题。

控制变量方面,家族企业年龄、企业规模、地理位置、家族持股比例、资产负债率、流动比率、董事长持股比例等因素均会对家族控制力产生一定影响(于晓东等,2015;周立新和陈凌,2009),因此本文设置了企业层面的三个控制变量，即企业年龄、企业规模和净利润率来控制企业的发展阶段。

同时，本文还考虑是否有可能是经济差异同时影响了权力距离和家族控制，进而使两者相关。因此，本文还控制了经济和社会发展水平，加入了城镇化水平、当地人均 GDP、5 岁儿童的预期受教育年数等变量对国家发展水平差异进行控制。

表 1　变量界定表

变量类别	变量名称	变量代码	变量描述
被解释变量	家族控制力	FC	家族对企业的控制力
	家族持股比例	FSH	家族持股占总股本比例
解释变量	权力距离指数	PDI	企业所在国家的权力距离指数
企业层面控制变量	企业成立时长	Age	成立年份到观测年份（2024）
	企业规模	Size	员工人数
	营业收入	NPM	企业的净利润率
国家层面控制变量	城镇化水平	Urbanization	城镇人口占总人口比例
	人均 GDP	PCGDP	一国 GDP 除以该国人口数量
	教育水平	Edu	5 岁儿童的预期受教育年数

（三）模型构建

本文建立了双向固定效应模型，估计权利距离对家族企业治理水平的影响。具体地，我们估计如下方程：

$$Y_{ict} = \beta_0 + \beta_1 PDI_{ict} + X_{ict} + \gamma_{ct} + \gamma_i + \gamma_t + \varepsilon_{it} \tag{4}$$

其中，Y_{ict} 为被解释变量，表示 i 企业在第 t 个时间点上的家族治理水平，包括控制程度或持股水平；PDI_{ict} 为核心解释变量，表示企业 i 所在国家在第 t 个时间点上的权力距离；X_{ict} 为控制变量，包括 i 企业在第 t 个时间点上的企业成立时长、规模和净利润率；为了控制随时间变化的国家区域特征，模型考虑了企业所在地的城镇化水平、当地人均 GDP、5 岁儿童预期受教育年数，以 γ_{ct} 表示；γ_i 是国家固定效应，控制不同国家之间的固有差异；γ_t 为时间固定效应。ε_{it} 为扰动项。

五、实证结果及分析

（一）描述性统计

在回归分析中，我们以家族企业为研究对象，选取了来自全球 45 个国家和地区的 444 家家族企业作为样本，观测了其在 2021 年和 2023 年两年的公司治理情况，样本共计 888 个观测值。我们对样本的各个变量进行了描述性统计，结果如表 2 所示。样本描述显示，55.6% 的家族企业中，CEO 不是由家族成员担任，64.2% 的家族企业中，半数以上的董事会成员不是家族成员，体现了全球范围内很多家族企业已经在探索去家族化的管理模式。然而，79.9% 的家族企业的家族持股比例在高于 50%，证明大多数家族企业仍是由家族控股的。企业特征方面，样本的家族企业在成立时间差异巨大，标准差为 5.0，样本中既有已成立数百年的默克集团、竹中工务、温德尔集团等古老企业，也有诸多新兴企业。国家特征方面，有 370 个样本来自发达国家，其所在国家城镇化水平、人均 GDP 和公民受教育程度较高，使样本整体的三个相关指标平均值也较高，分别为 79.5，47 492 和 16.2。

表 2　描述性统计

变量	观测值	均值	截尾均值	中位数	标准差	最大值	最小值
FC	888	0.737	0.708	0.444	0.641	1.000	0.000
FSH	888	75.6	76.6	78.2	2.4	100.0	32.0
PDI	888	49.1	48.4	40.0	1.7	11.0	104.0
Age	888	88.4	84.5	77.5	5.0	414.0	16.0
Size	888	5.078	3.493	2.200	12.800	230.000	0.002
NPM	888	0.114	0.166	0.093	0.233	0.353	0.008
Urbanization	888	79.50	80.60	81.80	1.20	100.00	14.50
PCGDP	888	4.749	4.707	4.773	2.490	24.086	0.191
Edu	888	16.2	16.3	16.3	1.9	21.6	10.0

此外，本文还报告了样本中家族企业的行业分布，结果如图 1、图 2 所示。家族企业分布在商业营销、财务服务、先进制造、影视传媒、健康服务等多个产业，体现出了分析样本的广泛代表性。

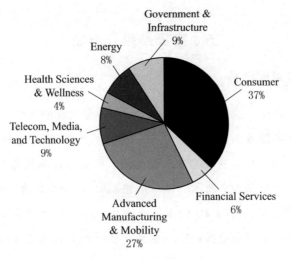

图 1　样本的产业分布情况

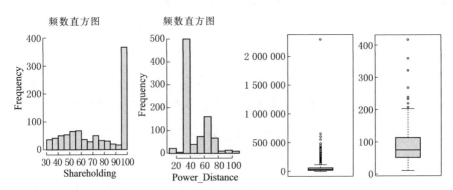

注：对于 FSH 频数分布图，横坐标表示样本企业的家族持股占总股本的比例。对于 PDI 频数分布图，横坐标表示样本企业所在国家的权力距离指数（PDI）。

图 2　样本的 FSH 频数分布图、PDI 频数分布图、
员工数量箱线图、企业年龄箱线图

图 2 显示，家族持股 100% 的家族企业占据了一半以上，体现世界范围内多数家族企业仍是以家族持股为主；权力距离数据中 30—40 占比最高，是因为美国、德国等家族企业数量众多的国家权力距离都是在这一区间；员工数量中极值较多，这是因为沃尔玛集团、伯克希尔哈撒韦公司等超大型家族企业的规模比普通家族企业的规模大很多；企业年龄大多在 200 年以上，证明大多大型家族企业都具有悠久的历史。

（二）主要回归结果

在初步统计分析的基础上，本研究采用面板数据回归分析方法，对假设进行验证。对于假设 H1，即权力距离与家族控制程度的关系，得到了如表 3 的结果。检验结果表明，家族控制程度与权力距离指数的参数为 1.618，即权力距离改变一个单位，家族控制程度改变 1.618 个单位，这一关系在 0.1% 的统计水平上显著。具体表现为，权力距离指数与受董事会、监事会和高管中的家族成员人数占比和企业 CEO 是否为家族成员影响的家族控制程度呈现正向因果关系。模型 H1 的检验结果表明，相对于权力距离低的国家，权力距离高的国家的家族企业家族控制程度更高。为了检验回归结果的稳健性，我们采用了逐步加入控制变量的方法，回归系数在大小、方向和显著性水平上均与主回归结果保持一致。假设 H1 得到验证。

表 3　权力距离对家族控制程度的影响检验结果

变　量	家族控制程度	
	（1）	（2）
权力距离	1.618** (0.976)	1.618** (0.976)
成立时长	−0.150* (0.609)	−0.151* (0.608)
公司规模	0.288** (0.021)	0.288** (0.021)
净利润率	−3.57 (11.713)	−3.54 (11.535)
城镇化水平		−1.149** (1.081)
人均 GDP		−0.006 (0.005)
教育水平		−0.309* (1.155)
国家固定效应	Yes	Yes
年份固定效应	Yes	Yes
观测值	888	888
R^2	0.039	0.048

注：***、**、*分别表示 0.01%、0.1%、1% 显著水平下显著，括号内为标准误。

对于假设 H2，即权力距离与家族持股水平的关系，得到了如表 4 的结果。检验结果表明，家族持股比与权力距离指数的参数为 1.432，即权力距离改变一个单位，家族控制家族持股水平改变 1.432 个单位，这一关系在 0.01% 的统计水平上显著。具体表现为，权力距离指数与家族持股水平，即家族持股数量占总股本的比例呈现正向关系。总之，模型 H2 的检验结果表明，相对于权力距离低的国家，权力距离高的国家的家族企业的家族持股水平更高，为了检验回归结果的稳健性，我们采用了逐步加入控制变量的方法，回归系数在大小、方向和显著性水平上均与主回归结果保持一致。

表 4　权力距离对家族持股水平的影响检验结果

变　量	家族持股水平	
	（1）	（2）
权力距离	1.419 *** (0.169)	1.432 *** (0.303)
成立时长	−0.657 *** (0.105)	−0.659 *** (0.118)
公司规模	0.003 (0.003)	0.003 (0.003)
净利润率	0.018 * (2.025)	0.018 * (2.025)
城镇化水平		−0.289 ** (0.187)
人均 GDP		−0.043 (0.009)
教育水平		−0.012 * (0.200)
国家固定效应	Yes	Yes
时间固定效应	Yes	Yes
观测值	888	888
R^2	0.191	0.196

注：***、**、* 分别表示 0.01%、0.1%、1% 显著水平下显著，括号内为标准误。

（三）稳健性检验

本研究进一步进行了以下稳健性检验。现有大量研究表明，经济发展程度与权力距离存在负相关关系。同时，上述实证结果表明，发达国家家族企业的家族控制程度相较于发展中国家的较低。因此，家族控制程度的差异有可能是仅仅经济发展差异造成的，而非由权力距离差异造成的。为了进一步证明，经济发展情况并非造成家族企业治理结构差异的唯一因素，本研究对此进行了基于西欧子样本的回归分析来检验稳健性。本研究在样本企业中，选取了来自西欧发达国家（英国、爱尔兰、荷兰、比利时、卢森堡、法国、德国、瑞士、意大利、西班牙、葡萄牙、挪威、瑞典、

表 5　基于西欧国家子样本的回归结果

变　　量	家族控制程度	家族持股水平
权力距离	7.758** （2.914）	11.847** （4.309）
成立时长	−3.429 （5.138）	−8.742 （2.839）
公司规模	6.211 （9.507）	1.953 （7.681）
净利润率	7.883 （3.187）	9.456 （1.726）
城镇化水平	−5.932 （2.317）	−8.005 （6.548）
人均 GDP	−4.615 （9.027）	−1.374 （5.987）
教育水平	−7.291 （2.100）	−3.876 （8.823）
国家固定效应	Yes	Yes
时间固定效应	Yes	Yes
观测值	352	352
R^2	0.449	0.513

注：***、**、*分别表示 0.01%、0.1%、1% 显著水平下显著，括号内为标准误。

丹麦、芬兰、冰岛）的家族企业组成子样本。之所以选取这些国家，是因为：一方面，它们同属于西欧地区，经济发展程度高度相同，不存在明显的经济差异；另一方面，在上述国家中，由于历史原因，日耳曼语系的国家权力距离较低，而拉丁语系的国家权力距离较高（Hofstede et al., 2010），为本研究提供了良好的研究对象。基于子样本的统计结果如表5所示。结果表明，国家权力距离而非经济差异导致了家族企业在治理结构和融资结构方面的差别，侧面印证了本研究结果。

大量研究证明，宗教信仰与权力距离存在显著的关联，伊斯兰教、印度教和东亚的儒家思想相较于基督教往往有更高的权力距离，而基督教内部，天主教更强调机构和思想的中心化，因而具有更高的权力距离，而新教在所有教派中最倾向于低权力距离（House, 2004；Tang and Koveos, 2008）。因此，宗教信仰与权力距离具有相关性，又因为一国主要信仰与该国家族企业的治理结构不存在直接关联，宗教信仰的虚拟变量可以作为权力距离的工具变量[①]，本文的信仰虚拟变量包括新教（Protestant）、天主教（Catholic）、伊斯兰教（Muslins）、东亚儒家文化（Confucianism）、其他宗教（Other）。例如，美国主要信仰为新教，则新教（Protestant）变量赋值为1，其余信仰虚拟变量赋值为0。

两阶段最小二乘回归结果如6所示，其中，第1列为第一阶段回归结果，第2、3列为第二阶段回归结果。第一阶段对工具变量的有效性进行过度识别检验发现，信仰工具变量严格外生。第二阶段家族控制程度和家族持股水平显著为负，进一步验证了本研究的研究结果。

Bisin 和 Verdier（2000）指出，亲子间的价值观传播是个人文化价值观的决定性因素，因此基因传播往往与文化传播并行。Gorodnichenko 和 Roland（2017）由此提出，具有基因相似性的国家必然具有文化相似性，进而将两个国家间血型比例的相似程度作为两个国家间文化相似程度的工具变量。参考这种做法，本文进一步对回归结果进行稳健性检验。在本文研究对象的所属国家中，奥地利具有最低的权力距离，因此，与奥地利文

---

① 各国主要信仰数据来源：Pew Research Center, https：//www.pewresearch.org/religion/feature/religious-composition-by-country-2010-2050/。

表 6　基于信仰工具变量的 2SLS 回归结果

变量	权力距离	家族控制程度	家族持股水平
权力距离		0.656 *** (0.732)	0.542 ** (0.742)
新教	-7.634 * (0.623)		
天主教	-2.534 ** (0.434)		
伊斯兰教	0.424 *** (0.645)		
东亚儒家文化	3.645 ** (0.534)		
其他宗教	5.342 ** (0.243)		
成立时长		0.739 (0.482)	0.615 (0.203)
公司规模		-0.897 ** (0.356)	-0.524 ** (0.178)
净利润率		6.942 (0.581)	8.367 (0.428)
城镇化水平		-4.695 * (0.153)	-9.876 (0.319)
人均 GDP		-0.504 * (0.890)	-0.627 * (0.246)
教育水平		-0.352 ** (0.634)	-0.564 ** (0.243)
国家固定效应		Yes	Yes
年份固定效应		Yes	Yes
观测值	888	888	888
R^2	0.757	0.345	0.674

注：*** 、** 、* 分别表示 1%、5%、10%显著水平下显著，括号内为标准误。

化越相似的国家，权力距离就越低。而与奥地利的基因相似度可以作为与奥地利文化相似度的工具变量，本文由此设定一国的 A 型血型比例和 B 型血型比例①与奥地利的 A 型血型比例和 B 型血型比例之间的马哈拉诺比斯距离（下文简称血型马氏距离）为一国权力距离的工具变量②，其计算方法如下：

$$d_E \left(c, Austria \right) = \sqrt{\left[\left(f_{A, Austria} - f_{A, c} \right)^2 + \left(f_{B, Austria} - f_{B, c} \right)^2 \right]}$$

其中，A 和 B 代表血型，c 代表国家。由此计算的各国血型马氏距离，与各国的权力距离有较高的相似性。

表 7　基于血型马氏距离工具变量的 2SLS 回归结果

变量	权力距离	家族控制程度	家族持股水平
权力距离		0.242 *** (0.534)	0.572 ** (0.263)
血型马氏距离	0.462 ** (0.252)		
成立时长		-0.536 * (0.436)	-0.753 *** (0.523)
公司规模		0.784 ** (0.267)	0.533 ** (0.620)
净利润率		6.368 (0.887)	8.713 (0.427)
城镇化水平		4.199 (0.511)	5.847 (0.325)
人均 GDP		-0.566 ** (0.689)	-0.176 ** (0.235)
教育水平		-0.422 (0.531)	-0.744 (0.901)
国家固定效应		Yes	Yes
年份固定效应		Yes	Yes
观测值	888	888	888
R^2	0.351	0.534	0.242

注：*** 、** 、* 分别表示 1%、5%、10% 显著水平下显著，括号内为标准误。

---

① 各国血型比例数据来源：World Population Review，https：//worldpopulationreview.com/country-rankings/blood-type-by-country。

② 马哈拉诺比斯距离为两个服从同一分布并且其协方差矩阵为 $\sum$ 的随机变量 x 与 y 的差异程度，计算公式为 $d_M(x, y) = \sqrt{(x - y)^T \sum_x^{-1} (x - y)}$，对本文而言，$\sum_x = var \left(\left[f_{A, c} f_{B, c} \right] \right)$。

    本文由此以血型马氏距离为工具变量，执行了两阶段最小二乘回归，结果如表 7 所示，其中，第 1 列为第一阶段回归结果，第 2、3 列为第二阶段回归结果。第一阶段对工具变量的有效性进行过度识别检验发现，血型马氏距离工具变量均严格外生。第二阶段家族控制程度和家族持股水平显著为负，证明本研究结果具有稳健性。

    为了消除内生性问题，排除权力距离和控制变量之外的其他因素对回归结果的影响，本文又进一步进行了倾向得分匹配（PSM）检验。本文采用了倾向得分匹配检验中的近邻法对高权力距离国家和低权力距离国家的样本家族企业进行匹配。本文选择企业相关的控制变量，即公司规模、成立时长、净利润率作为匹配变量，将这三个变量进行标准化。利用这三个匹配变量，使用 logistic 回归估计每个家族企业的倾向得分，即接受干预的

表 8　基于倾向得分匹配的回归结果

变　量	家族控制程度	家族持股水平
权力距离	0.490 * （0.213）	1.792 *** （0.482）
成立时长	0.572 ** （0.849）	0.236 ** （0.713）
公司规模	0.495 （0.628）	0.381 （0.907）
净利润率	2.164 * （0.319）	4.752 * （0.684）
城镇化水平	−8.540 * （0.437）	−1.826 （0.691）
人均 GDP	−0.008 ** （0.945）	−0.073 ** （0.362）
教育水平	−0.463 ** （0.352）	−0.735 ** （0.634）
国家固定效应	Yes	Yes
年份固定效应	Yes	Yes
观测值	888	888
R^2	0.118	0.153

注：***、**、* 分别表示 0.01%、0.1%、1% 显著水平下显著，括号内为标准误。

概率。根据估计的倾向得分，将每个家族企业与具有相似倾向得分的家族企业进行匹配，形成处理组和对照组，并对匹配后的样本进行平衡性检验。在确认高权力距离国家和低权力距离国家家族企业样本的倾向得分不存在显著差异后，本文用匹配后的样本进行回归分析，结果如表 8 所示。该结果表明，本研究具有稳健性。

六、结论与政策建议

本文基于权力距离与家族控制的视角，分析了权力距离对于不同文化下家族企业治理结构的影响。通过手工收集、网络数据爬取等手段，基于安永会计师事务所瑞士圣加仑大学联合发布的全球家族企业指数、CSMAR、Wind、日本交易所官网、德国商业登记簿、国际组织官网等渠道获取的数据，本文发现，在权力距离较高的国家，由于人们更加注重"尊卑有别"等概念，家族企业中的家族成员会更加注重对企业控制权的维系；同时，高权力距离也使人们更加重视地位的维系，这体现在家族企业中，即家族成员更加注重对家族企业的持股。因此，相对于权力距离低的国家，权力距离高的国家中，家族企业的家族控制程度更高、家族持股比例更高。

基于研究，本文提出以下三点建议，供家族企业在经营实践的过程中进行参考。

第一，家族管理者应当关注文化等宏观因素对企业治理的影响。本文验证了权力距离对家族企业中家族控制现象和家族持有现象的强化作用，从我国经济发展的实践来看，我国家族企业在发展壮大的过程中遭遇了诸多困难，控制结构和融资结构的缺陷是这些困难的重要来源。我国权力距离较高，家文化盛行，很多家族企业因过度集权、故步自封而陷入了困难，家族成员应当格外关注家族对企业的过度干预，引进外部管理、财务资源。

第二，家族成员应适当放松对企业的控制，采用更科学的控制结构和更高效的管理方式。管理人员方面，应当采用选拔的方式来建立管理层，而不能一味任命家族成员担任关键职位。制度设计方面，应当建立科学、规范的权力决策机制，确保董事会、监事会的独立性，对控股股东的行为进行约束，减少管理过程中的人治色彩。规章建设方面，应当建设完备的规章制度，并严格执行，以规范家族经理人的不当行为。

第三，家族成员应合理放开股权融资，发挥股权在筹集资金、激励员工方面的作用。家族企业应当合理进行股权融资，避免融资方式单一带来的杠杆风险和融资成本，同时，应当合理运用股权激励机制激发管理人员和技术人员的积极性。同时，更丰富的股权结构也有利于实现决策的科学化与民主化，提升公司治理水平。

本文也存在以下局限性。首先，本文基于霍夫斯泰德文化维度理论，从权力距离的角度分析了文化对于家族企业治理结构的影响。研究还可以考虑更多的文化因素，多维度地丰富非财务因素对家族企业治理结构的影响。其次，由于数据可得性所限，本文实证检验中使用的样本大多来自国内外大型家族企业，而对中小型家族企业则考虑较少。而中小家族企业基数更大，相对于大型家族企业可能更缺乏科学合理的治理结构，例如治理结构更原始、监督机制更松散。因此，未来将研究推广到中小型家族企业更具参考价值。

参考文献

代吉林、李新春、李胜文，2012，《家族企业 R&D 投入决定机制研究：基于家族所有权和控制权视角》，《科学学与科学技术管理》第 12 期：118—126。

窦军生、游夏蕾，2023，《从"齐家"到"治企"：儒家文化视角下家族和谐对家族企业创新的影响机制研究》，《浙江大学学报（人文社会科学版）》第 6 期：85—102。

范黎波、刘云芬、杨金海，2016，《家族化管理与企业绩效：规模与家族成员所有权结构的调节效应》，《管理评论》第 5 期：96—106。

李维安，2011，《CEO 公司治理》，北京：北京大学出版社。

李新春、张书军主编，2005，《家族企业：组织、行为与中国经济》，上海：上海人民出版社。

李雪灵、张惺、刘钊，2012，《制度环境与寻租活动：源于世界银行数据的实证研究》，《中国工业经济》第 11 期：84—96。

麻宝斌，2013，《中国行政文化：特征，根源与变革》，《行政论坛》第 5 期：42—48。

潘越、翁若宇、纪翔阁、戴亦一，2019，《宗族文化与家族企业治理的血缘情结》，《管理世界》第 7 期：116—135，203—204。

苏忠秦、黄登仕，2012，《家族控制、两权分离与债务期限结构选择：来自中国上市公司的经验证据》，《管理评论》第 7 期：132—142。

唐欣、许永斌，2021，《区域文化视域下省域家族企业创新行为的空间关联特征》，《经济地理》第 9 期：115—124，134。

王明琳、周生春，2006，《控制性家族类型、双重三层委托代理问题与企业价值》，《管理世界》第 8 期：83—93+103。

严若森、叶云龙，2014，《家族所有权、家族管理涉入与企业 R&D 投入水平：基于社会情感财富的分析视角》，《经济管理》第 12 期：51—61。

杨明海、冯玉静，2012，《权力距离与人均国民生产总值的关系研究》，《经济与管理评论》第 3 期：61—65。

袁媛、王一晟、刘彬，2022，《宗族文化是否影响企业并购决策？——来自上市家族企业的证据》，《外国经济与管理》第 5 期：136—152。

中国民（私）营经济研究会编，2011，《中国家族企业发展报告》，北京：中信出版社。

周浩，2016，《管理者权力对采纳建言的影响：管理者自我效能与权力距离的作用》，《四川大学学报（哲学社会科学版）》第 3 期：123—131。

周立新、陈凌，2009，《家族控制、企业目标与家族企业融资决策：来自浙江和重庆两地家族企业的经验证据》，《管理工程学报》第 4 期：6—13。

朱丽娜、贺小刚、张正元，2022，《家族控制、经济期望与企业绿色责任的关系研究：来自中国上市公司的经验数据》，《管理科学学报》第 4 期：107—126。

朱永跃、欧阳晨慧，2019，《领导授权与员工创造力：建言行为和权力距离的影响》，《工业工程与管理》第 2 期：116—122。

Bisin A., Verdier T. 2000. "Beyond the Melting Pot: Cultural Transmission, Marriage, and the Evolution of Ethnic and Religious Traits." *The Quarterly Journal of Economics*, 115 (3), pp.955—988.

Chrisman J. J., Chua J. H., Sharma P. 2005. "Trends and directions in the development of a strategic management theory of the family firm." *Entrepreneurship Theory and Practice*, 29, pp.555—575.

Chua J. H., Chrisman J. J., Sharma P., Bergiel E. B. 2009. "An agency theoretic analysis of the professionalized family firm." *Entrepreneurship Theory and Practice*, 33 (2), pp.355—372.

Dorfman P. W., Howell J. P. 1987. "Dimensions of National Culture and Effective Leadership Patterns: Hofstede Revisited." *Advances in International Comparative Management*, 3, pp.127—150.

Erez M. 1994. "Work motivation from a cross-cultural perspective." In A. Bouvy, F. van de Vijer, P. Boski and P. Schmitz (Eds.) *Journeys into Cross-Cultural Psychology*, pp.386—403.

Family Firm Institute: Advancing your Family Enterprise Professional Skills, https://www.ffi.org/Advancing_your_Family_Enterprise_Professional_Skills.pdf.

Gorodnichenko, Yuriy; Roland, Gerard. 2017. "Culture, Institutions, and the Wealth of Nations." *The Review of Economics and Statistics*, 99 (3), pp.402—416.

Gómez-Mejía, Luis R., Katalin T. H., M. N., Kathryn J., and José M. 2007. "Socioemotional Wealth and Business Risks in Family-Controlled Firms: Evidence from Spanish Olive Oil Mills." *Administrative Science Quarterly*, 52 (1), pp.106—137.

Hofstede G. 1980. "Culture and Organizations." International Studies of Management & Organization, 10, pp.15—41.

Hofstede G. 1984. *Culture's Consequences: International Differences in Work-related Values*. London: Sage Publications.

Hofstede G., Gert J., and Minkov M. 2010. *Cultures and Organizations: Software of the Mind: Intercultural Cooperation and Its Importance for Survival*. 3rd ed. New York: McGraw-Hill.

Karra N., Tracey P., Phillips N. 2006. "Altruism and Agency in the Family Firm: Exploring the Role of Family, Kinship, and Ethnicity." *Entrepreneurship Theory and Practice*, 11, pp.861—877.

Koslowsky M., Baharav H., Schwarzwald J. 2013. "Management style as a mediator of the power distance-influence tactics relationship." *International Journal of Conflict Management*, 22 (3), pp.264—277.

Le Breton-Miller I., Miller D. 2011. "Commentary: Family Firms and the Advantage of Multitemporality." *Entrepreneurship Theory and Practice*, 35 (6), pp.1171—1177.

McKinsey: All in the family business, https://www.mckinsey.com/featured-insights/sustainable-inclusive-growth/chart-of-the-day/all-in-the-family-business.

McKinsey: Perspectives on Founder and Family-Owned Businesses, https://www.mckinsey.com/~/media/McKinsey/Industries/Private%20Equity%20and%20Principal%

20Investors/Our%20Insights/Perspectives%20on%20founder%20and%20family%20owned%20businesses/201509_FBP%20Compendium.pdf?msclkid=28c2e336b46711ec9d9004daf3bd4e91.

Miller D., Breton-Miller L., Lester R., et al. 2007. "Are family firms really superior performance?" *Journal of Corporate Finance*, 13, pp.829—858.

North, D. C. 1990. *Institutions, institutional change and economic performance* (Vol.4). Cambridge university press.

Paine J. B., Organ D. W. 2000. "The Cultural Matrix of Organizational Citizenship Behavior: Some Preliminary Conceptual and Empirical Observations." *Human Resource Management Review*, 10 (1), pp.45—59.

Porta R. L., Lopez-de-Silanes F., Shleifer A., Vishny R. 2000. "Investor Protection and Corporate Governance." *Journal of Accounting Research*, 58 (2), pp.3—27.

Robert C., Probst T. M., Martocchio J. J., et al. 2000, "Empowerment and Continuous Improvement in the United States, Mexico, Poland, and India: Predicting Fit on the Basis of the Dimensions of Power Distance and Individualism." *Journal of Applied Psychology*, 85 (5), pp.643—658.

Robert J., House P., Hanges W., Dorfman V. 2004. "Culture, leadership, and organizations: the globe study of 62 societies." Sage Publications.

Schwartz S. H. 1992. "Universals in the content and structure of values: Theoretical advances and empirical tests in 20 countries." *Advances in experimental social psychology*, 25, pp.1—65.

Stulz R. M., Williamson R. 2003. "Culture, openness, and finance." *Journal of Financial Economics*, 70 (3), pp.313—349.

Tang L., Koveos P. 2008. "A framework to update Hofstede's cultural value indices: Economic dynamics and institutional stability." *Journal of International Business Studies*, 39 (6), pp.1045—1063.

Wright M. J., Chrisman J., Chua L., Steier. 2014. "Family Enterprise and Context." *Entrepreneurship Theory and Practice*, 38 (6), pp.1247—1260.

上市公司控制权家族纷争之攻防有道[*]

——基于杉杉股份和大亚圣象案例的思考

张　瑾　许　平^{**}

摘要：当前我国家族上市企业代际传承中所出现的控制权纷争已成为社会热议。这类控制权纠纷既有一般公司控制权纠纷的普遍特性，又有其特殊性，但无论从家族成员的权益保护，还是企业的平稳发展和投资者保护角度而言，都应统筹考量，合理决策，有效解决。本文以宁波杉杉和大亚圣象两企业为例，从上市公司股权结构入手比较分析两个案例中应对策略的经验教训，通过梳理控制权争夺的目标和方式，总结控股为王、对症下药的攻防之道，以期为我国上市公司传承中的控制权纠纷提供镜鉴。

关键词：上市公司　控制权　家族争夺　股权结构

Abstract：Currently, the control rights dispute in the intergenerational inheritance of family listed enterprises in China has become a hot topic in society. From the perspective of property rights protection for family members, as well as the stable development of the enterprise and investor protection, comprehensive considerations should be taken to make reasonable decisions and effectively solve the prob-

---

* 本研究受上海外国语大学国家教材基地教材项目"《经济法学》中的习近平法治思想研究"的支持（项目号：41004908）。

** 张瑾，上海外国语大学国际金融贸易学院，教授，研究方向：经济法，金融监管；许平，北京大成（上海）律师事务所高级顾问，R Venture 创始人作者，业务方向：投资并购、融资上市、公司治理。

lem. This type of control dispute not only has the common characteristics of company control disputes, but also has its particularity. This article takes Ningbo Shanshan and Daya Shengxiang Home Furnishings as examples, starting from the equity structure of listed companies, and compares and analyzes the experience and lessons learned from the coping strategies in the two cases. By sorting out the targets and methods of control rights competition, it summarizes the strategy of controlling as the king and taking targeted measures, aiming to provide reference for the settlement of control rights disputes in the inheritance of listed companies in China.

Keywords: listed company; control of company; family dispate; equity structure

一、引言与文献综述

我国资本市场从 1984 年第一只股票起发展至今四十年。资本市场发展中涌现的一大批成功民营企业家作为上市公司的创一代，现如今大多已超 60 岁。代际传承是这类家族上市企业发展面临的急迫问题。2023 年"新财富 500 富人榜单"显示，年龄最大者为 88 岁，50 岁（含 50 岁）以上占比近 84%，60 岁（含 60 岁）以上占比近 40%。招商银行与贝恩联合发布的《2023 中国私人财富报告》显示，2021 年 65% 的高净值人群已经在准备或已开始进行财富传承的相关安排，2023 年这一比例升至 73%。由此可见，"创一代"整体年龄老化是家族企业传承财富的最大动因，我国家族企业交替传承呈现出普遍化趋势。但家族上市公司的传承是全球性难题，《胡润财富报告》调查发现在全球范围内，家族企业中只有三分之一能够传承到第二代，仅有不到 11% 能够传承到第三代，淘汰率高达 90%。我国的家族上市企业传承同样也出现这样的困境，特别是控制权的争夺屡见不鲜。

在《1934 年美国证券交易法》中，上市公司控制权是指"直接或间接地具有指挥或引导某人的管理和政策方向的权利，而不论通过具有表决权的证券所有、合同或其他形式"。虽然我国法律并未明确对上市公司控制权进行定义，但在《上市公司收购管理办法》做了列举规定。①企业控制权理论认为控制权就是经营管理者或者股东可以排他性地支配企业的资产，尤其是指控制权拥有者利用企业资产从事投资和运营的决策权，也可以将企业的控制权理解为重要决策权（张昉，1998）。控制权是一种权利，是一种经济性的权利，其基础源于股权，股权是控制权的基础。股东将其财产的所有权转让给公司因而获得相应比例的公司股权，并且通过股权享有其股东权利，主要是投票权，由此对公司的经营管理行使一定权利。

关于上市公司控制权的转移和争夺的国内外研究文献非常丰富，但专门聚焦家族企业上市控制权的研究相对较少。梳理国内控制权争夺文献，这方面的研究主要是通过案例和实证的方法侧重经济学视角的控制权结构对公司绩效、公司治理、投资决策等方面影响的研究；或者通过案例分析等主要从法学研究视角对控制权争夺的动因、方式和解决的形式及其防范与规制问题进行研究（汤欣，2001；陈忠谦，2007）。梳理相关文献，从争夺主体而言，上市公司的控制权争夺划分为三类：第一类是创始人及大股东与外来投资者的争夺；第二类是公司管理层与大股东的争夺；第三类是小股东与控股股东的争夺。关于影响方面，大多数研究者认为公司控制权的争夺对企业带来损害，如对公司形象造成损害、导致公司内耗、影响公司正常经营、造成股价波动等。而来自中伦律所和上证研究所等机构的研究报告则为我国公司控制权争夺现状画像，总结争夺的主要法律方式有增持股份、达成一致行动协议或表决权委托协议、挑战公司决议效力、争夺关键人员和资料及进行行为保全等形式（吴新春，2017）。这样的争夺行为的结果一般有三类：（1）以一方胜利而结束，即"防守者"可能在控制权争夺中失败，也可能击退"入侵者"而保住自身地位（王露平，2018）；（2）双方主动让步妥协，在控制权争夺中，争夺双方的利益目标可能随着争夺而逐渐妥协，特别是当争夺导致企业经营业绩下降，双方利

---

① 《上市公司收购管理办法》对于公司控制权做了定义："有下列情形之一的，为拥有上市公司控制权：（一）投资者为上市公司持股 50% 以上的控股股东；（二）投资者可以实际支配上市公司股份表决权超过 30%；（三）投资者通过实际支配上市公司股份表决权能够决定公司董事会半数以上成员选任；（四）投资者依其可实际支配的上市公司股份表决权足以对公司股东大会的决议产生重大影响；（五）中国证监会认定的其他情形。"

益均受到损害时，双方妥协让步的可能性大增（李先瑞，2015）；（3）监管部门等行政介入，监督管理部门的介入调查和处罚对控制权争夺的结束有促进作用。特别是对违规信息的发现能够及时阻止"入侵者"的行为（党印，2016；王豪威，2018）。大多数的研究均认为控制权争夺会对上市公司的治理、战略稳定和股价造成消极影响，从股东、公司角度，可采取合理措施防范无序的控制权争夺。作为控制权争夺中的防守者，可采取主动措施避免发生控制权争夺，如优化反收购策略、引入双重股权结构（张继德，2018）、毒丸计划、"合伙人制度"、焦土战术等防止控制权旁落的措施。为了避免发生控制权争夺引起的市场波动，抑制控制权私有收益，促进资本市场良性发展，在立法、行业监管等方面我国的资本市场还有许多完善之处，如完善收购制度、信息披露制度、加强事前和事后的监管等（刘汉民，2019；秦诗音，2017）。

面对上市企业传承和平稳过渡的问题，特别是上市公司家族传承兼具金融与法律的复杂性，又涉及家庭血缘的社会性，这类公司传承过程中公司控制权争夺已成为当今中国的一个现象级事件。上述关于上市公司控制权争夺的研究，对于理解和解决家族上市企业控制权纠纷提供了很好的理论支撑。但是，家族上市企业的股权具有的社会性特点，在控制权争夺方面也具特殊性，争夺主要局限于家族成员内部。已经深陷家族传承动荡的上市公司而言，如何迅速有效解决控制权之争需要统筹考量，理智决策。2023年杉杉股份有限公司创一代郑永刚突然离世引起的纷争就是典型一例，这与几年前大亚圣象案件多有相似之处，但两案结局截然不同。本文从上市公司股权结构入手比较分析两个案例中应对策略的经验教训，以期为我国上市公司传承中的控制权纠纷提供镜鉴。

二、两个相似的案例

（一）短暂风波的杉杉股份

宁波杉杉股份有限公司（以下简称：杉杉股份，上交所 A 股 600884），原公司 1989 年创建于浙江宁波，1996 年在上海证券交易所上市，经过 20 多年发展成功转型为新能源企业。2022 年该公司年报显示，杉杉股份负极材料人造石墨出货量蝉联全球第一，偏光片全球市场份额持续保持全球第一。

2023 年 2 月 12 日，杉杉企业创始人、杉杉控股董事局主席郑永刚因突发心脏疾病救治无效去世。消息流出后，杉杉股份 2023 年 2 月 13 日周一收盘价 18.32，跌幅 3.27%，当日成交量骤升至 90.93 万，换手率达到 5.17%，明显超出常规水平，反映出成交量的不稳定以及投资者情绪的变化（如图 1）。3 月 23 日，杉杉上市公司召开股东大会及董事会，选举郑驹

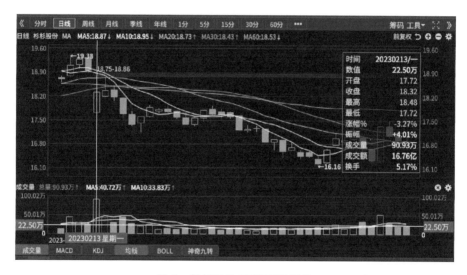

图 1　杉杉股份 20230213 股价

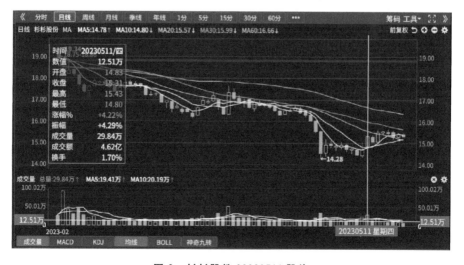

图 2　杉杉股份 20230511 股价

先生为公司第十届董事会董事长。据知情人士透露，当天，郑永刚遗孀周婷出现在现场，并指称该次股东大会是违规和错误的。她向到场股东表示，基于继承关系，她应当成为杉杉上市公司的实际控制人。去世的郑永刚生前是杉杉股份的实际控制人，也许这是她出来挑战控制权的依据。

这次选举风波引发相关市场主体关注，上交所作为监管部门向杉杉股份下发监管工作函，"督促公司及相关方妥善处理有关事项、保障上市公司经营稳定和规范运作"。同日，杉杉股份发布公告称相关程序符合法律法规和该公司章程规定，合法有效。随后，作为挑战者一方采取行动。2023 年 3 月，周婷女士及其三位未成年子女向上海市静安区人民法院提起民事诉讼并申请财产保全，请求上海市静安区人民法院对郑永刚名下宁波青刚①51%的股权采取查封、扣押、冻结等诉讼保全措施。法院于 4 月 10 日出具了《民事裁定书》。根据该裁定书，宁波青刚 51%的股权已处于冻结状态，冻结期限自 2023 年 4 月 12 日起至 2026 年 4 月 11 日。

由于本案的被继承人生前未留有遗嘱，因此应按法定继承。据网络信息，郑永刚与前妻于 1991 年生育郑驹，后双方离婚。郑永刚与 80 后的周婷于 2017 年 12 月结婚并生下 3 个孩子。郑永刚去世前，他本人个人持有杉杉股份金字塔股权结构体系中顶层公司——宁波青刚 51%的股份（具体见下图 3）。根据爱企查 2022 年底的数据表示，宁波杉杉股份有限公司的股东结构以杉杉集团有限公司为主导，占股份的 32.09%；杉杉集团的股东结构以杉杉控股为主导，占股份的 51.81%；杉杉控股的股东结构以宁波青刚投资有限公司为主导，占股份的 40.54%；而宁波青刚投资有限公司的两大股东分别为郑永刚（占比 51%），周继青（占比 49%）。因此，宁波青刚是杉杉控股的第一大股东，而杉杉控股又是杉杉集团的第一大股东，而杉杉集团通过交叉持股或相互持股的方式控股杉杉股份。郑永刚是杉杉股份的董事长和法定代表人，也是实际控制人。不过，在郑永刚生前杉杉体系的中间两层公司董事长是郑驹，杉杉控股和杉杉集团的管理权在其子郑驹手中。随着郑永刚的去世，宁波青刚的 51%的股份将发生继承，而杉杉股份的实际控制人确实也需要变更。

_____

① 该公司间接控股杉杉股份，详见后文图 3。

正当社会大众均在等待面临变局的杉杉股份控制权争夺大戏进一步发酵的时候，风波很快平静下来。2023 年 5 月 10 日，该公司召开年度股东大会，郑驹、周婷均当选新一届董事会非独立董事。静安法院也应周婷的申请解除了对宁波青刚的股份冻结。这场持续两个多月的风波归于平静。到 2023 年 5 月 11 日，杉杉股份开盘后不久就快速上涨，盘中一度大涨近5%。截至 2023 年 5 月 11 日收盘，杉杉股份收盘价 15.31 元，涨 4.22%（如图 2）。几个月来持续下跌的杉杉股份终于有了企稳的迹象。

（二）兄弟阋墙的大亚圣象

大亚圣象家居股份有限公司（深圳证券交易所上市交易，股票代码：000910，简称：大亚圣象），始创于 1995 年，陈兴康创立圣象集团，4 年后成功上市。作为一家家族企业发展而来的上市公司，大亚圣象也构建了金字塔股权结构的公司体系。大亚圣象的第一大股东是大亚科技集团，而大亚科技的第一和第二大股东是丹阳市意博瑞特投资管理有限公司（以下简称意博瑞特）和丹阳市卓睿投资管理有限公司（卓睿投资），合计共持有大亚股份的 90% 左右。而当时，陈兴康是大亚科技集团的董事长，也是当时上市公司的实际控制人。因为陈兴康生前分别直接持有意博瑞特 51% 的股权、卓睿投资 100% 的股权。可见，当时公司股权和治理结构的设置非常稳健。

2015 年 4 月陈兴康意外去世，由于生前也未留有遗嘱，相关各方确认陈兴康生前持有意博瑞特和卓睿投资的股权属于与妻子戴品哎的共同财产，上述股权的 50% 归属于戴品哎，其余 50% 则作为陈兴康的遗产，由三个子女和母亲依法继承，且各方的继承比例均为四分之一。同年 8 月，四人共同签署《一致行动人协议》，约定在意博瑞特、卓睿投资的董事会和股东会上及经营、管理中的重大事项和决策中采取一致行动。四人成为大亚集团、大亚圣象共同实际控制人，但大亚圣象实际管理权在弟弟陈晓龙手中。此时，创一代向创二代的过渡还算平稳。

冲突于 2018 年 7 月爆发，母亲把自己的大部分股权都转给了大儿子陈建军，包括丹阳市意博瑞特投资管理有限公司 31.525% 的股权、丹阳市卓睿投资管理有限公司 54.5% 的股权，并任命陈建军任意博瑞特执行董事兼经理、法定代表人。转让后，陈建军通过控股意博瑞特和卓睿投资而控制了大亚圣象的法人股东大亚科技集团的控制权，由此穿透金字塔体系，成为上市公司实际控制人。

为防止"大权旁落"，还掌握着公司实际管理权的陈晓龙便联手姐姐陈巧玲解除了陈建军的董事职务。2018年7月19日，当时大亚集团仍由陈晓龙担任法定代表人、董事局主席兼总裁，大亚圣象宣告，控股股东大亚科技集团有限公司提议，解除陈建军董事及审计委员会委员职务。大亚圣象回复深交所关注函时提到，这是"为完善公司治理结构，确保董事会高效运作和科学决策，进一步加强对中小股东利益的保护，防止公司出现家族企业的诟病"。

矛盾激化至此，陈建军发起反击。2018年8月，通过大亚集团的控股公司意博瑞特和卓睿投资的股东会决定，改选陈建军为这两家公司的执行董事、法定代表人，同时要求陈晓龙在三日内向陈建军移交相关公司证照、公司印鉴、财务账册等公司财物。由于陈晓龙迟迟没有按要求移交公司的证照、公章印鉴等，陈建军向法院提起诉讼等程序，直到2019年7月，工商登记才改由陈建军担任相关公司的法定代表人。至此，大亚集团一共4家股东，有两家是陈建军做法定代表人，还有两家是他们的母亲做法定代表人，为后面以股东身份要求大亚集团、大亚圣象换人易主做了铺垫。

面对母亲的疏离和哥哥在公司控股权上的优势，陈晓龙通过诉讼进行反击，要求撤销那些更改法定代表人的股东决议、董事会决议等。陈晓龙认为2018年的那些股东会决议明显违反公司章程决定，因为其在国外因公出差，无法短时间内回国，恶意发出提议召集公司临时股东会会议是无效的，"会议严重违反《公司法》和公司章程，即使按照通知召开了临时董事会会议，作出的任何决议也都没有任何效力"。但法院并不认同弟弟的观点，案件经上诉后彻底败诉。

输了股东会会议程序案件后，不甘心的陈晓龙又联合姐姐陈巧玲，以母亲向哥哥转让股权的行为明显不合理、违反一致行动人协议，以及母亲违反担保承诺等理由，在丹阳人民法院将母亲告上法庭，诉讼理由中认为母亲把股权转给大哥从法律上讲是无效。因为在这之前，大亚集团与银行签订借款合同时，戴某提供连带担保并承诺未经银行同意不再自行处分自己的财产。但法院认为，所谓担保协议只是保证人自己对银行的承诺，与大亚集团无关，而且卖股权也不必然导致其无法承担保证责任。而"一致行动人协议"只能证明四人约定：任何一方不得对外转让意博瑞特、卓睿投资的股权。但是，这次转让只是内部转让，并没有对外转让，没有违反协议。所以，陈晓龙的请求并没有得到法院的支持。管理权人陈晓龙的两次反击诉讼都没有产生积极的效果。

兄弟间的权力争夺内耗着公司。2019年开始，大亚圣象业绩已出现疲态，股价剧烈波动，还出现了3.69亿元贷款逾期、股权冻结、对外担保高企等融资问题。兄弟反目不光使上下游供应商、投资人的信心受到影响，而且银行也一度不敢放贷，曾经的中国家居行业龙头和明星企业，现在早已不在第一阵营。

后来政府部门出手调解，陈氏兄弟二人决定缓和矛盾，经过谈判，陈建军负责大亚集团，进入上市董事会。而大亚圣象依旧由陈晓龙主持，继续担任董事长。2020年5月的最后一天，陈晓龙在回家的路上因病意外去世。持续多年的兄弟阋墙，最后竟以这样的方式落下帷幕，不禁让人唏嘘。

三、控制权争夺的两案比较

梳理这两个案件可以发现这两家公司在我国家族上市企业传承中的控制权争夺方面非常具有代表性。当家族企业发展成上市公司面临代际传承的时候，不同的家族成员为了维护或获取公司相关的财产权益或者参与管理的权力，会采取各种手段进行控股权的争夺。但这两家看上去相似的企业，最后却有着不一样的结果，缘由令人深思。

（一）相似的两家家族上市企业

无论是杉杉股份还是大亚圣象，他们的创一代都是白手起家的民营企业家，抓住资本市场发展浪潮，成功上市创下行业龙头和投资者看好的上市公司。作为成功的企业家的创一代，他们生前为家族企业规划了金字塔股权结构①，很好地利用了杠杆实现现金流与控制权分离，以较小的家族资本通过间接持股的控制链控制了上市企业。可惜创一代实际控制人突然去世，均没有遗嘱安排，完全没有或者没有妥善的传承规划，争夺与混乱如影随形。

有传承规划理念的上市企业实际控制人往往在生前就通过遗嘱或者家族办公室等诸多安排，事先规划企业的代际传承。但在这两个案件中之所以说可能是没有妥善的传承规划，是因为这两家上市企业的股权设计中均使用了金字塔结构。这种股权结构实际上使得终极控制人能以较少资金或者间接持股取得对目标上市公司的控制，避免了家族内、外部人对控制权的觊觎。但是从避免控制权纠纷的角度来考虑，这一股权结构设计时还应充分考虑股权（持股比例）和管理权两大变量对最终控制的影响。公司控制权的核心是股权，当金字塔顶层的家族企业的股权发生变动时，顶层最大持股的股东与最底层目标上市公司的管理权实际控制人不统一时，公司就会出现僵局，影响公司稳定发展。因此，家族上市公司出现前述两者不统一是公司控制权争夺或公司僵局的预警。

这两个案件中，家族企业发展而来的上市公司都采用了金字塔股权结构，创一代在世时是上市公司的法定代表人实际控股上市公司，也是公司的管理权人。如郑永刚离世前，杉杉股份的控股公司是杉杉集团，而杉杉集团的第一大股东是杉杉控股，杉杉控股的控股人是宁波青刚投资有限公司，郑永刚以51%的绝对控股权控制宁波青刚，如图3。同样的，大亚圣象的陈兴康，通过控制意瑞博特和卓睿投资进而成为大亚科技股份有限公司的第一大股东，而该公司又控股上市公司大亚圣象，因此，陈兴康离世前也是大亚圣象的实际控制人，如图4。但稍有不同的是，杉杉股份的金

---

① 金字塔持股结构是指公司实际控制人通过间接持股形成一个金字塔式的控制链实现对该公司的控制。因此，通过这种方式公司控制权人控制第一层公司，第一层公司再控制第二层公司，以此类推，通过多个层次的公司控制链条取得对目标公司的最终控制权。La Porta 等人曾对世界上近 280 个发达资本主义国家上市公司的股权结构进行研究表明，除美、英、日等国呈现出较高程度的股权分散之外，其余大多数国家终极控制人通过构建金字塔控制结构，交叉持股结构和发行双重投票权的股票等方式，以较少的现金投入获得了较多的控制权。La Porta R., Lopez-De-Silanes F., Shleifer A., "Corporate ownership around the world." *The Journal of Finance*, 1999, 54（2）: 471—517.

字塔层级更多更复杂，而中间层的杉杉集团和杉杉控股的治理结构中已由长子郑驹任法定代表人和董事长。这显示杉杉其实已有代际传承的预先安排的倾向，但尚未涉及上市企业这一层，因此，只能算是不完整的代际安排。

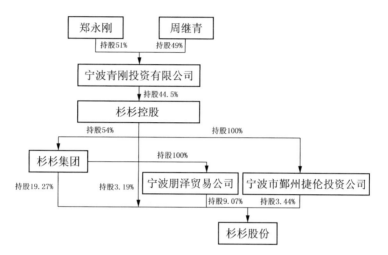

图 3　郑永刚去世前杉杉股份股权示意图

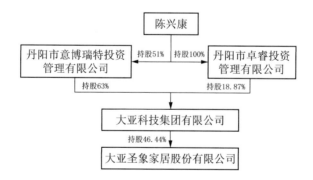

图 4　陈兴康离世前大亚圣象股权结构

（二）不同的控制权争夺方式

梳理一下两个公司控制权争夺方式的差异，就能发现双方争夺行动方式很是不同，具体可见下表 1。

1. 杉杉争夺的方式简单，回合少

在郑永刚去世后，杉杉股份选举郑驹为董事长。周婷指责股东大会违规，认为基于继承关系她应当成为杉杉上市公司的实际控制人，随即提起诉讼并申请财产保全，以保全形式争夺股权。挑战方以这种诉讼策略方式，也许是出于给对方压力的意图，也许是错误理解了继承和实际控制人的法律制度。但郑驹作为争夺纠纷中的防守方明白对方不是最底层上市公司持股人，没有控制权，不能成为实际控制人；就是继承诉讼完成也并不能影响杉杉股份控制的基本格局。所以，冷静处理，及时加持管理权，使得顶层公司的股权优势方和底层公司管理权人保持一致统一。因此，在挑战方申请股权保全的一个回合后，双方均理性对待，和解处理，冲突归于平静。

表 1　杉杉股份针对目标、行动方式和结果一览表

	争夺行为	针对对象	行动方式
回合 1	杉杉股份公司决议选举郑驹为上市公司董事长	管理权	防守方获得董事会控制权
	民事诉讼，对股权进行诉讼保全	股权，实际控制人	继承增持股份以期穿透股权成为实际控制人
结果	郑驹任杉杉股份董事长，法定代表人等实际控制公司；周婷任董事；民事案件撤诉		

2. 变化多样的大亚圣象争夺战

大亚圣象纷争在 2018 年 7 月哥哥受让母亲股权后引爆。其后，作为挑战方的哥哥在当年 8 月采取争夺公司关键人和物的方式，剑指意博瑞特和卓睿投资的管理权；由于陈晓龙未如期移交相关公司印鉴证照等物，陈建军再诉行为保全，最终基于胜诉判决逼陈晓龙交出相关财物。陈建军与母亲成为大亚集团 4 家股东的实际控制人，有两家是陈建军任法定代表人，还有两家是他们的母亲任法定代表人。在 2019 年又如法炮制，以控股股东身份争夺大亚集团、大亚圣象董事会的控制权。

而处于争夺下风的陈晓龙则穷尽了公司控制权争夺的各种法律方式，先是在 2018 年以程序上的瑕疵挑战意博瑞特和卓睿投资的股东大会和董事会的有效性，继而控制公司关键财物，拖延管理权的交出，但均告失败。其实，有关公司决议程序瑕疵案件就算原告能够胜诉，也只能在时间上进行拖延。因为处于持股优势一方完全可以再次通过类似的决议。因此，陈晓龙选择管理权为目标的法律行为方式既不能在法律上赢回权益，又在亲情上大大降低了和解机会。2019 年，陈晓龙再次将母亲和哥哥告上法庭。虽然他终于明白控股权争夺中股权为王的道理，但是由于策略上和法律依据上的缺乏，再加上当地政府的介入协调，案件以撤诉结束。

（三）不同的争夺针对目标

1. 杉杉股份挑战者针对目标是实际控制人，即股权

上市公司控制权的最终决定因素是股权，是有关郑永刚遗孀能否成为实际控制人的关键。这也是周婷提起继承诉讼的缘由。我国《上市公司收购管理办法》规定了四种①，只要符合其中一个标准，就可认定为上市公司的实际控制人。据此分析如下：

针对第一款"投资者为上市公司持股 50% 以上的控股股东"，杉杉股份是法人持股，就算继承完成，周婷也不可能直接成为杉杉股份的持股人。

针对第二款"可以实际支配上市公司股份表决权超过 30%"，从股权穿透层面上而言，这需要周婷首先成为宁波青刚有限公司的大股东。由于她这一方所继承的份额没能达到控股宁波青刚，就无法支配杉杉控股、杉杉集团的表决权，因而不可能符合上述条件成为实际控制人。

如前文所述，由于周婷没能控股顶层公司，就无法支配中间层公司的意思表示，投票决定在底层上市公司的公司决议中选出自己的董事人选或对公司股东决议做出重大影响。故，第三、四款均不符合。

所有这些的核心是在宁波青刚的继承中周婷一方没能实现绝对控股。郑永刚去世未留遗嘱，需按法定继承，明确被继承人的个人财产，然后再对个人财产按法定继承进行分割。据报道，郑永刚与周婷于 2017 年结婚，假设事实如此，两人也没有其他婚姻财产约定，那么郑永刚持有的 51% 的杉杉上市公司的股权是其个人婚前财产，由周婷与其他继承人依法继承。在不考虑郑永刚父母的前提下，郑驹、周婷及其三个未成年孩子共 5 人，均为第一顺位继承人，一般应均分。周婷作为三个孩子的法定监护人，一共可支配 80% 的权益。周婷就算加上她的三个未成年孩子的份额，最多也

---

① 该公司间接控股杉杉股份，详见上文图 3。

不会超过宁波青刚的 40.8%，并未获得超过 50% 的简单多数。

目前，该公司最大股东是周继青持股 49%，而从现有材料调查来看，周继青很可能就是郑驹的亲生母亲。如此，周婷已无可能成为实际控制宁波青刚的股东，作为少数股东无法穿透杉杉控股、杉杉集团的多级股权结构去支配杉杉股份的表决权，更不用说使表决权超过 30%。挑战方显然明白这一继承的计算结果，于是，很快撤销了在长宁法院的股权继承案件。

综上，杉杉股份创一代的去世后，虽然因遗产继承的发生，导致顶层公司的持股人和持股比例发生变化，但是该种变化并没有使得挑战者获得顶层公司的绝对控股权，挑战者在股权上并没有处于优势，在管理权上更是没有。

2. 兄弟阋墙目标侧重管理权

大亚圣象多轮争讼的目标主要是管理权，直到最后，弟弟才最终选择起诉母亲，挑战股权转让行为的合法性。当年陈兴康病故后，继承进行正常，股权分割明确，其中陈兴康的配偶戴女士为第一大股东（占 31.875%），其他三个子女获得均等的 6.375% 的份额，但实际管理人是弟弟陈晓龙，全家四人达成一致行动人协议。其实，这样的安排在底层上市企业的管理权和股权是不统一的，是可能导致僵持的。这种可能被戴女士向陈建军的转股行为激活。因为作为挑战方的陈建军就此在金字塔顶层公司拥有大股东身份并能穿透多层隔离，获得最底层上市企业的控股权。所以，与杉杉股份不同的是，大亚圣象的股权变化使得挑战者获得了顶层公司控股权，且与底层上市企业的管理权处于对立僵持的状态，公司僵局的出现是必然的。

防守方似乎没有把握这一核心要义。他所采取的法律行为几乎都是围绕着管理权进行（如表2）。当时作为上市公司实际管理权控制人的陈晓龙在 2018 年多次向丹阳基层人民法院提起的针对公司股东决议、董事会决议的诉讼，管辖权异议的上诉，均是针对管理权进行的争夺行动。其实这些争夺并不能改变控制权的最终走向，仅能在程序上和时间上有所拖延而已。等到最后的阶段，陈晓龙才转而针对转让股权的合法性再一次将哥哥和母亲告上法庭。这一次针对的是股权这一核心要素，但在诉讼策略、时效、举证等方面都存在着败笔，结局败诉也在预料之中。

表 2　大亚圣象争夺的目标和行动方式一览表

	争夺行为	针对目标	行动方式
回合 1	母亲转股哥哥	股权	增持
	陈晓龙将陈建军踢出大亚圣象董事局	管理权	控制董事会
回合 2	意博瑞特、卓睿投资的股东会改选陈建军为公司的执行董事、法定代表人	管理权	获得董事会控制权获得公司关键人（法定代表人）
	陈建军起诉陈晓龙归还印章等诉讼程序	管理权	争夺公司关键物（印鉴，证照等）
	陈晓龙提起诉讼，申请公司董事会、股东会决议无效，拒绝交出印章等	管理权	挑战公司决议
回合 3	工商登记陈建军担任意博瑞特和文达投资法定代表人	管理权	获得公司关键人
	陈晓龙诉母亲和哥哥，请求撤销股权转让	股权	一致行动人协议、民事行为的有效性
结局	大亚圣象 2019 年股东大会决议陈建军进入董事会，任大股东，成为实际控制人；弟弟为留任董事长，但病故		

四、结局的反思与建议

这两个典型案件的过程和结局都再一次例证控制权争夺中股权为王的道理，但其间所体现的控制权争夺过程中攻防之道，以及上市公司的金字塔股权结构影响，对未来处理类似案件可谓价值良多。

1. 防守方应对控制权争夺的基本策略模式

为保持家族上市企业传承的稳定，作为现任上市公司防守者，应综合考量双方所处的经济、社会因素合理制定应对策略。概要来说，在处理公司控制权争夺纠纷的时候，主要先分析挑战方和己方在公司股权和管理权方面的基本面情况，选择平稳应对、积极防守、积极妥协的模式，如下表 3。如果防守方在股权与管理权方面都处于优势主动地位（如杉杉股份），则可以不予应对，稳扎稳打；如果两个都处于被动劣势的局势，其实并不存在实际意义的控制权争夺。如果防守方在股权方面处于优势，而没有获取足够的管理控制力，应采取积极防守策略巩固管理权为股权加持；如果防守方保有着管理权方面的优势，但在持股比例上与挑战者相比处于劣势，则应主动寻求与挑战者沟通，运用社会、亲情的影响力与挑战者达成企业治理意见上的一致，防守者就应放弃控股的执念，和解是最好的结局，期待以友好换合理权力，如同大亚圣象的局势。

表 3　控制权争夺应对策略模式

	主　体	股权	管理权	策略模式
1.	防守方	主动	主动	策略模式1：平稳应对
	挑战方	被动	被动	
2.	防守方	主动	被动	策略模式2：积极防守
	挑战方	被动	主动	
3.	防守方	被动	主动	策略模式3：积极妥协
	挑战方	主动	被动	

2. 善于综合运用法律、社会和亲情资源

虽然控制权纠纷针对的目标不外乎是公司股权和管理权，但相对于一般上市公司，家族上市公司控制权争夺涉及的人际和法律关系更加复杂，持续时间长，影响大。因而在具体的争夺过程中，不仅需要从实体法层面评估股权和管理权方面的攻守态势，综合研判确定是诉讼还是和解；还需要从程序法层面全面统筹运用多元手段，如和谈、民事诉讼、行政诉讼和刑事举报等途径选择最合适的方式解决矛盾纷争；更需要从社会因素层面考虑解决纷争，特别是在上市的家族企业，不再是一个家族的私产，更是众多中小投资者的企业。如在上述两案例中证监会都为了保护投资者利益和市场的透明的依规发出相应的工作监督函；同时上市公司对于当地税收就业和上下游企业来讲，都有举足轻重的作用，所以无论从相关部分的影响力还是从社会责任层面考虑，还应与政府或监管部门合作，争取其支持和配合。最后，在代际传承中，上市的家族企业控制权的挑战者和防守者基本上都有血缘关系，这张温情的牌，双方都应利用好。事实上，无论最后周婷在杉杉股份中的董事资格，还是大亚圣象兄弟在政府调解下的关系缓和，都证明亲情的影响力。

3. 灵活运用，攻守有道

杉杉股份案例中攻守有方，值得镜鉴。处于持股不利地位的挑战方，先以股权保全的法律诉讼作为压迫信号，但防守方无论是管理权还是股权均处于有利地位，所以选择稳的策略，并以合规公司决议再进行管理权加持。在股权和管理权两个层面步步为营。当然双方表现得均较为冷静，在诉案件也很快撤诉，周婷也进入公司董事会。控制权纠纷没有太大涟漪，和平结束，整体上没有对上市公司发展造成较大的困扰。可见，在给对方施加足够大压力的情况下，如果达到一定的预期条件，应该积极和解，以避免长期争斗和缠诉，减少各方的损失，这在商业利益上是一种双赢的争议解决方式。

反观大亚圣象，已完成股权转让的陈建军可以穿透隔离公司，成为处于股权优势地位的挑战者，因而，防守者处于策略模式 3 的局势。掌握管理权主动的陈晓龙不宜采取针对管理权或程序性诉讼的进攻策略。在控股为王的前提下，这些诉讼不能扭转最终结局。最有力的回击应是挑战股权转让的有效性，进行釜底抽薪，而非追着管理权胡打，既伤亲情也于事无补。事实上，回顾大亚圣象兄弟阋墙引发的一连串诉讼纠纷的结果可以证明这一点。当然，有关股权转让撤销诉讼的举证难度较大，于法于情胜算不高，但依然值得一试，至少这样的诉讼可以作为与对方谈判的砝码，产生压迫的影响力，在适当的时候可调整应对策略，改进攻为和解，尽力谋求可得利益最大化。

因此，对于处于不利地位的控制权防守者，首选争夺股权优势；除非为压迫信号或者拖延策略，可以围绕管理权采取行动。否则，则应打好其他两张牌：充分利用家庭成员关系打温情牌；利用上市公司的公众性，充分打好地方政府和监管机关的协调牌。如在大亚圣象案中，陈建军在管理上确实也需要弟弟的支持；退一步至少给他自己争取到一些腾挪的空间；作为当地政府，也希望地方上的这一龙头企业能够持续发展，为地方经济继续做贡献；而作为证监会，同样也可以以信息披露和中小投资者保护的合规监督介入协调。因此，对症下药，审时度势，进退有度，才能在控制权争夺纠纷中攻防有道。就此而言，大亚圣象的教训是深刻的。

4. 控制权争夺预警的法律逻辑

类似的案件都表明，当金字塔顶层公司最大持股的股东与最底层目标上市公司的管理权实际控制人不统一时，是公司控制权争夺或公司僵局的预警。这不仅是统计归纳也存在底层的法律逻辑。根据公司法原理，一般而言拥有股权的股东能通过投票权等方式获得对应支配公司管理的权利。

而在少数服从多数的表决制下，拥有控股比例就能依法获取公司的管理控制权。公司法允许公司的所有权由股东按份共有，但是公司作为一个独立的法人主体对外意思表示只有一个。由此，对公司管理权的争夺，实际上争夺的是谁有权代表公司对外形成意思表示。

由于中国公司有公章的唯一性和法院认章不认人的传统，所以抢夺公章成了常见戏码。但是，除非公司另有规定否则公章的合法持有者就是公司法定代表人，法定代表人有权代表公司去申请公司的公章遗失和领取新公章，所以公司法定代表人又成为公司控制权争夺的另一标配动作。除非公司章程另行约定，否则更换法定代表人只要51%的表决权的股东形成一致意见就可以更换，所以，公司控制权的争夺最终又归结到51%的表决权，除非另有章程约定，否则通常情况下表决权按同股同权标准按股权比例行使，所以公司控制权的争夺最终归结在公司的所有权，即股权。因此，排除同股不同权的特殊表决权安排，按公司法标准架构设立的公司，持股51%以上的股东终将赢得公司的控制权。但是，如果代表51%的股东不是法定代表人导致其不能合法掌控公司的公章，则法定代表人将会在一定的期间内形成公司所有权和管理权的对抗。这表明，终极实控人为避免控制权争夺风险，除了考虑股权实际还需要考虑管理权方面的掌控。

5. 完善金字塔股权结构提早布局规划传承

无论怎样高明的纷争解决，控制权争夺总会对公司发展和投资人及社会造成负面影响。上医治未病，因此控制权家族纷争的规避之道是及早规划。

大亚的各位股东是有血缘关系的家庭成员，情况相对简单；而杉杉股份是前后两任妻子和孩子，问题更复杂，但杉杉的争夺更简单，结局更快速。这得益于杉杉股份顶层公司宁波青刚的提前构架，周继青49%的股份加上其长子继承份额是可以绝对控股顶层公司的。其次，是管理权和隔离层的效用。杉杉的金字塔中间几个隔离层，如杉杉控股、杉杉集团的管理权也已经在郑驹手上。在杉杉控股和杉杉集团两层独立法人的隔离结构下，挑战方无法实现对底层公司的管理权控制。因而，防守方握有管理权和股权的优势，稳扎稳打可保公司整体稳定。

而在大亚圣象，看似也有多层股权结构的设置，但在创一代去世发生继承后，第一层的股权较为分散不稳定，母亲与多位子女的组合会形成多种控股格局。这样底层公司的管理权人并非顶层公司的控制人，且只有一层股权隔离层容易被穿透，企业控制权不稳，容易产生公司僵局，兄弟阋墙的后患缘起于此。

为避免公司控制权家族纷争，创一代在金字塔股权设计时，需要考虑增加隔离层，同时还需保持第一层控股的稳定性。这样多层结构的效用，从公司治理价值而言，有利于分权；从融资价值而言，有利于资金多层放杠杆；于风险而言，还有利于形成不易穿透的股权和风险隔离。

五、结　语

综上，上市公司控制权家族纷争可采取的法律手段变化多样，所涉股东是家族的多个成员，互相关系错综复杂，同时作为公众公司又需要注意合规性和社会影响。上市公司控制权争夺不仅是资本的较量，也是规则的角力，而且还需关照亲情和睦。只有综合研判控制权争夺所涉各方的权力配置，明确应对策略，设置合适的争夺目标，采取相应的争夺方式，才能有效解决此类纠纷。特别是在启动民事诉讼之前，要统筹考虑整个控制权争夺战的全局，是和是战，选择恰当的启动时间和完美的谈判方案，攻防有道。

参考文献

曹树新、王建琼，2015，《上市公司控制权变更信息披露的市场敏感性反应实证研究》，《西南民族大学学报（人文社科版）》第 7 期。

党印、鲁桐，2016，《从公司治理看万宝之争》，《中国金融》第 11 期。

丁雪，2021，《"ST 生化"控制权争夺的案例研究》，《现代营销（学苑版）》第 5 期。

贾新民、戴娟萍，2008，《上市公司控制权争夺的途径与方式研究》，《商业时代》第 6 期。

李先瑞，2015，《创始人权威、控制权配置与高科技公司治理——以阿里巴巴的控制权争夺为视角》，《会计之友》第 10 期。

刘汉民、陈永安，2019，《保险公司举牌与上市公司控制权竞争》，《云南财经大学学报》第 3 期。

马永斌，2019，《公司控制权安排与争夺》，清华大学出版社。

秦诗音、陈昌彧、王峰娟，2017，《我国实体企业创始人的控制权保护探究——以南玻集团为例》，《财务与会计》第 12 期。

任广乾、徐瑞，2019，《国企混改的控制权转移模式及绩效研究》，《财会通讯》第 12 期。

舒知堂，2022，《商战之巅——上市公司控制权争夺案例及法律问题详解》，法律出版社。

汤欣，2001，《公司治理与上市公司收购》，中国人民大学出版社。

田小皖，2023，《杉杉股权之争》，《经理人》第 5 期。

王豪威、于永生，2018，《多元主体视角下企业控制权争夺分析——以万科事件为例》，《财会通讯》第 8 期。

王志鹏，2016，《上市公司控制权的法律规制》，湖南师范大学出版社。

武禹，2020，《我国上市公司控制权争夺的研究述评与展望》，《山西财政税务专科学校学报》第 22 期。

谢会生，2022，《上市公司控制权纠纷案例精析》，法律出版社。

邢亚丹、孙霈，2014，《野蛮生长还是制度规范？——基于雷士照明控制权争夺的案例研究》，《经济管理》第 7 期。

张文，2015，《上市公司发生控制权转移的影响因素分析》，《技术经济与管理研究》第 2 期。

张璇、刘凤芹，2018，《控制权私利、股权结构与董事会特征——来自中国民营上市公司的经验证据》，《山东社会科学》第 5 期。

张继德、陈昌彧，2017，《从万科控制权危机看反收购策略优化与健全》，《会计之友》第 16 期。

张继德、刘卓，2018，《我国在美上市互联网企业创始人控制权保护研究——以阿里巴巴实行"合伙人制度"为例》，《北京工商大学学报（社会科学版）》第 33 卷第 5 期。

张舫，1998，《公司收购法律制度研究》，法律出版社。

张舫，2006，《公司控制的理论与实践》，西南师范大学出版社。

张玉明、张昭贵、王嘉胜，2005，《控制权争夺与资本结构优化》，《财经论丛（浙江财经学院学报）》第 6 期。

赵梦怡、戴书松，2017，《公司实际控制人过度自信引发控制权危机——基于国美电器的案例分析》，《财会月刊》第 17 期。

赵国宇，2017，《控制权获取、CEO 变更与合谋掏空——基于上市公司并购事件的研究》，《证券市场导报》第 6 期。

周晓苏、唐雪松，2006，《控制权转移与企业业绩》，《南开管理评论》第 4 期。

Klasing M. J. 2014. "Cultural Change, Risk-Taking Behavior and Implications For Economic Development." *Journal of Development Economics*, 110 (9): 158—169.

La Porta R., Lopez-De-Silanes F., Shleifer A. 1999. "Corporate Ownership Around the World." *The Journal of Finance*, 54 (2): 471—517.

Johnson S., La Porta R., Lopez-De-Silanes F. 2000. "Tunneling." *American Economic Review*, 90 (2): 22.

Shleifer A., Vishny R. W. 1997. "A Survey of Corporate Governance." *The Journal of Finance*, 1997, 52 (2): 737—783.

监督视角下的员工持股与高管在职消费

汤晓燕　王　晖*

摘要：本文从公司治理的监督视角出发，探讨员工持股是否能有效监督、约束高管的行为。我们以 2014—2018 年我国 A 股非金融上市公司相关数据为样本，探究员工持股对高管在职消费行为是否能够产生约束，研究发现：上市公司员工持股计划的实施，可以显著降低高管的在职消费水平，进一步的研究表明，员工持股在国有企业中发挥了更好的监督作用。本文从员工持股的监督角度探讨了其对高管在职消费的影响，为员工持股的相关研究提供了新的思路。

关键词：员工持股　在职消费　监督机制

Abstract：From the perspective of corporate governance supervision, this paper investigates whether employee stock ownership can effectively supervise executive behavior. Using data from A-share non-financial listed companies in China from 2014 to 2018, we explore whether employee stock ownership can reduce executive on-the-job consumption. The study finds that the implementation of employee stock ownership plans significantly reduces the level of executive on-the-job consumption. Further research indicates that employee stock ownership exerts better supervisory effects in state-owned enterprises. This paper discusses the impact of employee stock ownership on executive on-the-job consumption from a su-

---

* 汤晓燕，上海外国语大学国际金融贸易学院讲师，主要研究方向为经理人激励、公司治理与资本市场。王晖，中国海洋石油集团财务共享中心。

pervisory perspective, providing new research insights for related studies on employee stock ownership.

Keywords: Employee Stock Ownership; On-the-Job Consumption; Supervision Mechanism

一、引　言

员工持股计划（ESOP）最早源于路易斯·凯尔索在 1958 年所提出的"双因素经济学理论"。路易斯·凯尔索在研究美国员工薪资水平时发现，员工的薪资水平和劳动力投入存在严重的不匹配性，而解决这一问题的有效方法就是实施员工持股计划。20 世纪 70 年代起，随着这一制度在美国的有效实施，英国、法国等其他资本主义国家也相继开始了对员工持股的试点工作。到了 80 年代左右，员工持股制度已发展成为西方国家普遍采用的中长期激励手段。员工持股计划通过让员工持有股份而成为公司的所有者，使员工也能作为公司股东参与企业的剩余价值分配过程，赋予了员工劳动和资本的双重收益。

20 世纪 90 年代左右，为了适应市场经济转型、扩大企业资金来源，我国一些企业开始以筹集资金为目的进行内部职工持股的试点工作，这也是我国员工持股制度的萌芽阶段。2014 年 6 月，经国务院同意，证监会制定并发布了《关于上市公司实施员工持股计划试点的指导意见》，自此我国员工持股计划（ESOP）步入规范化的发展阶段。据 WIND 数据库统计，截至 2018 年 12 月底，我国累计共推出 961 项员工持股计划草案，其中包括已完成草案 780 项。学者们也对此展开了广泛讨论，但现有文献多从激励角度出发，探讨员工持股对于降低企业代理成本、改善公司绩效等方面的影响（马才华，2014；张孝梅，2016；李兴玉，2017；梁红英，2019），鲜有文献从监督角度出发，考虑员工持股对于强化公司监督机制的作用。本文拟从监督的角度出发，探究公司员工持股对高管在职消费产生的影响。

二、文献综述

现有文献对员工持股制度后果的相关研究主要从员工持股计划对代理成本、企业绩效及资本结构三个维度的影响来展开。

（一）员工持股计划对代理成本的影响研究

Jensen 和 Meckling（1976）对管理层持股、代理成本与企业绩效之间的关系进行了系统分析，他们认为，管理层持股能够显著降低企业的代理成本，缓解所有者和经营者之间的代理矛盾。员工持股对公司代理成本的影响，学者们得出了较为统一的结论，即员工持股计划有利于减少代理成本，提高公司的治理效率。郭冰和郭泽光（2003）认为，员工持股计划有利于改善经济利益关系，优化产权结构和企业财务管理机制。张孝梅（2016）研究发现，员工持股计划可以进一步推进国有企业股权结构多元化改革，使公司治理水平得以提升。宋芳秀（2018）通过对员工持股计划进一步研究发现，当激励资金来源为员工自筹时，员工利益和公司利益趋于一致，有利于强化员工对管理层的监督意识，提升公司的治理水平。

（二）员工持股计划对企业绩效的影响研究

对于员工持股计划与公司业绩之间的关系，学术界目前还没有得出统一的结论。部分学者认为，员工持股计划对企业经营业绩具有正向作用。Jones 等（1995）发现员工持股计划有利于公司做出优质决策，增加企业效益。DeRiso（2004）以美国航空公司的员工持股计划为案例进行研究，研究发现，员工持股制度对航空公司的企业绩效有积极的正向作用。Trebucq（2004）以 2000 年法国企业的员工持股数据为样本，研究发现员工持股对企业业绩有显著的积极作用。Blasi（2007）通过研究员工持股与企业绩效的关系发现，员工持股计划对经营绩效的提升有显著的正向作用。黄桂田和张悦等（2009）以 1 302 家上市公司数据为样本对员工持股制度的经济效应进行分析，结果发现，与非国有企业相比，员工持股计划对国有企业的绩效改善更显著。李兴玉和罗守贵（2017）研究发现，员工持股计划实施后，大部分市场投资者对此的态度都是积极的，而实施员工持股计划的企业也会增加企业财富。李明和黄霞（2017）以 227 家企业横截面数据进行实证分析，发现员工持股计划能够显著提升企业经营绩效，且在股权较为分散的中小企业和民营企业中，这一作用将更加明显。黄萍萍和焦跃华（2019）认为员工持股提高了公司的创新投入。梁红英（2019）在研究员工持股与企业经营业绩、公司股价之间的关系时曾指出，员工持股计划能够促使员工以"公司股东"身份分享企业剩余收益，有助于在企业内部形成一种长期激励机制，提高员工工作积极性、解决员工偷懒问题，进而改善公司业绩和公司基本面。

另有学者持不同意见。Weitzman 和 Kruse（1990）认为，大规模的员工持股计划容易降低员工的工作效率，公司内部"搭便车"问题频频发生，不利于企业经营绩效的改善。Chang 和 Mayers（1992）表示，员工持股会产生"盘踞"现象，从而降低企业绩效。沈红波等（2018）构建了国有企业实施员工持股计划因管理层激励不足而导致公司治理状况无法显著改善，经营绩效无法显著提升的逻辑体系 Conte 和 Tannenbaum（1978）研究后发现，在实施过员工持股计划后，企业的整体利润率并没有发生显著变化。唐蓓蕾（2005）认为，如果企业在效益差时强行实施员工持股，持股计划可能并不能起到原有的激励作用，因而对企业绩效不会产生显著影响。

（三）员工持股计划对资本结构的影响研究

关于员工持股计划对资本结构的影响，学者们均认为员工持股计划可以优化公司产权结构、降低企业的杠杆水平。黄桂田和张悦（2009）研究发现，员工持股计划可以显著降低国有企业的杠杆水平。王砾等（2017）研究了我国上市公司员工持股计划的公告效应，认为员工持股计划有助于解决目前我国国有企业存在的产权缺陷问题。

（四）文献评述

通过对员工持股计划经济后果的文献回顾，我们发现现有文献大多肯定了员工持股计划在降低企业代理成本等方面的积极作用，认为员工持股计划有助于激发员工的工作积极性，使员工的主人翁意识得以提升，对公司内部治理水平的提升起到了一定的积极作用。但绝大多数文献是从激励角度出发，探讨员工持股对于降低企业代理成本、改善公司绩效等方面的影响；鲜有文献从监督角度出发，考虑员工持股对于强化监督机制，从而降低第一类代理成本的重要作用。

三、提出假说

委托代理问题产生于现代企业管理制度下的两权分离现象，在委托代理关系中，由于所有者和经营者之间存在互不相同的效用函数，当二者存在利益冲突时，公司高管可能不会以股东财富最大化为工作目标，而是利用自己的信息优势增加自己的个人财富，进而损害了公司利益，而高管在职消费就是代理问题中最具代表性的表现形式之一。在管理公司的过程中，由于经理人对企业享有绝对的管理权，因此他可能会利用自己的职务便利来追求一些高品质的生活消费，比如说豪华的办公室、专车专机接送，以及一些私人的娱乐性消费等。与此同时，由于我国职业经理人市场机制尚不健全，经理人名誉还未成为整个市场的发展导向，经理人以较低的违约成本就能获得短期的巨大收益，这也为公司管理层的机会主义行为创造了有利的外部条件。学者陈冬华等（2005）曾指出，我国国有上市公司管理层在职消费行为十分严重，不少高管的在职消费已达到其货币薪酬的10倍左右。

为有效解决这一问题，已有不少学者从公司内部激励机制的建立入手，研究如何完善公司内部治理机制，解决委托人和代理人之间的冲突，进而有效降低企业代理成本。其中，股权激励计划就是公司内部典型的激励手段。而与此同时，企业也应完善内部监督机制，除董事会的内部监督外，企业还可以通过实施员工持股计划，构建企业和员工之间的利益共同体，促使员工能从企业的立场出发，更好地监督、约束管理者的行为，降低企业的代理成本。Bova（2015）认为出于企业及自身利益最大化动机，员工会积极承担监督管理者的责任，增加公司信息透明度。王寿林（2011）曾从权力关系的角度提出，外部组织的监督关系更侧重于监督者对于被监督者的单向、非对称监督。与政府、外部审计师等的监督不同，由于企业管理层级的特殊性，公司高管在受到监督的同时也是企业的管理者，因此员工在监督管理层的时候也必将要受到管理层的监督，形成了员工和管理层双向监督的良好效应，有效抑制了企业的不合理消费。基于此，本文提出以下假设1：

假设1：员工持股有利于降低高管的在职消费水平。

员工持股比例对在职消费的抑制作用可能会因公司性质不同而存在差异。从公司治理的角度来看，我国国有上市公司的股权结构存在一定缺陷，过于集中或分散的国有股份很容易引发"所有者缺位"问题，促使管理层权力过度膨胀且所有者并不能有效监督管理层的行为。程晓陵等（2008）认为，由于我国国有股人格主体并不明确，国有股东对管理层缺乏足够的监督动机，因此在监督管理层时就表现出了明显的低效率。在这种背景下，我国国有上市公司的综合治理水平相对较弱，因而员工持股计划将会有更大的作用空间。同时，学者罗宏和黄文华（2008）、陈冬华和梁上坤（2010）、孙世敏等（2016）的研究表明，企业员工的货币薪酬和在职消费之间存在一定的替代效应。由于受薪酬管制影响，国有企业员工的直接薪资水平相对较低，因此其将会有更多的非正常消费支出，员工持股计划的作用空间也就更大。基于以上两方面原因，本文提出假设2：

假设2：员工持股在国有上市公司中对高管在职消费的抑制作用更强。

四、研究设计

（一）样本选取和数据来源

本文选取2014—2018年我国A股上市公司数据作为初始研究样本，各年度样本依据本文的研究内容和研究需要进行了如下剔除：（1）金融类上市公司；（2）存在财务状况异常的ST和 *ST公司；（3）采取限制性股票或股票期权以外激励方式的公司。经上述筛选并进一步剔除相关变量缺失的样本后，本文得到了13 121个观测值。其中，本文所用到的在职消费相关数据来自国泰安（CSMAR）数据库，2014—2018年间的员工持股计划（ESOP）数据来自万得（WIND）数据库，公司股权激励相关数据取自锐思（RESSET）数据库，其他控制变量数据来自国泰安（CSMAR）和锐思（RESSET）数据库，部分数据由作者手工整理所得。此外，为避免极端值对实证过程的影响，本文对相关变量进行了上下 1% 的缩尾处理（Winsorize）。

（二）变量定义

1. 被解释变量——在职消费（PERK）

在职消费主要是指员工（特别是管理者）工资以外所获得的各种报酬和利得，是高管凭借其身份特权而享受的各种特殊待遇。长期以来，由于其具有一定的隐蔽性和难以观测性，理论界在计量在职消费时习惯性地采取替代性指标，但对于替代指标的选取，不同学者有着不同的看法。

陈学冬（2005）是较早研究在职消费计量问题的学者之一，基于绝对值法，他将在职消费的内容限定为"办公费、差旅费、业务招待费、通信费、出国培训费、董事会费、小车费和会议费"这八项费用，主张通过计算这八项费用之和来替代在职消费，学者罗宏和黄文华（2008）也赞同了这一观点。在陈学冬（2005）的研究基础上，张力与潘清（2009）提出，将"业务招待费、差旅费、培训费、董事会费、小车费和会议费"这六项费用之和作为在职消费的替代变量。但考虑到其中涉及的明细费用大都属于高管自愿披露项目，部分公司并未在财务报表附注中披露这些数据，因此数据的可得性存在一定问题。Singh（2003）采用销售管理费用率来衡量在职消费。他表示，公司销售管理费用包含了差旅费、办公设施构建费、会议费、招待费、广告费等诸多费用，一定程度上反映了公司管理层可以任意处置的各种花费，其中也包括了管理层以各种名义进行的隐性消费。此外，这种方法也有利于不同规模公司的横向比较。随着研究的进一步深入，后续又有学者利用数理统计方法，提出了"超额在职消费"的概念，丰富了相关的理论研究。

鉴于数据可得性的考虑，本文参考 Singh（2003）、李寿喜（2007）等人的研究，选取公司管理费用率作为在职消费（PERK）的替代变量，并将公司销售管理费用率作为稳健性检验变量。

2. 解释变量

针对研究假设，本文选取员工持股比例（ESOP）作为主要解释变量，探究员工持股比例与在职消费之间的相互关系。借鉴陈大鹏（2019）等人的研究，本文将员工持股比例（ESOP）定义为"员工持股计划占总股数的比例"。此外，模型中还设置了表示企业对应年度"是否存在员工持股"的哑变量 d_ESOP，若公司在对应年度实施了员工持股计划则取值为 1，否则取值为 0。为了便于探究员工持股对在职消费的影响效果，本文规定，若企业当年实施了员工持股计划，除非发生了特别重大事项，否则下一年度也视同实施了员工持股计划。同时，对于正在推行员工持股但还没有实施完成的公司来说，由于此时员工持股比例为 0，且员工持股计划并没有产生任何实际效应，因此按照没有员工持股来处理。

3. 控制变量

参考公司治理的相关研究（如陈学冬，2005；权小峰，2010），本文

表 1　变量定义表

变量代码	变量名	变量定义
PERK	高管在职消费	管理费用与主营业务收入的比值
ESOP	员工持股比例	员工持股占总股数的比例
d_ESOP	员工是否持股	是否存在员工持股（哑变量）
SOE	企业性质	若公司为国有企业取 1；否则为 0
EXEINCE	股权激励强度	高管获授的股票期权或限制性股票总数/总股数
LEV	杠杆水平	年末总负债/年末总资产
ROA	公司业绩	净利润/年末总资产
GROWTH	公司成长性	公司主营业务收入增长率
TOP1	第一大股东持股比例	第一大股东持股数量/总股数
INSTIHOLD	机构投资者持股比例	机构投资者持股数量/总股数
EXEHOLD	高管持股比例	高管持股数量/总股数
INDE	独立董事占比	独立董事人数/董事会人数
BOARD	董事会规模	董事会人数取自然对数
DUAL	是否两职合一	若公司董事长和总经理为同一人，取 1；否则取 0
AUDI	是否设立审计委员会	若公司设立了审计委员会，取 1；否则取 0
BIG10	是否由十大会计师事务所审计	若公司由排名前十大的会计师事务所审计，取 1；否则取 0
YEAR	年度	哑变量
INDUSTRY	行业	哑变量

从公司基本特征、公司治理特征和公司外部监督等三个维度选取控制变量，公司基本特征包括企业性质、杠杆水平、公司业绩、公司成长性等，公司治理特征包括第一大股东持股比例、机构投资者持股比例、高管持股比例、股权激励强度、独立董事占比、董事会规模、是否两职合一、是否设立审计委员会等，用是否由十大会计师事务所审计作为公司外部监督的代理变量。另外，本文还考虑了行业和年度固定效应的影响，加入了行业哑变量和年度哑变量。变量定义表见表1。

（三）模型构建

为了验证假说1，本文建立了检验在职消费（PERK）与员工持股比例（ESOP）之间关系的模型（1），并在模型中加入了反映对应年度是否存在员工持股的哑变量 d_ESOP，模型（1）如下所示：

$$PERK_{it} = \beta_0 + \beta_1 \cdot ESOP_{it} + \beta_2 \cdot CONTROL_{it} + \varepsilon_{it} \tag{1}$$

为了探究不同产权性质下员工持股对高管在职消费的抑制作用，针对假说2，本文以研究企业的产权性质为依据，将样本进行分组回归，并同时引入交互项对假设二进行检验，见模型（2）：

$$PERK_{it} = \beta_0 + \beta_1 \cdot ESOP_{it} + \beta_2 \cdot SOE_{it} + \beta_3 \cdot ESOP_{it} \times SOE_{it} + \beta_4 \cdot CONTROL_{it} + \varepsilon_{it} \tag{2}$$

五、实证检验与结果分析

（一）描述性统计

为剔除极端值对研究结果的影响，本文对连续变量分别进行了上下1%的缩尾处理，表2报告了研究样本的描述性统计结果。从统计结果来看，样本公司的在职消费均值为0.109，标准差为0.086，最大值为0.541。就员工持股而言，员工持股比例在0—4%，均值仅为0.2%，这是因为实施过员工持股的企业不多，仅有11.05%的观测值存在员工持股，且单个企业实施员工持股的时间并不长，实施过员工持股的企业中大约有84%的企业，其员工持股锁定期在3年以内（不包括3年），员工持股的平均实施规模也不大。其他控制变量的分布均位于合理区间，与现有研究基本一致。

表 2　描述性统计

变量	N	Mean	SD	Min	p25	p50	p75	Max
PERK	13 121	0.109	0.086	0.010	0.055	0.090	0.134	0.541
ESOP	13 121	0.002	0.006	0	0	0	0	0.040
d_ESOP	13 121	0.111	0.314	0	0	0	0	1
SOE	13 121	0.349	0.477	0	0	0	1	1
EXEINCE	13 121	0.458	1.153	0	0	0	0	9.968
LEV	13 121	0.421	0.202	0.059	0.259	0.411	0.572	0.888
ROA	13 121	0.041	0.058	−0.202	0.015	0.038	0.069	0.210
GROWTH	13 121	0.198	0.463	−0.542	−0.014	0.113	0.284	3.030
TOP1	13 121	0.341	0.145	0.085	0.227	0.322	0.438	0.737
INSTIHOLD	13 121	0.395	0.230	0.001	0.206	0.405	0.574	0.880
EXEHOLD	13 121	0.071	0.137	0	0	0.002	0.066	0.597
INDE	13 121	0.376	0.054	0.333	0.333	0.364	0.429	0.571
BOARD	13 121	2.122	0.199	1.609	1.946	2.197	2.197	2.708
DUAL	13 121	0.273	0.445	0	0	0	1	1
AUDI	13 121	0.999	0.064	0	1	1	1	1
BIG10	13 121	0.582	0.493	0	0	1	1	1

（二）相关性分析

表 3 提供了各变量之间的相关系数。从表中可以看出，员工持股比例（ESOP）与在职消费（PERK）之间的相关系数为 −0.008，相关性为负，表明二者之间存在一定的负相关关系。产权性质（SOE）与在职消费（PERK）的相关系数为负值，且在 1% 水平上显著成立，这说明股权性质（SOE）与在职消费显著负相关，平均而言，国有企业的在职消费水平显著低于非国有企业。产生这一现象的原因可能主要有两个方面：一是与国有企业相比，非国有企业需要通过更多的职务消费来建立并维系各类社会关系；二是 2012 年政府八项规定出台以后，企业各种明细费用报销都有了明确的限额和流程，国有企业受到的监管更多、执行力度也更强，因此相对

表 3　各变量相关系数矩阵

	PERK	ESOP	SOE	EXEINCE	LEV	ROA	GROWTH	TOP1	INSTIHOLD	EXEHOLD	INDE	BOARD	DUAL	AUDI	BIG10
PERK	1														
ESOP	-0.008	1													
SOE	-0.180***	-0.150***	1												
EXEINCE	0.077***	0.041***	-0.241***	1											
LEV	-0.290***	0.006 00	0.282***	-0.040***	1										
ROA	-0.161***	0.007 00	-0.125***	0.076***	-0.353***	1									
GROWTH	-0.108***	0.038***	-0.113***	0.070***	0.023***	0.208***	1								
TOP1	-0.179***	-0.059***	0.245***	-0.099***	0.081***	0.113***	-0.031***	1							
INSTIHOLD	-0.200***	-0.027	0.415***	-0.121***	0.226***	0.054***	-0.033***	0.404***	1						
EXEHOLD	0.132***	0.056***	-0.365***	0.134***	-0.239***	0.144***	0.062***	-0.043***	-0.413***	1					
INDE	0.063***	0.011 0	-0.057***	0.020**	-0.008 00	-0.031***	0.003 00	0.041***	-0.055***	0.088***	1				
BOARD	-0.122***	-0.030***	0.254***	-0.055***	0.146***	0.008 00	-0.029***	0.022**	0.204***	-0.159***	-0.565***	1			
DUAL	0.097***	0.050***	-0.289***	0.078***	-0.122***	0.063***	0.038***	-0.040***	-0.192***	0.474***	0.116***	-0.183***	1		
AUDI	0.009 00	0.010 0	-0.028***	0.019**	-0.026***	0.013 0	0.013 0	-0.022**	-0.029***	0.022***	0.015*	-0.029***	0.010 0	1	
BIG10	-0.008 00	-0.012 0	0.006 00	0.018**	0.013 0	0.053***	-0.005 00	0.084***	0.055***	0.024***	0.002 00	0.015*	0.019**	0.006 00	1

注：*** 表示在 1% 水平上显著，** 表示在 5% 水平上显著，* 表示在 10% 水平上显著。

非国有企业，其管理层在职消费的平均水平显著降低。高管股权激励强度（*EXEINCE*）与在职消费（*PERK*）之间的相关系数为 0.077，在 1% 的水平上显著为正，这可能是因为股权激励计划的实施增加了管理层在公司的"话语权"，容易诱发管理层逐利等一些机会主义行为，进而增加了公司的在职消费水平。

（三）回归分析

本文使用 Stata14 进行回归，假设 1 的回归结果如下表 4 所示，其中第（1）列以样本企业"是否存在员工持股"为解释变量，探寻二者之间是否存在一定的相关关系，第（2）列以样本企业"员工持股比例"为主要解释变量，进一步探究员工持股与高管在职消费之间的关系。本文在模型中加入了年份虚拟变量和行业虚拟变量，回归中所控制的行业按证监会《上市公司行业分类指引》（2012 年版）进行行业分类，其中制造业取二级分类，其他行业取一级分类。

表 4　假说 1 的回归结果

变　量	（1） PERK	（2） PERK
d_ESOP	-0.008 *** (-3.770)	
ESOP		-0.327 *** (-3.136)
SOE	-0.009 *** (-5.231)	-0.008 *** (-5.048)
EXEINCE	0.002 *** (4.054)	0.002 *** (4.134)
LEV	-0.122 *** (-31.705)	-0.122 *** (-31.686)
ROA	-0.387 *** (-31.109)	-0.387 *** (-31.119)
GROWTH	-0.015 *** (-10.578)	-0.015 *** (-10.584)

变 量	(1)	(2)
	PERK	PERK
TOP1	−0.039 ***	−0.039 ***
	(−7.777)	(−7.744)
INSTIHOLD	−0.004	−0.004
	(−1.204)	(−1.255)
EXEHOLD	0.010 *	0.010 *
	(1.678)	(1.669)
INDE	0.031 **	0.031 **
	(2.156)	(2.156)
BOARD	−0.007 *	−0.007 *
	(−1.831)	(−1.787)
DUAL	0.003	0.003
	(1.574)	(1.603)
AUDI	−0.000 2	−0.000 2
	(−0.036)	(−0.022)
BIG10	0.003 **	0.003 **
	(2.030)	(1.994)
年份固定效应	YES	YES
行业固定效应	YES	YES
_cons	0.188 ***	0.187 ***
	(11.146)	(11.103)
N	13 121	13 121
R^2	0.302	0.302

注：括号中是 t 值；*** 表示在1%水平上显著，** 表示在5%水平上显著，* 表示在10%水平上显著。

表4列示了假设1的回归结果，从上表可以看出，员工持股比例（ESOP）的系数为−0.327，t 值为−3.136，在1%的水平上显著为负。哑变量"是否存在员工持股"（d_ESOP）的系数为−0.008，t 值为−3.770，在1%的水平上显著为负。这表明员工持股比例与高管在职消费水平呈显著负相关，即员工持股比例越高，在职消费水平越低，员工持股比例能显著抑制高管的在职消费水平，与本文所提出的假设1相符，且这种作用在控制

了高管股权激励强度（*EXEINCE*）之后依然成立。

从控制变量的回归结果来看，公司杠杆水平（*LEV*）的系数在 1% 水平上显著为负，说明公司杠杆水平与高管在职消费显著负相关。公司资产负债率的提高，促使债权持有者能站在自己的立场上更好地监督债务人，即负债的还本付息压力对公司管理者起到了相机治理作用，这与 JENSEN 的推断基本相符。此外，公司业绩（*ROA*）、公司成长性（*GROWTH*）的系数在 1% 水平上显著为负，说明公司业绩越差、成长性越差，其在职消费水平越严重。审计事项"是否设立审计委员会"（*AUDI*）的与高管在职消费呈负相关，表明一定程度上公司内部审计能抑制公司管理层的在职消费水平。

（四）员工持股比例对高管在职消费的分样本回归

对于假设 2，在上述研究的基础上，本文进一步进行分样本回归，表 5 报告了分样本回归的结果。由表 5 可知，在全样本、国有企业和非国有企业的子样本回归中，员工持股比例（*ESOP*）的系数分别为 -0.327、-0.775 及 -0.273，且代表全样本和国有上市公司分样本的系数在 1% 的水平上显著为负。此外，代表非国有上市公司分样本的系数与高管在职消费（*PERK*）呈负相关关系，该关系在 5% 的水平上显著成立。这说明在国有或非国有上市公司中，员工持股比例（*ESOP*）均能显著抑制管理层在职消费水平。

表 5　分样本回归结果

变　量	全样本	分样本	
		国有企业	非国有企业
ESOP	-0.327***	-0.775***	-0.273**
	(-3.136)	(-2.930)	(-2.318)
EXEINCE	0.002***	-0.002	0.003***
	(4.134)	(-0.958)	(4.450)
Controls	控制	控制	控制
年份固定效应	控制	控制	控制
行业固定效应	控制	控制	控制
N	13 121	4 576	8 545
R^2	0.302	0.282	0.299
Adjusted R^2	0.299	0.274	0.295

为进一步探究不同产权性质中员工持股比例对在职消费的抑制作用，本文构建了国有公司虚拟变量交互项 $ESOP * SOE$ 并加以回归。研究发现，交互项 $ESOP * SOE$ 显著为负，即员工持股比例对国有企业高管在职消费的抑制效果更为明显，假设 2 得以验证，回归结果见下表 6。本文在回归中控制了杠杆水平、公司业绩、公司成长性等公司特征因素，第一大股东持股比例、高管持股比例、董事会规模、独立董事比例等公司治理因素，以及年度和行业固定效应。

表 6　交互项回归结果

变　量	PERK
ESOP	-0.244^{**}
	(-2.123)
SOE	-0.005^{***}
	(-3.079)
ESOP * SOE	-0.573^{*}
	(-1.741)
EXEINCE	0.001^{**}
	(2.194)
Controls	控制
年份固定效应	控制
行业固定效应	控制
N	13 121
R^2	0.251
Adjusted R^2	0.248

（五）稳健性检验

借鉴相关文献，本文采用销售管理费用率作为在职消费的替代变量进行稳健性检验，并在回归中控制了杠杆水平、公司业绩、公司成长性等公司特征因素，第一大股东持股比例、高管持股比例、董事会规模、独立董事比例等公司治理因素，以及年度和行业固定效应，回归结果如表 7 所示。

表 7 第（1）列是哑变量"是否存在员工持股（d_ESOP）"的回归结果，第（2）列报告了员工持股比例（$ESOP$）的回归结果。结果显示，员

工持股比例（*ESOP*）的系数是-0.215，*t* 值为-2.851，在 1% 的水平上显著
为负；哑变量"是否存在员工持股"的系数为-0.003，*t* 值为-1.945。这表
明员工持股比例（*ESOP*）与高管在职消费水平显著负相关，即员工持股
比例能够显著抑制高管的在职消费。

表 7　稳健性检验结果

变　量	（1） *PERK*	（2） *PERK*
d_ESOP	-0.003*	
	(-1.945)	
ESOP		-0.215***
		(-2.851)
SOE	-0.008*	-0.008*
	(-1.809)	(-1.781)
EXEINCE	-0.002***	-0.002***
	(-2.956)	(-2.935)
LEV	-0.013***	-0.013***
	(-2.821)	(-2.757)
ROA	-0.103***	-0.103***
	(-11.721)	(-11.698)
GROWTH	-0.003***	-0.004***
	(-4.174)	(-4.220)
TOP1	0.005	0.004
	(0.542)	(0.509)
INSTIHOLD	0.001	0.001
	(0.314)	(0.343)
EXEHOLD	-0.005	-0.005
	(-0.799)	(-0.798)
INDE	0.024	0.023
	(1.561)	(1.531)
BOARD	0.012**	0.012**
	(2.291)	(2.296)
DUAL	0.000 2	0.000 2
	(0.152)	(0.140)

续表

变　量	（1）	（2）
	PERK	*PERK*
AUDI	−0.001	−0.001
	（−0.084）	（−0.080）
BIG10	0.000 3	0.000 3
	（0.272）	（0.264）
年份固定效应	YES	YES
行业固定效应	YES	YES
_cons	0.051 ***	0.051 ***
	（3.293）	（3.295）
N	9 326	9 326

六、结　论

本文从监督的视角出发，利用 2014—2018 年我国 A 股非金融上市公司的 13 121 个样本数据，研究员工持股与高管在职消费关系的关系，旨在探究员工持股能否发挥有效的公司治理作用，进而约束和监督高管的在职消费行为。从前文的实证结果可以得出：

（1）员工持股比例对高管在职消费具有显著的抑制效应。公司内部员工持股比例越高，相应的管理层在职消费水平越低。员工持股计划的有效实施，使得更多基层员工得到公司股份，员工从"打工者"变成公司的"主人"，很大程度上提高了员工的工作积极性。同时，员工持股计划（ESOP）实施后，员工的利益将和公司利益捆绑在一起，员工能够从自身利益出发，有效监督、约束企业经营管理流程及管理层行为，降低代理成本，提高公司的内部治理水平。

（2）进一步研究发现，相对于非国有企业而言，员工持股对国有上市公司高管在职消费的抑制作用更大。通过将所有样本按照企业性质进行分组回归，加入交乘项检验，本文发现，相对于非国有企业，国有企业管理层在职消费的平均水平较低，且国有企业的员工持股对高管在职消费的抑制作用更大。可能的原因在于，首先，2012 年政府出台了有关限制消费的八项规定，企业各种明细费用报销都有了明确的限额和流程，国有企业受到的监管更多、执行力度也更强。其次，由于国有企业长期以来存在的"管理者缺位"问题，公司内部治理的水平不高，员工持股计划作为一种有效的公司治理手段，对国有企业在职消费的抑制作用也就更加明显。

　　本文的研究结论表明，员工持股在公司治理中的作用不仅展现在激励机制的加强上面，从监督的角度来看，员工持股也提高了员工的监督自觉性，促进了员工对企业经营决策和管理层行为的有效监督，进而进一步降低了公司的高管在职消费水平和代理成本，不断提升公司的综合治理水平。从而为员工持股的相关研究提供了新的研究视角。

参考文献

　　陈大鹏、施新政、陆瑶、李卓，2019，《员工持股计划与财务信息质量》，《南开管理评论》第 1 期：166—180。

　　陈冬华、陈信元、万华林，2005，《国有企业中的薪酬管制与在职消费》，《经济研究》第 2 期：92—101。

　　陈冬华、梁上坤，2010，《在职消费、股权制衡及其经济后果——来自中国上市公司的经验证据》，《上海立信会计学院学报》第 1 期：19—27。

　　陈艳艳，2015，《员工股权激励的实施动机与经济后果研究》，《管理评论》第 5 期：123—129。

　　郭冰、郭泽光，2003，《企业高效运行的制度模式：从财务管理机制到员工持股制度》，《中国农业会计》第 5 期：28—29。

　　黄桂田、张悦，2009，《国有公司员工持股绩效的实证分析——基于 1 302 家公司的样本数据》，《经济科学》第 31 卷第 4 期：86—94。

　　黄萍萍、焦跃华，2019，《员工持股、信息透明度与企业创新——基于员工持股计划的准自然实验》，《科技进步与对策》第 36 卷第 22 期：102—111。

　　李明、黄霞，2017，《员工持股激励效应的实证研究——来自我国 A 股上市企业的经验证据》，《财会通讯》第 6 期：101—104。

　　李寿喜，2007，《产权、代理成本和代理效率》，《经济研究》第 1 期：102—113。

　　李兴玉、罗守贵，2017，《员工持股计划增加股东财富的路径研究与多因子投资组合策略》，《管理现代化》第 37 卷第 5 期：64—66。

梁红英，2019，《员工激励对公司股票的实证研究》，《西南政法大学学报》第 6 期：142—152。

罗宏、黄文华，2008，《国企分红、在职消费与公司业绩》，《管理世界》第 9 期：141—145。

权小锋、吴世农、文芳，2010，《管理层权力、私有收益与薪酬操纵》，《经济研究》第 11 期：75—89。

沈红波、华凌昊、许基集，2018，《国有企业实施员工持股计划的经营绩效激励相容还是激励不足》，《管理世界》第 11 期：121—133。

宋芳秀、柳林，2018，《上市公司员工持股计划：实施动机、方案设计及其影响因素》，《改革》第 11 期：88—98。

唐蓓蕾，2005，《国有企业股权激励制度效应研究》，《上海企业》第 9 期：52—54。

王砾、代昀昊、孔东民，2017，《激励相容：上市公司员工持股计划的公告效应》，《经济学动态》第 2 期：37—50。

张力、潘青，2009，《董事会结构，在职消费与公司绩效——来自民营上市公司的经验证据》，《经济学动态》第 3 期：82—85。

张孝梅，2016，《混合所有制改革背景的员工持股境况》，《改革》第 1 期：121—129。

Bova F., Dou Y., Hope O. K. "Employee ownership and firm disclosure." *Contemporary Accounting Research*, 2015, 32（2）：639—673.

Blasi, Kurse and Conte. "Employee Ownership and Corporate Performance Among Public Corporations." *Industrial and Labor Relations Review*, 2007, 50（1）：60—79.

Chang, Saeyoung, Mayers, David. "Managerial vote ownership and shareholder wealth：Evidence from employee stock ownership plans." *Journal of Financial Economics*, 1992, 32（1）：103—131.

Conte, M., Tannenbaum, A. S. "Employee-owned companies：Is the difference measureable?." *Monthly Labor Review*, 1978, 101：23—28.

DeRiso, Rosemary T. "The effects of employee ownership on productivity and firm financial performance：The case of the United States commercial airline industry." Fordham University ProQuest Dissertations Publishing, 2004, 3116861.

Jensen, M., Meckling W. "Theory of the firm：Managerial behavior, agency costs, and ownership structure." *Journal of Financial Economics*, 1976, 3（4）：305—360.

Trebucq, S. "The effects of ESOPS on performance and risk: Evidence from France." *Corporate Ownership and Control*, 2004, 1 (4): 81—93.

Weitzman M. L., Kruse D. L. "Profit sharing and productivity," in "Paying for Productivity: A Look at the Evidence" (Alan Blinder, Ed.). Brookings Institution, Washington, DC, 1990.

问询函对公司违规行为的抑制作用研究

余宇新　杨　茜[*]

摘要：随着非行政处罚监管的逐步完善，问询函的监管作用受到市场广泛关注。本文着重探讨了问询函对公司违规行为的影响，结果表明：（1）问询函对公司违规行为影响的差异主要体现为短期为预警，长期为抑制作用；（2）问询函对违规行为的抑制作用对严重违规行为不显著；（3）抑制公司违规的作用仅在公司经营、内部控制两类主题问询函中较为明显。稳健的研究结果体现了问询函制度职能的有限性，可为问询函制度的进一步完善和投资者投资选择优化提供参考。

关键词：问询函　上市公司违规　抑制作用　LDA 主题分析模型

Abstract：This article explores the warning and restraining effects of inquiry letters on company violations. The results show that：（1）in the short term, inquiry letters can indicate an increased likelihood of the receiving company being punished for violations that year, and the mediating effect indicates that inquiry letters play a role in warning against violations by improving the quality of information disclosure; In the long run, the probability of future violations by the receiving company decreases, reflecting the restraining effect of inquiry letters. （2）The inquiry letter has a warning effect on both non serious and serious violations, but its restraining effect on serious violations is not significant. （3）Inquiry

---

[*] 余宇新，上海外国语大学国际金融贸易学院，副教授，主要研究领域：金融市场、中国宏观经济、大数据应用等学科领域；杨茜，上海外国语大学国际金融贸易学院研究生，主要研究领域：产业经济、资本市场。

letters can warn of violations in information disclosure and business operations, and have a long-term restraining effect on such violations. (4) Four types of inquiry letters can provide short-term warnings of company violations, and their restraining effect is only more evident in two types of inquiry letters. The robust research results reflect the effectiveness of the inquiry letter system. The robust research results reflect the limited functions of the inquiry letter system, which can provide reference for further improvement of the inquiry letter system and optimization of investors' investment choices.

Keywords：inquiry letter；listed company violation warning effect；constraint effect；LDA thematic analysis model

一、引　言

党的二十大报告中指出要"加强和完善现代金融监管，强化金融稳定保障体系"。然而，上市公司层出不穷的违规行为不断损害投资者利益，扰动市场秩序，甚至引发系统性风险累积。为此，证监会持续加大对证券违法重大案件的查处力度，依法从严、从快、从重打击各类违法行为。已有诸多学者对行政处罚的监管效果展开研究。随着非处罚性监管机制的发展以及信息披露制度改革的推进，交易所通过问询监管制度加强了对上市公司的监管。由于问询函监管成本更低、监管内容更广泛、监管过程更便捷及时，其使用频率逐步提高，可视为"行政处罚监管"的重要补充。被日益重视的非处罚性监管机制建设的研究也逐渐成为近年的一个研究热点。研究问询函对公司违规行为是否会产生影响具有理论和实际意义。

沪深交易所均于 2014 年 12 月开始公开问询函，本文以 2015—2021 年沪深交易所出具的问询函为研究对象，通过面板 Logit 等模型发现，短期内，收函公司当年因违规而被惩处的概率上升，主要是通过提高信息披露质量实现的；长期看，收函公司未来违规的概率下降。在此基础上，本文进一步通过 LDA 主题分析模型研究发现，不同主题的问询函在长短期的影响存在一定差异，且抑制违规行为主要体现在公司经营及内部控制两大主题的问询函中。

本文的潜在贡献主要在于发现问询函对公司违规行为的影响存在长短期的差异，长期来看，问询函在抑制公司违规方面能起到一定作用，但仅对非严重违规行为的抑制作用较为显著，从另一角度证明了问询函的监管作用。

下文先简述文献研究情况，后阐明研究假设与研究设计，并展示实证分析结果，最后总结研究结论并提出相应建议。

二、文献综述与研究假设

（一）文献综述

尽管我国的资本市场及相关制度在不断完善，但公司违规的问题仍然无法根治，并且阻碍了我国资本市场的健康发展。研究表明，影响公司违规的因素有很多，无论是公司财务状况、治理能力，还是市场环境，都会对上市公司的违规行为产生影响（蔡志岳等，2007）。但总体而言，大多数研究均认为公司治理水平是主要的影响因素。具体来说，董监高行为可以反映公司内控质量，当公司内控缺陷越多时，被处罚的概率也越大（单华军，2010）。

问询函公告意味着问询函中的信息可在市场中快速传播，并在短时间内引起市场反应，在审查期间的市场反应更强烈（Drienko et al.，2013；陈运森等，2018a；Duro et al.，2019）。虽然市场对不同类型的问询函公告产生不同的反应，但问询函具有信息传递功能，当更多市场参与者重视此类信息时，会加速公司负面信息的传播（陶雄华等，2018；Bozanic et al.，2017）。此外，问询函还能识别公司并购重组或内控中的潜在风险和真实盈余管理行为（李晓溪等，2019；赵立彬等，2020；胡定杰等，2020）。并且，在与其他监管机制同时使用时，问询函能发现其他监管遗漏的重大虚假陈述问题（Lawrence et al.，2011）。从这一层面来看，问询函在面对许多问题和风险时具有较高的灵敏度。

在研究问询函与公司违规事项方面，已有学者对问询函的监管效果展开了研究，但存在一定争议。王春峰等（2020）选取未来公司被违规稽查的概率等指标为因变量，发现收到财务报告问询函的公司未来受到财务违规稽查的可能性会增加。其他学者（于孝建等，2020）也证实了收函的上市公司确实更容易出现违规问题，并且不同类型问询函的预警作用存在异质性。

综上，目前关于问询函与公司违规之间关系的研究仅从滞后一期入手，尚未研究问询函对公司违规的长期影响。因此，本文以沪深交易所所有类型的问询函为研究对象，着重研究问询函对公司违规行为的长期影响，比较长短期的影响差异，并细化研究问询函主题所产生的异质性，探讨问询函在面对不同违规行为时的差异以及问询函产生影响的机制。

（二）研究假设

问询函作为一个信息载体，其本身具有信息含量，能够改善市场中的信息不对称问题（Johnston et al.，2017）。尽管某些公司可能会采取方法来规避信息披露，但总体而言，问询函仍会增强公司的披露，提高投资者的信息透明度（Bozanic et al.，2017）。随着信息披露质量的提高，监管机构对公司的合规性要求也会相应提高，进而加大对公司的监管力度，以确保信息的准确性和透明度。另一方面，信息披露质量的提高往往会吸引更多投资者和市场参与者的关注，这意味着公司在提高信息披露质量过程中更容易被发现违规行为，从而增加被处罚的概率。继而体现在，短期内收到过问询函的上市公司未来因违规而被惩处的可能性会增加，且主要通过提高信息披露质量起到作用。

上述结论已有学者进行论证，但问询函除了提高信息披露质量之外，还会增加补救成本、加重监管压力，以及引发同行业溢出作用等经济后果，这些均会不同程度地降低公司盈余管理的程度（陈运森等，2019；梅蓓蕾等，2021），促使 CFO 更换或减少高管的分红（Gietzmann et al.，2016），甚至对独立董事产生警示作用（何卓静等，2021）。与此同时，问询函还会对审计机构等其他利益相关方产生威慑，进而提高审计质量（陶雄华等，2018）。

问询函可凭借自身的监管力量或优化公司治理，以及提高市场信息质量等方面的作用对未来的公司违规概率产生影响。但不同于短期内就能引起市场反应的警示作用，问询函提高市场信息透明度、优化公司治理、降低公司盈余管理程度、增加公司补救成本等作用需要较长时间才能生效。因此，在长期的监管压力和内部治理、管理改进的共同作用下，问询函制度会让上市公司的未来违规可能性空间变小，违规动机也在一定程度上会减弱，进而起到约束作用，长期来看，收函公司被违规惩处的概率会下降。由此提出假设：

H1：相较于未收函的上市公司，长期来看，收到过问询函的上市公司发生违规行为的可能性会降低。

但问询函监管属于非行政处罚监管，相较于行政性处罚而言威慑效果不明显，仅要求公司补充披露信息，对公司产生的直接违规成本较小，因此对于严重违规行为而言，成本远小于收益，进而抑制违规的效果不明显。由此提出假设：

H2：相对于非严重违规行为而言，问询函对于严重违规行为的抑制效果不显著。

国外学者较早就开始对公司收函影响因素的研究。已有学者指出，公司治理水平、营运能力和审计机构均与收函概率显著相关（Cassell et al.，2013）。其中，公司治理能力和内控质量是重点研究方向。例如，具有丰富管理经验的CFO能够更好地理解美国证监会的要求，进而可以减少公司收到意见函的概率（Ertimur et al.，2006）。内部控制质量越高，公司收函概率越低，且函件中的问题数量与字数越少（余明桂等，2020）。由此提出假设：

H3：与公司治理及内部控制相关主题的问询函，能降低公司违规的概率。

本文拟通过研究问询函时效及主题与上市公司违规概率之间的关系来验证上述假设。由于上市公司的违规行为无法全部被直接观察到，本文将因违规行为被证监会或交易所处罚的上市公司作为负样本，并将存在此类违规行为的公司定性为存在风险的公司。

三、研究设计

（一）样本选择和数据来源

沪深交易所最早公开问询函的时间均为 2014 年 12 月。因此，本文选取 2015 至 2021 年间沪深交易所出具的所有问询函进行研究。首先通过 Python 爬虫的方式在沪深交易所信息披露平台上共下载 11 589 封问询函，收到过问询函的公司共有 2 691 家。由于沪深交易所对问询函的分类存在些许差异①，所以为避免两大交易所不同的分类方式对后续研究造成影响，本文借鉴已有研究的研究，选用 LDA 主题分析模型对问询函进行主题分析（俞红海等，2022）。公司违规数据、治理能力、其他财务数据及个股日度数据均来源于 CSMAR 数据库，缺失的部分营业利润数据由手工收集而来。

表 1　问询函样本分布

年份	深交所			上交所			合计		
	上市公司数量	收函公司数量	问询函数量	上市公司数量	收函公司数量	问询函数量	上市公司数量	收函公司数量	问询函数量
2015	1 746	382	485	1 077	124	138	2 823	506	623
2016	1 901	624	1 040	1 217	195	239	3 118	819	1 279
2017	1 993	557	897	1 405	326	454	3 398	883	1 351
2018	2 133	690	1 479	1 455	291	416	3 588	981	1 895
2019	2 202	758	1 522	1 593	376	546	3 795	1 134	2 068
2020	2 402	958	2 008	1 846	291	376	4 248	1 249	2 384
2021	2 590	882	1 736	2 039	188	253	4 629	1 070	1 989

注：数据根据研究样本整理而来。

---

① 上交所监管问询类型大致为一般问询函、定期报告事后审核意见函和重大资产重组预案审核意见函三种。而深交所问询函的类别更加细致。例如，财报类问询函细分为年报问询函、半年报问询函，以及三季报问询函；重组类问询函又分为许可类重组问询函和非许可类重组问询函。除此之外，深交所还包括针对上市公司日常行为发出的关注函等。

表 1 列出了问询函和收函公司的数量分布情况。从时间维度来看，交易所发函数量与受到问询的公司逐年处于增加状态。从数量分布来看，深交所共出具了 9 167 封，上交所共出具了 2 422 封，深交所发函数量远大于上交所，这一差别可能与两大交易所上市公司的构成①有关。

参照以往的研究，按以下原则进行数据筛选：（1）剔除样本中金融类行业公司和大部分财务数据、公司治理数据缺失以及其他数据不合理的公司；（2）剔除官网中问询函失效的样本，最终总问询函数量为 11 595 封；（3）对主要连续变量 1% 以下和 99% 以上的分位数进行 Winsorize 缩尾处理。

（二）基于 LDA 主题分析模型的文本分析

语言学研究发现，人们很难通过阅读文本特征去辨别其中可能存在的混淆视听的内容（Douglas et al., 2003）。为了避免公司在编写年报时掩盖其自身存在的风险，用文字美化和修饰公司内部缺陷，或者选择性披露某些问题，有学者发现运用 LDA 主题模型对文本进行处理，可以发掘文字中的隐含内容（Gray et al., 2014）。

相较于年报，问询函由交易所发出，具有客观性和专业性，且 LDA 主题模型具有快速挖掘潜在语义、客观性，以及不受文本章节段落限制等优点，非常适合用于对问询函进行主题分类（俞红海等，2022）。因此，本文以函件正文内容为语料库，运用 LDA 主题模型对问询函进行主题分类。相较于正文而言，并非所有的问询函标题都会直接标明函件涉及的主题，部分问询函标题中仅指出问询函类型，无法体现问询函中的详细问题。②由此本文以函件正文为语料库进行 LDA 主题分析，深度挖掘、利用文本中包

---

① 自 2004 年国企股改起，证监会曾规定大规模和小规模企业只能在规定的交易所上市。尽管 2014 年取消了强制性规定，但早在上一阶段深交所上市公司数量已经超过了上交所，形成了上交所多为大中型国有企业，深交所多为中小型和创投企业的局面。
② 例如"关于对湖南电广传媒股份有限公司的关注函""关于对南方黑芝麻集团股份有限公司的重组问询函""关于对四川浪莎控股股份有限公司 2015 年年度报告的事后审核意见函"等问询函标题中并未明确指出函件主题，仅说明了函件类型。而"关于对文一三佳科技股份有限公司有关投资进展事项的问询函"等问询函标题中明确指明此函件是对公司投资进展事项进行问询。

含的信息。

本文的 LDA 主题分析步骤如下：

首先，对文本语料进行处理。第一步，利用 Python3 的 pdfplumber 模块将下载的问询函 PDF 文档转化为 TXT 文本格式。第二步，从原始文本中手工收集公司名称、金融专业术语和会计财务专业术语①，结合搜狗财经金融词汇大全构建专属词典。并汇总哈尔滨工业大学、四川大学编制的停用词表。②在运用 Python3 的 jieba 分词模块对样本进行初步分词处理后，将分词结果中部分频繁出现但又不影响语义理解的高频词汇和问询函模板化用词③加入停用词表，去除其影响，最终形成分析所用的文本语料。

其次，确定 LDA 模型的主题数量（K）。目前多选用困惑度指标来判断 LDA 模型的合理性，困惑度是模型对于文章所属主题的困惑程度。本文使用 Python3 的 matplotlib.pyplot 模块计算主题困惑度，并借此确定 LDA 模型的主题数量。一般而言，困惑度越小表示模型效果越好。但当主题数过多时，生成的模型往往会出现过拟合问题。因此通常认为困惑度开始缓慢下降的转折点是主题数量的最佳选择（俞红海等，2022；刘微等，2023）。观察图 1 的变化趋势，可以观察到 K 在 3—7 阶段时，困惑度曲线的下降幅度比 K>7 时更大。因此在 K>7 之后，主题数量增加所带来的边际效用较小。本文将 LDA 主题数量选定为 7。调用 pyLDAvis 库将问询函分类结果可视化，结果表明七个主题之间没有交叉，且较为均匀地分布在横纵坐标轴左右，分类效果较好。

最后，调用 Python3 中 Sklearn.decomposition 模块的 LatentDirichletAllocation 构建主题模型。问询函 LDA 主题分类结果如表 2 所示。由于每个主题对应的主题关键词较多，而过多的关键词难以用于实际分析（池毛毛等，2021）。结合问询函文本篇幅的特点，并参考已有文献，本文选择报

---

① 如："投资性房地产""折旧摊销""商誉减值""销售毛利率""非经常性损益"等。
② 包括中英文的标点符号和特殊符号、英文字母、数字，以及常用助词"的""得""例如"等。
③ 如："公司""发行人""上海证券交易所""深圳证券交易所""上证公函""请公司就上述事项做出书面说明""公司作进一步说明和解释""保证信息披露内容真实、准确、完整"等。

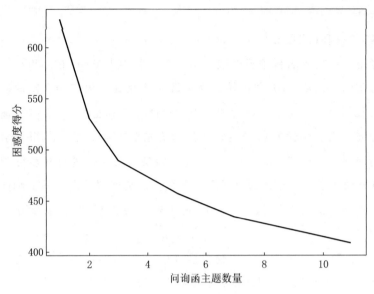

图 1　问询函主题数量—困惑度得分图

表 2　LDA 模型分类结果

主题	前 25 个主题
股权交易与资产买卖	股权　交易　投资　支付　协议　收购　资产　转让　评估　出售　约定　安排　关联交易　资金　股权转让　提供　增资　关联方　履行　签署　利益　实业　土地　购买　担保
年度报告与公司经营	报告期内　计提　应收账款　营业收入　净利润　金额　业务　报告　期末　毛利率　坏账　年度　确认　存货　收入　销售　报告期　产品　变动　客户　下降　余额　同比增长　年报　项目　增加
审计与内部控制	审计　报告　金额　担保　诉讼　意见　年度　预计　资金　冻结　资金占用　控股股东　提供　年审会计师　借款　占用　计提　关联方　年报　财务报表　内部控制　履行　债务　负债　执行
公司业务与项目	业务　项目　产品　技术　研发　销售　生产　合同　客户　采购　行业　合作　建设　补充　服务　市场　收入　募集资金　投入　新能源　风险　设备　未来　汽车　产能
董监高与股权结构	股份　实际控制人　董事　股东　控股股东　投资　协议　表决权　监事　股东大会　变更　筹划　一致行动人　高级管理人员　股票　控制权　承诺　议案　审议　公司股票　计划　收购　委托　信息履行信息披露义务
其他并购重组与中介	交易　标的资产　报告书　重组　财务顾问　预案　标的　购买资产　发行股份　关联交易　独立财务顾问　资产　募集配套资金　股份　符合　业务　律师　安排　评估　风险　重大资产重组　交易完成　意见　方案　购买
其他	标的公司　补偿　业绩承诺　净利润　业绩　交易　预测　承诺　评估　股权　报告书　收购　年度　收益法　差异　金额　收入　营业收入　游戏　报告期内　毛利率　方式　估值　股份　未来

告模型中每个主题重要性排名前 25 的主题关键词（刘微等，2023；冯坤等，2021）。根据主题的各关键词含义将 7 个主题分别命名为：股权交易与资产买卖、年度报告与公司经营、审计与内部控制、公司业务与项目、董监高与股权结构、其他并购重组与中介和其他。

（三）研究设计

1. 被解释变量

公司违规 $WG_{i,t}$。本文将公司违反《证券法》《上市公司信息披露管理办法》《上市公司收购管理办法》和《股票上市规则》等法律法规，并受到证监会或沪深交易所批评、警告、罚款等行政处罚的行为定义为可观测的重大违规行为（陆瑶等，2016）。

根据研究内容，本文将上市公司可观测的违规分为三个层次的变量。首先，是否违规（$Violation_{i,t}$）。若公司在当年有上述违规行为，则 $Violation_{i,t}$ 取 1，反之为 0。其次，违规严重程度（$Vio\_degr_{i,t}$）。①本文根据处罚的严重程度将受到批评、谴责、警告和其他四类处罚的违规行为视为非严重违规，即 $Vio\_nonse_{i,t}$ 取 1，反之为 0；若公司受到没收非法所得、罚款和市场禁入处罚则视为严重违规，$Vio\_seri_{i,t}$ 取 1，反之为 0。

2. 解释变量

问询函的相关指标 $IL_{i,t-\tau}$（$\tau = 1$、2、3）。包括公司是否收到问询函和收函数量。$Inquiry_{i,t-\tau}$ 指公司在 $t-\tau$ 年（$\tau = 1$、2、3）是否收到问询函，若有收到问询函则取值 1，反之取 0。$Innum_{i,t-\tau}$ 由公司 $t-\tau$ 年（$\tau = 1$、2、3）收函总次数加一取对数表示。

3. 控制变量

借鉴已有研究选取以下控制变量：（1）公司特征：公司规模（$Size_{i,t}$）、成长能力（$Growth_{i,t}$）、盈利能力（$ROE_{i,t}$）；（2）治理特征：违规历史（$Vio\_his_{i,t}$）、管理层持股比例（$GSH_{i,t}$）、董事会规模（$Board_{i,t}$）、独立董事占比（$Indir_{i,t}$）、有效内控（$IC_{i,t}$）和股权集中度（$Top10_{i,t}$）。另

---

①　证监会与交易所对违规公司进行处罚的方式主要有批评、谴责、警告、没收非法所得、罚款、市场禁入和其他七种。

外，在回归中还控制了公司行业、年度固定效应和个体效应的影响。

表 3　变量定义表

变量名	定　义
被解释变量	
是否违规（$Violation_{i,t}$）	公司当年有违规违法行为为 1，反之为 0
轻度违规（$Vio\_nonse_{i,t}$）	公司当年受到批评、谴责、警告或其他处罚取 1，反之为 0
严重违规（$Vio\_seri_{i,t}$）	公司当年受到没收非法所得、罚款和市场禁入处罚取 1，反之为 0
解释变量	
收到问询函（$Inquiry_{i,t-\tau}$）	公司当期（$\tau = 1$、2、3）收到问询函为 1，反之为 0
收函数量（$Innum_{i,t-\tau}$）	公司当期（$\tau = 1$、2、3）收函总次数加 1 取对数值
中介变量	
KV 指数（$KV_{i,t}$）	$\ln\left|\dfrac{P_t - P_{t-1}}{P_{t-1}}\right| = \lambda_0 + \lambda\left(\dfrac{Vol_t}{Vol_0} - 1\right) + \varepsilon$，$\lambda$ 值为 KV 指数（不考虑负数）
控制变量	
违规历史（$Vio\_his_{i,t}$）	公司过去两年内总违规次数加 1 取对数值
公司规模（$Size_{i,t}$）	公司总资产的对数
成长能力（$Growth_{i,t}$）	营业利润增长率，本年度营业利润/上年度营业利润−1
盈利能力（$ROE_{i,t}$）	净资产收益率，净利润/股东权益
管理层持股比例（$GSH_{i,t}$）	董监高持股数量/总股数量，再加 1 取对数值
董事会规模（$Board_{i,t}$）	董事会总人数加 1 取对数值
独立董事占比（$Indir_{i,t}$）	独立董事人数/董事会总人数
有效内控（$IC_{i,t}$）	公司内部控制有效取 1，反之为 0
股权集中度（$Top10_{i,t}$）	前十大股东持股数之和/总股数量
年度（$Year$）	年度虚拟变量
行业（$Industry$）	行业虚拟变量

4. 模型设计

本文通过构建以下模型来研究问询函对公司违规行为的影响机制。

$$WG_{i,t} = \alpha_0 + \alpha_1 IL_{i,t-\tau} + \sum \alpha X_{i,t} + \sum Industry + \sum Year + \varepsilon_{i,t} \quad (1)$$

其中 WG 表示违规指标，在实证中将分别取 $Violation_{i,t}$ 和 $Vio\_degr_{i,t}$，这两个变量均为二分变量，若公司在 t 年发生了相应的违规行为，则变量值取 1，否则为 0。根据数据特征及变量类型，本文选择面板 Logit 模型进行回归分析。$X_{i,t}$ 为控制变量组成从向量，模型同时控制了行业年度和个体固定效应，ε 为误差扰动项。

本文着重关注 $IL_{i,t-\tau}$（$\tau = 1$、2、3）的系数的显著性。若 α_1 显著为正，则表示是否收到问询函与公司发生被处罚的违规行为之间呈正相关关系，即问询函能预测公司违规，起到预警的作用；若 α_1 显著为负，则表明问询函抑制公司违规行为。

四、实证结果与分析

（一）描述性统计

表 4 为样本描述性统计的结果。从分组的样本统计结果来看，未收到问询函的样本中有 4% 的公司有过违规行为，而收到问询函的样本中有 16% 的公司有过违规行为，后者的违规概率显著高于前者。并且收函公司

表 4　描述性统计

变量	全样本（N = 25 045）		未收到问询函的样本（N = 18 551）		收到问询函的样本（N = 6 494）		均值检验	
	均值	中位数	均值	中位数	均值	中位数	均值差	t 值
$Innum$	0.24	0	0	0	0.92	0.69	−0.92	−346.09***
$Violation$	0.07	0	0.04	0	0.16	0	−0.13	−34.77***
Vio_his	0.11	0	0.06	0	0.2	0	−0.14	−26.80***
ROE	0.04	0.07	0.07	0.08	−0.04	0.04	0.11	34.89***
$Growth$	−0.21	0	−0.06	0	−0.66	−0.14	0.6	11.53***
$Size$	22.21	22.04	22.26	22.07	22.07	21.94	0.19	10.23***
GHS	0.15	0.02	0.16	0.02	0.12	0.01	0.04	13.83***
$Top10$	0.59	0.6	0.61	0.62	0.54	0.54	0.06	28.90***
IC	0.95	1	0.96	1	0.94	1	0.02	6.08***
$Board$	9.21	9	9.21	9	9.19	9	0.03	0.77
$Indir$	0.38	0.36	0.38	0.36	0.38	0.38	0.00	−6.21***

注：*** 表示在 1% 的水平上显著。

的历史违规次数也显著高于未收函公司。从各财务指标均值统计量来看，收函公司与未收函公司在公司财务特征和治理能力方面存在明显差异。

（二）基础回归分析

表5中报告了模型（1）的回归结果，其中 $Inquiry_{i, t-1}$ 和 $Innum_{i, t-1}$ 的系数显著为正。这说明相较于未收函公司而言，收函公司短期内被处罚的概率更高，并且随着公司收函数量的增多，其因违规而被惩处的概率也随之增加。换言之，问询函在一定程度上能够识别公司潜在风险，预测收函公司的违规行为。这一实证结果与现有文献结论一致，即问询函具有公司违规行为预警的功能。

表5还列示了 $t-2$ 期和 $t-3$ 期自变量与因变量的回归结果。实证结果表明，$IL_{i, t-2}$ 的系数不显著为正且数值较小，$IL_{i, t-3}$ 的系数在一定统计性水平上显著为负。将显著的 $t-1$ 和 $t-3$ 期的自变量同时放入一个模型考虑，结果仍成立。验证了H1，即长期来看收函公司未来违规的概率会降低，问询函在一定程度上能抑制公司未来的违规行为。

一方面，公司在收函后，长期内有足够的时间来自我调整和改进内部运营和合规流程。收到问询函可能促使公司加强对风险的识别和管理，降低公司盈余管理的程度、规范公司内控、增加公司声誉压力，以及提高审计质量，进而压缩公司违规空间。这种自我调整和改进可能会降低违规行为的发生率。另一方面，公司在收到问询函后在一定程度上会主动或被动地采取措施来解决问题，以回应监管机构的关切。从趋利避害的角度而言，公司收到预警信号后会提高警戒，以避免被处罚，从而减少了被处罚的可能性。

同时，该结果还表明问询函与公司未来违规处罚概率之间有着短期和长期的差异。问询函的短期监管作用主要是违规预警，加速公司潜在问题的披露，提高信息披露质量，为其他监管部门的稽查提供引导。问询函的长期监管作用则体现为抑制违规。在经过公司一段时间内的自我调整和改进后，可能会降低后续因违规而被处罚的概率。两种影响效果作用的时间有差异，因此问询函短期和长期对公司违规的影响存在异质性。

表 5　基础回归结果

	(1) $Violation_{it}$	(2) $Violation_{it}$	(3) $Violation_{it}$	(4) $Violation_{it}$	(5) $Violation_{it}$	(6) $Violation_{it}$	(7) $Violation_{it}$	(8) $Violation_{it}$
$Inquiry_{it-1}$	0.444*** (5.07)			0.401*** (3.72)				
$Inquiry_{it-2}$		0.017 (0.20)						
$Inquiry_{it-3}$			-0.231** (-2.12)	-0.185* (-1.68)				
$Innum_{it-1}$					0.562*** (6.97)			0.472*** (4.84)
$Innum_{it-2}$						0.085 (1.00)		
$Innum_{it-3}$							-0.189* (-1.73)	-0.109 (-0.98)
$Vio\_his_{i,t}$	-1.461*** (-13.92)	-1.421*** (-13.60)	-2.165*** (-15.41)	-2.192*** (-15.51)	-1.511*** (-14.18)	-1.434*** (-13.63)	-2.167*** (-15.40)	-2.224*** (-15.62)
ROE_{it}	-0.205* (-1.73)	-0.190 (-1.62)	-0.078 (-0.56)	-0.091 (-0.65)	-0.197* (-1.65)	-0.193 (-1.64)	-0.068 (-0.49)	-0.083 (-0.59)
$Growth_{i,t}$	0.024*** (2.94)	0.025*** (3.14)	0.029*** (3.03)	0.027*** (2.81)	0.022*** (2.72)	0.026*** (3.17)	0.028*** (3.00)	0.025*** (2.62)

续表

	(1) $Violation_{it}$	(2) $Violation_{it}$	(3) $Violation_{it}$	(4) $Violation_{it}$	(5) $Violation_{it}$	(6) $Violation_{it}$	(7) $Violation_{it}$	(8) $Violation_{it}$
$Size_{it}$	-1.123***	-1.150***	-1.200***	-1.180***	-1.041***	-1.133***	-1.218***	-1.110***
	(-8.35)	(-8.50)	(-6.71)	(-6.60)	(-7.71)	(-8.32)	(-6.78)	(-6.11)
GSH_{it}	-3.252***	-3.507***	-2.320**	-2.027*	-3.019***	-3.503***	-2.276**	-1.781*
	(-3.84)	(-4.15)	(-2.21)	(-1.92)	(-3.55)	(-4.14)	(-2.16)	(-1.68)
$Top10_{i,t}$	-2.845***	-3.026***	-2.841***	-2.647***	-2.770***	-3.022***	-2.839***	-2.608***
	(-4.11)	(-4.36)	(-3.50)	(-3.26)	(-4.01)	(-4.35)	(-3.50)	(-3.21)
IC_{it}	0.344**	0.353**	0.813***	0.802***	0.324**	0.349**	0.800***	0.770***
	(2.21)	(2.28)	(4.14)	(4.06)	(2.08)	(2.25)	(4.08)	(3.91)
$Board_{it}$	0.347	0.371*	0.430*	0.419	0.339	0.367*	0.432*	0.420
	(1.59)	(1.71)	(1.65)	(1.60)	(1.54)	(1.69)	(1.66)	(1.60)
$Indir_{it}$	1.355	1.378	0.209	0.160	1.322	1.420	0.147	0.136
	(1.18)	(1.21)	(0.15)	(0.12)	(1.15)	(1.25)	(0.11)	(0.10)
Industry	Yes	Yes	Yes	Yes	Yes	Yes	Yes	Yes
Year	Yes	Yes	Yes	Yes	Yes	Yes	Yes	Yes
N	4 396	4 396	2 983	2 983	4 396	4 396	2 983	2 983
Pseudo R^2	0.149	0.141	0.207	0.213	0.156	0.142	0.206	0.217

注：*、**、*** 分别表示在10%、5%、1%的水平上显著，括号内为 t 值。

表6　不同违规行为的分组回归结果

	（1）	（2）	（3）	（4）	（5）	（6）
	$Vio\_nonse_{i,t}$	$Vio\_nonse_{i,t}$	$Vio\_nonse_{i,t}$	$Vio\_nonse_{i,t}$	$Vio\_nonse_{i,t}$	$Vio\_nonse_{i,t}$
$Inquiry_{it-1}$	0.447*** （4.95）		0.371*** （3.35）			
$Inquiry_{it-3}$		−0.245** （−2.20）	−0.198* （−1.76）			
$Innum_{it-1}$				0.554*** （6.71）		0.436*** （4.41）
$Innum_{it-3}$					−0.184* （−1.65）	−0.110 （−0.97）
Controls	Yes	Yes	Yes	Yes	Yes	Yes
Industry	Yes	Yes	Yes	Yes	Yes	Yes
Year	Yes	Yes	Yes	Yes	Yes	Yes
N	4 199	2 868	2 868	4 199	2 868	2 868
Pseudo R^2	0.150	0.204	0.209	0.157	0.203	0.212
	（7）	（8）	（9）	（10）	（11）	（12）
	$Vio\_seri_{i,t}$	$Vio\_seri_{i,t}$	$Vio\_seri_{i,t}$	$Vio\_seri_{i,t}$	$Vio\_seri_{i,t}$	$Vio\_seri_{i,t}$
$Inquiry_{it-1}$	0.546*** （3.90）		0.643*** （3.71）			
$Inquiry_{it-3}$		−0.010 （−0.06）	0.076 （0.45）			
$Innum_{it-1}$				0.576*** （4.79）		0.607*** （4.12）
$Innum_{it-3}$					0.007 （0.04）	0.121 （0.76）
Controls	Yes	Yes	Yes	Yes	Yes	Yes
Industry	Yes	Yes	Yes	Yes	Yes	Yes
Year	Yes	Yes	Yes	Yes	Yes	Yes
N	1 876	1 258	1 258	1876	1 258	1 258
Pseudo R^2	0.130	0.171	0.186	0.136	0.171	0.190

注：*、**、***分别表示在10%、5%、1%的水平上显著，括号内为 t 值。

（三）违规行为异质性回归分析

表 6 展示了根据违规严重程度分组检验的回归结果。实证结果表明，非严重违规组和严重违规组中 $IL_{i, t-1}$ 的系数均显著为正。而 $IL_{i, t-3}$ 的系数只有在非严重违规组中有显著的统计学意义。这证实无论是非严重违规行为还是严重违规行为，短期内收到过问询函的公司当年因违规被处罚的概率均会大幅上升。长期而言，问询函将会降低公司违规的可能性，但这一抑制作用仅对非严重违规行为有效。问询函监管强度增强预警的作用对非严重违规行为和严重违规行为均有效，但增强抑制的作用仅对非严重违规行为生效，该实证结果说明 H2 成立。因此，若想约束公司严重的违规行为，单纯依靠问询监管机制是不够的，还需与其他监管方式多管齐下。

（四）问询函主题异质性回归分析

考虑到函件中问题涉及的范围十分广泛，不同函件内容揭露的信息也是有差异的。因此，接下来将进一步探讨不同主题问询函预警及抑制违规行为的异质性。

为了进一步研究问询函主题的异质性影响，构建以下模型：

$$Violation_{i, t} = \varphi_0 + \varphi_1 TIL\#_{i, t-\tau} + \sum \varphi X_{i, t} + \sum Industry + \sum Year + \varepsilon_{i, t}$$

（2）

$TIL\#_{i, t-\tau}$（$\tau = 1$、3）是主题问询函变量，包括两个变量。其中，$Topic\#_{i, t-\tau}$（$\tau = 1$、3）是一个二分变量，是问询函主题指标，前文已运用 LDA 模型将问询函分成了七个主题。若公司在 $t-\tau$ 年收到过某个主题的问询函，则 $Topic\#_{i, t-\tau}$ 取值 1，反之为 0[①]。$Topic\#\_num_{i, t}$ 指 t 年收到某个主题问询函的数量，用当年该主题问询函收函总数加 1 取对数值计量。$X_{i, t}$ 为控制变量组成从向量，其他控制变量和个体、行业和年度固定效应仍保持不变。

[①] 股权交易与资产买卖、年度报告与公司经营、审计与内部控制、公司业务与项目、董监高与股权结构、其他并购重组与中介和其他分别对应 Topic1、Topic2、Topic3、Topic4、Topic5、Topic6 和 Topic7。

表 7　问询函分主题回归结果

Panel A

Dep.Var= Violation	(1)	(2)	(3)	(4)	(5)	(6)	(7)	(8)	(9)	(10)	(11)	(12)	(13)	(14)
$Topic1_{i,t-1}$	0.342*** (2.75)													
$Topic1_{i,t-3}$		-0.012 (-0.06)												
$Topic2_{i,t-1}$			0.451*** (4.67)											
$Topic2_{i,t-3}$				-0.338** (-2.17)										
$Topic3_{i,t-1}$					0.886*** (6.10)									
$Topic3_{i,t-3}$						-0.679** (-2.49)								
$Topic4_{i,t-1}$							0.063 (0.42)							
$Topic4_{i,t-3}$								-0.216 (-0.85)						

续表

Panel A

Dep.Var = Violation	(1)	(2)	(3)	(4)	(5)	(6)	(7)	(8)	(9)	(10)	(11)	(12)	(13)	(14)
$Topic5_{i,t-1}$									0.376*** (3.23)					
$Topic5_{i,t-3}$										−0.099 (−0.62)				
$Topic6_{i,t-1}$											0.160 (0.97)			
$Topic6_{i,t-3}$												0.059 (0.35)		
$Topic7_{i,t-1}$													−0.123 (−0.79)	
$Topic7_{i,t-3}$														0.173 (1.06)
Controls	Yes	Yes	Yes	Yes	Yes	Yes	Yes	Yes	Yes	Yes	Yes	Yes	Yes	Yes
Industry	Yes	Yes	Yes	Yes	Yes	Yes	Yes	Yes	Yes	Yes	Yes	Yes	Yes	Yes
Year	Yes	Yes	Yes	Yes	Yes	Yes	Yes	Yes	Yes	Yes	Yes	Yes	Yes	Yes

续表

Dep.Var= Violation	Panl B													
	(1)	(2)	(3)	(4)	(5)	(6)	(7)	(8)	(9)	(10)	(11)	(12)	(13)	(14)
$Topic1\_n_{i,\,t-1}$	0.262*** (3.03)													
$Topic1\_n_{i,\,t-3}$		0.006 (0.04)												
$Topic2\_n_{i,\,t-1}$			0.358*** (4.69)											
$Topic2\_n_{i,\,t-3}$				-0.308** (-2.25)										
$Topic3\_n_{i,\,t-1}$					0.461*** (5.69)									
$Topic3\_n_{i,\,t-3}$						-0.276* (-1.71)								
$Topic4\_n_{i,\,t-1}$							0.054 (0.42)							
$Topic4\_n_{i,\,t-3}$								-0.252 (-1.12)						

续表

Panl B

Dep.Var = Violation	(1)	(2)	(3)	(4)	(5)	(6)	(7)	(8)	(9)	(10)	(11)	(12)	(13)	(14)
$Topic5\_n_{i,\,t-1}$									0.219*** (3.50)					
$Topic5\_n_{i,\,t-3}$										0.017 (0.21)				
$Topic6\_n_{i,\,t-1}$											0.198 (1.44)			
$Topic6\_n_{i,\,t-3}$												0.012 (0.08)		
$Topic7\_n_{i,\,t-1}$													-0.144 (-1.09)	
$Topic7\_n_{i,\,t-3}$														0.215 (1.46)
Controls	Yes	Yes	Yes	Yes	Yes	Yes	Yes	Yes	Yes	Yes	Yes	Yes	Yes	Yes
Industry	Yes	Yes	Yes	Yes	Yes	Yes	Yes	Yes	Yes	Yes	Yes	Yes	Yes	Yes
Year	Yes	Yes	Yes	Yes	Yes	Yes	Yes	Yes	Yes	Yes	Yes	Yes	Yes	Yes
N	4 396	2 983	4 396	2 983	4 396	2 983	4 396	2 983	4 396	2 983	4 396	2 983	4 396	2 983
Pseudo R^2	0.144	0.204	0.148	0.207	0.153	0.206	0.141	0.205	0.145	0.204	0.142	0.204	0.142	0.205

注：*、**、*** 分别表示在10%、5%、1%的水平上显著，括号内为 t 值。

从表 7 的回归结果可以看出，（1）（3）（5）（9）四列的 $Topic\#_{i,\,t-1}$ 变量系数均显著为正，而 $Topic\#_{i,\,t-3}$ 变量只有列（4）和列（6）显著为负。这表明股权交易与资产买卖、年度报告与公司经营、审计与内部控制，以及董监高与股权结构主题的问询函短期内能识别、预测公司的违规行为。而需要抑制违规行为的作用仅存在于主题为年度报告与公司经营、审计与内部控制这两大主题的问询函中，与 H3 相符。出现这种情形的原因是，公司对于公司具体业务活动相关的信息倾向于非细致性披露，以避免对于经营产生不必要的干扰。

（五）稳健性检验

通常而言，收到问询函的公司是证监会关注的公司，且在某些公司特性方面存在一定针对性，因此，样本存在一定的自选择及偏差问题，为排除此类因素影响，采用 Heckman 两阶段和 PSM 进行稳健性检验。

1. 基于 Heckman 两阶段的稳健性检验

前文描述性统计显示收函公司的历史违规次数显著高于未收函公司，这表明公司是否收函和收函数量在一定程度上内生于证监会的关注，因此采用 Heckman 两阶段进行控制，前文结论仍旧成立，结果如下：

2. 基于 PSM 的稳健性检验

问询函的发放是具有针对性，为了避免收函公司与未收函公司之间在公司财务特征和治理水平等方面的特征差异和样本选择造成的影响，本文将对两类公司进行倾向得分匹配（PSM）。

参考已有研究，本文选择以下因素进行 PSM 匹配：公司规模（$Size$）；盈利能力（ROE）；成长能力（$Growth$）；企业托宾 Q 值（Q）；管理层持股比例（GHS）；股权集中度（$Top10$）；独立董事占比（$Indir$）；有效内控（IC）；审计机构是否为四大（$Big4$），若审计机构为四大则取 1，反之为 0；公司产权性质（SOE），公司为国企取 1，反之为 0。根据下述模型（3）采用半径为 0.01 的卡尺近邻匹配法对实验组和对照组进行匹配。

$$
\begin{aligned}
Inquiry_{it} = {} & \theta_1\,Size_{i,\,t} + \theta_2\,ROE_{i,\,t} + \theta_3\,Growth_{i,\,t} + \theta_4\,Q_{i,\,t} + \theta_5\,GHS_{i,\,t} \\
& + \theta_6\,Top10_{i,\,t} + \theta_7\,Indir_{i,\,t} + \theta_8\,IC_{i,\,t} + \theta_9\,Big4_{i,\,t} + \theta_{10}\,SOE_{i,\,t} \\
& + \varepsilon_{i,\,t}
\end{aligned}
\tag{3}
$$

表 8　基于 Heckman 的稳健性检验结果

	（1）	（2）	（3）	（4）	（5）	（6）
	$Violation_{it}$	$Violation_{it}$	$Violation_{it}$	$Violation_{it}$	$Violation_{it}$	$Violation_{it}$
$Inquiry_{it-1}$	0.371 *** （3.04）		0.268 ** （2.06）			
$Inquiry_{it-3}$		-0.375 *** （-3.23）	-0.287 ** （-2.32）			
$Innum_{it-1}$				0.500 *** （4.35）		0.443 *** （3.48）
$Innum_{it-3}$					-0.329 *** （-2.80）	-0.133 （-1.02）
Controls	Yes	Yes	Yes	Yes	Yes	Yes
Industry	Yes	Yes	Yes	Yes	Yes	Yes
Year	Yes	Yes	Yes	Yes	Yes	Yes
N	2 983	2 983	2 983	2 983	2 983	2 983
Pseudo R^2	0.212	0.212	0.214	0.216	0.211	0.217

注：**、*** 分别表示在 5%、1% 的水平上显著，括号内为 t 值。

对匹配后的样本进行平衡性检验后发现大部分协变量差异不再显著。用匹配后的实验组和对照组样本重新估计前文的模型，回归结果如表 9 所示，问询函违规行为预警机制和约束作用的结论仍然成立。按照违规严重程度分类的实证结果也稳健。

表 9　基于 PSM 匹配的回归结果

	（1）	（2）	（3）	（4）	（5）	（6）
	$Violation_{it}$	$Violation_{it}$	$Violation_{it}$	$Violation_{it}$	$Violation_{it}$	$Violation_{it}$
$Inquiry_{it-1}$	0.431 *** （4.87）		0.398 *** （3.67）			
$Inquiry_{it-3}$		-0.241 ** （-2.19）	-0.191 * （-1.72）			
$Innum_{it-1}$				0.534 *** （6.52）		0.462 *** （4.67）
$Innum_{it-3}$					-0.184 * （-1.66）	-0.104 （-0.93）

	（1）	（2）	（3）	（4）	（5）	（6）
	$Violation_{it}$	$Violation_{it}$	$Violation_{it}$	$Violation_{it}$	$Violation_{it}$	$Violation_{it}$
Controls	Yes	Yes	Yes	Yes	Yes	Yes
Industry	Yes	Yes	Yes	Yes	Yes	Yes
Year	Yes	Yes	Yes	Yes	Yes	Yes
N	4 244	4 244	4 244	4 244	4 244	4 244
Pseudo R^2	0.146	0.139	0.209	0.152	0.139	0.208

注：＊、＊＊、＊＊＊分别表示在10%、5%、1%的水平上显著，括号内为 t 值。

五、影响机制研究

前文已通过实证研究得出了问询函对违规行为有预警与抑制作用的结论，但尚未对其影响机制做出分析。本部分将进一步对问询函与公司违规行为之间的影响机制做出分析。问询函的监管形式本身就具有增加信息披露的属性，并且已有许多研究表明问询函能降低信息不对称程度、传递有效信息（Ryans，2019；Su et al.，2020）。无论从预警还是从抑制违规行为的作用来说，信息披露质量的变化均是一个重要的影响途径。因此，本文选择信息披露质量这一主要渠道进行检验，并构建以下模型（吴非等，2021）。

$$Violation_{i,\ t} = \beta_0 + \beta_1 IL_{i,\ t-\tau} + \sum \beta X_{i,\ t} + \sum Industry + \sum Year + \varepsilon_{i,\ t} \tag{4}$$

$$KV_{i,\ t} = \eta_0 + \eta_1 IL_{i,\ t-\tau} + \sum \eta X_{i,\ t} + \sum Industry + \sum Year + \varepsilon_{i,\ t} \tag{5}$$

$$Violation_{i,\ t} = \beta'_0 + \beta'_1 IL_{i,\ t-\tau} + \beta'_2 KV_{i,\ t} + \sum \beta X_{i,\ t} + \sum Industry + \sum Year + \varepsilon_{i,\ t} \tag{6}$$

因为KV值是一个比较全面的衡量指标，包括强制性信息披露和自愿性信息披露（周开国等，2011），所以本文采用改进版KV度量法来衡量信息披露质量（Kim et al.，2001；翟光宇等，2014；陈运森等，2019）。

$$\ln\left|\frac{P_t - P_{t-1}}{P_{t-1}}\right| = \lambda_0 + \lambda\left(\frac{Vol_t}{Vol_0} - 1\right) + \varepsilon \tag{7}$$

P_t 和 Vol_t 是第 t 日的收盘价和交易量，Vol_0 为所有交易日的平均交易量。对公式（7）进行回归，系数 λ 值为 KV 指数（不考虑 λ 为负的情况），KV 越高代表公司信息披露质量越低。

表 10 中介效应

	（1）	（2）	（3）		（4）	（5）	（6）
	$Violation_{it}$	KV	$Violation_{it}$		$Violation_{it}$	KV	$Violation_{it}$
$Inquiry_{it-1}$	0.444 *** (5.07)	−0.014 *** (−4.10)	0.436 *** (4.95)	$Inquiry_{it-3}$	−0.235 ** (−2.17)	−0.013 *** (−3.28)	−0.234 ** (−2.15)
KV			−1.014 *** (−3.87)	KV			−0.828 *** (−2.62)
Industry	Yes	Yes	Yes	Industry	Yes	Yes	Yes
Year	Yes	Yes	Yes	Year	Yes	Yes	Yes
N	4 396	16 190	4 372	N	2 983	12 483	2 969
Pseudo R^2	0.149	0.206	0.153	Pseudo R^2	0.207	0.227	0.209
	（1）	（2）	（3）		（4）	（5）	（6）
	$Violation_{it}$	KV	$Violation_{it}$		$Violation_{it}$	KV	$Violation_{it}$
$Inum_{it-1}$	0.562 *** (6.97)	−0.010 *** (−3.00)	0.562 *** (6.93)	$Inum_{it-3}$	−0.189 * (−1.73)	−0.013 *** (−3.11)	−0.190 * (−1.73)
KV			−1.035 *** (−3.94)	KV			−0.839 *** (−2.66)
Industry	Yes	Yes	Yes	Industry	Yes	Yes	Yes
Year	Yes	Yes	Yes	Year	Yes	Yes	Yes
N	4 396	16 190	4 372	N	2 983	12 483	2 969
Pseudo R^2	0.156	0.206	0.160	Pseudo R^2	0.206	0.227	0.208

注：*、**、*** 分别表示在 10%、5%、1% 的水平上显著，括号内为 t 值。

列（2）、列（5）中自变量的系数显著为负表明问询函能提高信息披露质量，但列（3）和列（6）中介效应检验中 KV 显著为负，这表明信息披露质量的提高使得公司因违规而被处罚的概率提升，即形成了问询函提高信息披露质量，进而暴露真实违规行为的影响路径。从长期来看，尽管问询函能够降低公司后续被因违规而被处罚的概率，但信息披露质量的提升还是主要体现为暴露潜在问题，预警违规行为，而通过提高信息披露质量治理违规的作用并不明显。

六、研究结论与建议

（一）研究结论

本文以是否被证监会或沪深交易所行政处罚作为判断公司是否存在违规行为的依据，通过实证方式检验了问询函对公司违规的抑制作用，得出以下结论：第一，问询函对公司未来的违规行为存在着长短期的差异，其中，短期体现为预警作用且主要通过提升公司信息披露质量生效，长期对公司违规行为能产生一定的抑制作用。第二，异质性分析发现，问询函仅可抑制公司非严重的违规行为，对严重的违规行为的抑制作用不明显。第三，运用 LDA 主题模型对问询函的文本内容进行主题分类后发现，问询函抑制违规的作用主要体现在年度报告与公司经营、审计与公司内控的主题中。综上所述，问询函制度对公司违规行为会产生预警或抑制的影响，但问询函监管的作用在针对某类问题或严重的问题时效果不佳，即问询函的职能存在一定的有限性。

（二）政策建议

根据上述结论，本文提出以下三点建议：第一，建议两大交易所进一步完善和统一监管问询的标准，优化问询函监管机制。从数据搜集和文本分析的结果来看，沪深交易所发放的问询函有较为明显的差异，并且问询函的关注点也有所侧重。而实际上，上市公司受到共同的信息披露法规约束，统一两大交易所的问询监管的标准有助于投资者更好地利用问询函的市场价值，有助于达到优化完善问询函制度设计的目标。第二，加强问询函监管与其他多种监管方法联合使用，提高监管效能。每种监管制度都有不同的侧重点，借助问询函的信息传递功能把相关信息反馈给利益相关者，有助于提升市场监管效能。第三，提高问询函市场信息提示功能，引导市场参与者及时识别和发现潜在的市场非系统性风险，提升市场运行效率。

（三）不足与未来展望

首先，滞后几期的问询函变量与违规回归系数为负的内在影响机理除了问询函自身外，还可能通过提高内控等因素产生影响，为此，需进一步研究其内在逻辑，如通过问询函内容与公司回函内容差异与违规关系的考察来论证。其次，监管机构的监管能力、监管力量以及监管强度是影响风险识别、预警和惩处违规公司的一大重要因素。但因为证监会或交易所监管能力和监管力量①的数据暂时无法获得与衡量，本文选择通过计算当年公司收函次数这个指标来衡量问询监管的强度。未来研究可以思考通过其他指标或途径获取相应监管能力、监管力量以及监管强度的数据进行研究。

此外，本文研究结论表明，针对严重违规行为，问询监管的约束作用是较弱的。或许当问询监管与其他监管措施一起实施时，可以更及时、更快速、更准确地对违规公司进行查处。因此，未来可以研究问询监管与其他监管措施的协同监管效果，进一步加强对上市公司违规行为的威慑力。

参考文献

卜君、孙光国，2020，《投资者实地调研与上市公司违规：作用机制与效果检验》，《会计研究》第 5 期：30—47。

蔡志岳、吴世农，2007，《我国上市公司信息披露违规的预警研究——基于财务、市场和治理视角》，《管理评论》第 19 卷第 1 期：25—33+40+64。

陈运森、邓祎璐、李哲，2018a，《非处罚性监管具有信息含量吗？——基于问询函的证据》，《金融研究》第 4 期：155—171。

陈运森、邓祎璐、李哲，2018b，《非行政处罚性监管能改进审计质量吗？——基于财务报告问询函的证据》，《审计研究》第 5 期：82—88。

陈运森、邓祎璐、李哲，2019，《证券交易所一线监管的有效性研究：基于财务报告问询函的证据》，《管理世界》第 35 卷第 3 期：169—185+208。

池毛毛、潘美钰、王伟军，2021，《共享住宿与酒店用户评论文本的跨平台比较

---

① 如监管机构人员的数量、学历背景、工作经验等。

研究：基于 LDA 的主题社会网络和情感分析》，《图书情报工作》第 65 卷第 2 期：107—116。

褚剑、方军雄，2021，《"惩一"必然"儆百"吗？——监管处罚间接威慑失效研究》，《会计研究》第 1 期：44—54。

单华军，2010，《内部控制、公司违规与监管绩效改进——来自 2007—2008 年深市上市公司的经验证据》，《中国工业经济》第 11 期：140—148。

冯坤、杨强、常馨怡、李延来，2021，《基于在线评论和随机占优准则的生鲜电商顾客满意度测评》，《中国管理科学》第 29 卷第 2 期：205—216。

何卓静、王新、曾攀，2021，《交易所年报问询与独立董事履职行为研究》，《南开管理评论》第 8 期：1—22。

胡定杰、谢军，2021，《非处罚性监管、审计师辞聘及后任审计师行为——基于年报问询函证据的分析》，《南京审计大学学报》第 18 卷第 4 期：41—50。

李俊成，2016，《监管处罚能抑制上市公司违规吗？——一个反常规的经验证据》，《现代财经（天津财经大学学报）》第 36 卷第 6 期：66—79。

李晓慧、王彩、孙龙渊，2022，《中注协约谈监管对抑制公司违规的"补台"与"合奏"效应研究》，《会计研究》第 3 期：159—173。

李晓溪、杨国超、饶品贵，2019，《交易所问询函有监管作用吗？——基于并购重组报告书的文本分析》，《经济研究》第 54 卷第 5 期：181—198。

刘微、王慧、雷蕾、于巍，2023，《北京市科技金融政策供需匹配研究——基于 LDA 政策文本计量方法》，《经济问题》第 1 期：52—60。

陆瑶、李茶，2016，《CEO 对董事会的影响力与上市公司违规犯罪》，《金融研究》第 1 期：176—191。

梅蓓蕾、郭雪寒、叶建芳，2021，《问询函的溢出效应——基于盈余管理视角》，《会计研究》第 6 期：30—41。

宋云玲、李志文、纪新伟，2011，《从业绩预告违规看中国证券监管的处罚效果》，《金融研究》第 6 期：136—149。

陶雄华、曹松威，2018，《我国证券交易所问询函的公告效应分析》，《统计与决策》第 34 卷第 23 期：167—170。

陶雄华、曹松威，2019，《证券交易所非处罚性监管与审计质量——基于年报问询函信息效应和监督效应的分析》，《审计与经济研究》第 34 卷第 2 期：8—18。

王春峰、黄盼、房振明，2020，《非处罚性监管能预测公司违规吗？》，《经济与管理评论》第 36 卷第 5 期：112—125。

吴非、胡慧芷、林慧妍、任晓怡，2021，《企业数字化转型与资本市场表现——来自股票流动性的经验证据》，《管理世界》第 37 卷第 7 期：130—144+10。

吴溪、张俊生，2014，《上市公司立案公告的市场反应及其含义》，《会计研究》第 4 期：10—18+95。

伍利娜、高强，2002，《处罚公告的市场反应研究》，《经济科学》第 3 期：62—73。

徐寿福、徐龙炳，2015，《信息披露质量与资本市场估值偏误》，《会计研究》第 1 期：40—47+96。

于孝建、郑嘉榆，2020，《证交所问询监管有效性研究——基于问询函的实证检验》，《金融监管研究》第 12 期：15—31。

余明桂、卞诗卉，2020，《高质量的内部控制能否减少监管问询？——来自交易所年报问询函的证据》，《中南大学学报（社会科学版）》第 26 卷第 1 期：22—31。

俞红海、范思妤、吴良钰、马质斌，2022，《科创板注册制下的审核问询与 IPO 信息披露——基于 LDA 主题模型的文本分析》，《管理科学学报》第 25 卷第 8 期：45—62。

翟光宇、武力超、唐大鹏，2014，《中国上市银行董事会秘书持股降低了信息披露质量吗？——基于 2007—2012 年季度数据的实证分析》，《经济评论》第 2 期：127—138。

赵立彬、傅祥斐、李莹、赵妍，2020，《交易所问询函能识别公司内控风险吗？——基于年报问询函的经验证据》，《南方金融》第 10 期：40—51。

周开国、李涛、张燕，2011，《董事会秘书与信息披露质量》，《金融研究》第 7 期：167—181。

Bozanic, Z., Dietrich, J. R., Johnson, B. A. 2017. "The SEC Comment Letter Process and Firm Disclosure." *Journal of Accounting and Public Policy*, 36 (5): 337—357.

Cassell, C. A., Dreher, L. M., Myers, L. A. 2013. "Reviewing the SEC's Review Process: 10-K Comment Letters and the Cost of Remediation." *Accounting Review*, 88 (6): 1875—1908.

Douglas, K. M., Sutton, R. M. 2003. "Effects of Communication Goals and Expectancies on Language Abstraction." *Journal of Personality and Social Psychology*, 84 (4): 682.

Duro, M., Heese, J., Ormazabal, G. 2019. "The Effect of Enforcement Transparency: Evidence from SEC Comment Letter Reviews." *Review of Accounting Studies*, 24: 780—823.

Ertimur, Y., Nondorf, M. F. 2006. "IPO Firms and the SEC Comment Letter Process."

Duke University Working Paper.

Gietzmann, M., Marra, A., Pettinicchio, A. 2016. "Comment Letter Frequency and CFO Turnover: A Dynamic Survival Analysis." *Journal of Accounting, Auditing, Finance*, 31 (1): 79—99.

Gray, G. L., Debreceny, R. S. 2014. "A Taxonomy to Guide Research on The Application of Data Mining to Fraud Detection in Financial Statement Audits." *International Journal of Accounting Information Systems*, 15 (4): 357—380.

Drienko, J., Sault, S. J. 2013. "The Intraday Impact of Company Responses to Exchange Queries." *Journal of Banking & Finance*, 37 (12): 4810—4819.

Kim, O., Verrecchia, R. E. 2001. "The Relation Among Disclosure, Returns and Trading." *The Accounting Review*, 76 (4): 633—654.

Lawrence, J., Gao, L., Smith, D. 2011. "SEC Comment Letters and Financial Statement Restatements." *University of Nebraska at Lincoln Working Paper.*

Johnston, R., Petacchi, R. 2017. "Regulatory Oversight of Financial Reporting: Securities and Exchange Commission Comment Letters." *Contemporary Accounting Research*, 34 (2): 1128—1155.

Su, Zhong-qin, Xu, Yuyang. 2020. "The Information Role of Comment Letters: Evidence from Institutional Investors' Informed Trading." *The Chinese Economy*, 53 (2): 133—157.

大客户地理邻近与企业社会责任表现[*]

——基于供应链社会责任的实证研究

苏四安　张美霞[**]

摘要：本文以 2008—2019 年的 A 股主板上市公司作为研究样本，结合地理经济学和利益相关者理论，以供应链下游的客户角度为切入点，研究了大客户地理距离对企业社会责任表现的影响。研究发现，大客户与供应商企业的地理距离越近，供应商企业的社会责任表现就越好；而这一结果主要体现在国有企业样本中。进一步的研究还发现，企业所处行业竞争越激烈、所处地区市场化程度越高，大客户地理邻近对企业社会责任表现的促进作用就越显著。研究证实了大客户作为供应链上的主要利益相关者在提高上游公司社会责任表现方面所具有的外部治理效应。为了构建供应链声誉和竞争优势，企业应该重视供应链社会责任的建设。

关键词：企业社会责任　大客户　地理邻近　供应链社会责任

Abstract：This paper utilizes A-share listed companies on the main board from 2008 to 2019 as research samples. Drawing on principles from economic geography and stakeholder theory, it examines the impact of geographical distance between major clients and suppliers on corporate social responsibility （CSR） performance, focusing on the perspective of downstream customers in the supply

---

* 本研究受上海外国语大学校级一般科研项目"企业社会责任：经济后果与报告机制"的资助。

** 苏四安，上汽大众汽车有限公司；张美霞，通讯作者，上海外国语大学国际金融贸易学院副教授，研究方向为财务会计、公司金融。

chain. The study reveals that a shorter geographic distance between major clients and supplier companies correlates with better CSR performance, particularly within samples of state-owned enterprises. Furthermore, it demonstrates that in industries with fiercer competition and regions with higher levels of marketization, the facilitating effect of geographic proximity of major clients on CSR performance becomes more pronounced. This research confirms the external governance effect of major clients as principal stakeholders in the supply chain on enhancing CSR performance of upstream companies. To build supply chain reputation and competitive advantage, companies should also prioritize the development of supply chain social responsibility.

Keywords：corporate social responsibility；major clients；geographic proximity；supply chain social responsibility

一、引　言

具备高度社会责任意识并能够践行社会责任实践是企业高质量发展的重要特征。供应链构成了企业经营活动的基本商业环境，也是企业社会责任实践的重要场所。近几年来，学术界和实务界开始从供应链的视角研究和分析企业的社会责任。供应链社会责任是指企业在供应链管理中融入对社会责任的考量，以确保其在商业活动中的行为符合社会、环境和伦理的标准。企业的供应链社会责任以商业关系和商业伦理为基础，以客户和供应商为最重要的利益相关者。按照利益相关者理论，企业与利益相关者之间的动态博弈关系能够影响企业履行社会责任（张长海、耿歆雨，2021），尤其是作为供应链上重要利益相关者的大客户，有能力对企业的社会责任实践产生重大的影响。

梁晓晖（2020）认为，当前的供应链社会责任趋势包括两点：物理上是合久必分，供应链的"区域化"和"本地化"将成趋势；内涵上是分久必合，供应链将更多基于"价值共同体"构建。一方面，大客户不仅关注供应商的产品质量和服务满意度，更会基于供应链建设和挖掘供应链价值潜能的战略考虑，致力于寻求更为健康的供应链合作伙伴关系，因而会对供应商在员工权益、碳排放等方面的合规行为和社会责任提出一定的要求并进行积极监督，客观上促进了供应商的社会责任表现。另一方面，地理距离的接近意味着更低的交易成本、更高的信息透明度和更低的交流沟通成本，为大股东监督提供了更为便利的条件。从供应商企业的视角分析，地理邻近能够节约内部资源，重视地理邻近的大客户并满足大客户的需求有助于确保公司所在区域市场的安全，因而会对大客户的要求做出积极的回应。由于我国幅员辽阔，各地区产业链比较完整，为从地理距离角度研究企业的社会责任商业行为提供了绝佳的样本。

本文以利益相关者理论、地理经济学和供应链理论为基础，选取2008—2019年的A股上市公司作为研究样本，从供应链下游的客户角度切入，探讨了大客户地理邻近度对上游供应链企业社会责任的压力和动力机制。研究发现，与大客户的地理距离越近，供应商企业整体的社会责任表现越好；这一关系在国有企业、市场化程度高的地区以及竞争激烈的行业更加显著。研究结果证实，大客户有助于整合供应链体系，发挥积极的外部治理效应，是促进公司践行社会责任的积极因素。而行业竞争环境会强化企业因大客户地理邻近而受到的压力，因而积极履行社会责任有助于吸引客户并提升市场占有率，增强企业的竞争优势。

本文的可能贡献是将客户特征和地理经济学融入供应链社会责任的研究中，拓展了企业社会责任的研究空间。本文其余内容为：第二部分为理论分析与研究假说，第三部分为研究设计，第四部分为实证结果与分析，第五部分为进一步研究，第六部分为研究结论与启示。

二、理论分析与研究假说

（一）理论分析

履行社会责任是企业获取经营合法性的一种有效途径，这种合法性压力源自各利益相关方的期望与诉求。利益相关者是指"那些影响组织目标实现或受组织目标实现所影响的团体或个人"，既包括股东和债权人，也包括客户、供应商、员工、政府及社会公众。利益相关者观点为企业社会责任的必然性与必要性提供了理论基础。相应地，企业社会责任的范围是由其周围的利益相关者分布决定的（田虹，2006），保障各个利益相关者的利益是公司安稳经营的前提（赵国宇和魏帅军，2021），忽视利益相关者的诉求，则将企业置于"险境"之中（吴德军，2016）。

Carrol（1991）将企业社会责任分为经济、法律、道德和慈善四个层次，并认为经济责任是基础。简而言之，企业社会责任不仅包括慈善捐赠这样的单向付出，更多的是体现为以资本投入和商业关系为基础的资本回报和互惠互利，客户、供应商、员工、环境等大部分利益相关者都因企业经营活动而存在。尤其是与企业处于同一供应链上的客户和供应商，不仅决定了企业可用于社会责任的资源，还影响到企业的社会责任表现。相应地，供应链上任何一家企业对社会责任的贡献都会使整个供应链受益（容庆和湛红晖，2008），而供应链上任何环节的责任缺失都有可能威胁到整个供应链的产品供应、品牌声誉和市场竞争力（吴定玉，2012）。对于供应商来说，积极承担社会责任可以改善其在客户心目中的形象，确保企业生产和供应链发展的可持续性（方雨晨，2021）；对于客户来说，供应链上游企业的良好社会责任有助于保护自身的生产安全、维持供应链体系的效率和声誉（宛晴等，2019）。

（二）研究假说

关于大客户对供应商企业社会责任的影响，有两种对立的观点：监督效应和掠夺效应。监督效应认为大客户能够监督并促进供应商的社会责任表现，掠夺效应则认为大客户利用其在供应链中的强势地位掠夺供应商资源因而削弱了供应商企业的社会责任能力。

客户决定着供应商的预期收入与市场份额，是供应商企业重要的利益相关群体（程小可等，2019）。尤其是大型企业，越来越重视供应商的社会责任表现，并在产品安全、员工权益和环境保护等方面对供应商提出要求。若客户发现供应商未能达到社会责任的最低标准，会采取一定的措施：或终止合作关系，或与供应商进行沟通并协助其解决问题（Ciliberti et al.，2008），以维护供应链的稳定，降低因供应商失德行为带来的经营风险和诉讼风险。对于供应商企业来说，无论是出于维持大客户长期合作关系的考量，还是接受大客户的善意帮助，都将会提升自身的社会责任表现。

沟通和监督需要成本。一般来说，如果沟通和监督的成本过高，利益相关者参与公司治理的主观意愿和客观效率都会大幅降低（宛晴等，2019）。中国幅员辽阔，企业数量较多且分布在全国各地。当地理距离较远时，在组织所处空间中进行交流和互动过程中存在信息的不对称，信息和访问的限制使得决策者有可能做出存在空间偏见的决策（李欣融等，2022）。而地理距离的接近不仅能够提高企业与客户或供应商之间的交易效率，如提高存货管理效率和应收账款回收率，降低管理费用和销售费用（Patatoukasm，2012），还能够使客户便捷和高效地与供应商沟通，供应商也会更积极地回应客户的期望与诉求，以维持整条供应链的声誉。因此，地理距离邻近的企业之间更容易形成较为密切的商业关系，也更可能发展成为战略合作关系（Kale 和 Shahrur，2007）。也就是说，无论是来自大客户的合作压力还是监督压力，都将会提升企业的社会责任水平。事实上，及时回应客户的诉求本身就是公司良好社会责任的一种体现。

对立的观点则认为，大客户的存在可能对供应商产生"掠夺"效应。大客户是指在企业销售额中占比较大的客户。一方面，对这些大客户的依赖性会增加供应商企业的市场不确定性和经营风险，降低企业的议价能力；另一方面，大客户可能会通过对产品、服务、供货等方面的额外要求或索取更高的商业信用等方式从供应商处"榨取"更多商业利益。尤其是地理距离较近的大客户掌握了更多供应商的信息，更具有谈判优势（程小可等，2019），从而迫使企业在商业交易中做出让步。在这种情况下，企业会面临经营活动现金流入减少和销售款被大客户占用的窘境，可支配资源减少，财务状况和经营业绩受到负面影响。可支配现金流的减少降低了企业履行社会责任的意愿和能力（陈峻、郑惠琼，2020）。更有甚者，企业也许会效仿大客户的做法转而去掠夺本企业的供应商。由此认为，地理邻近也许会增加大客户的商业伦理风险和对供应商的资源掠夺能力，将供应商企业置于弱势的供应链环境中，最终削弱其履行社会责任的能力和意愿。

基于上述两种观点，我们提出以下竞争性假说：

H1a：大客户与企业的地理距离越近，企业的社会责任表现就越好。

H1b：大客户与企业的地理距离越近，企业的社会责任表现就越差。

三、研究设计

（一）研究样本与数据来源

研究样本为在上海、深圳两家证券交易所主板上市的 A 股公司，并剔除了金融类公司、ST 和 *ST 类公司，以及前五大客户信息缺失和财务指标数据缺失的公司。证监会在 2012 年发布的《公开发行证券的公司信息披露内容与格式准则第 2 号——年度报告的内容与格式》中，将上市公司在年度报告中披露前五名客户的名称由"强制实名制"修改为"自愿披露制"后，越来越多的公司不再披露前五大客户的实名，主板上市公司尤甚。因此，考虑到近几年上市公司年度报告中大客户实名披露率的不断降低，以及新冠疫情期间某些企业经营活动的停工停产和供应链中断等因素，本文将研究期间确定为 2008—2019 年，最终样本为 539 家上市公司，共 1 581 个公司年度观测值，样本量最多的年份为 2012 年和 2013 年，分别为 180 个和 188 个。从行业分布看，制造业的样本量最多，有 798 个，其次是电力、热力、燃气及水生产和供应业，有 276 个样本。

研究中所使用的财务数据来自国泰安金融数据库（CSMAR），排污费和清理费数据从上市公司年度报告中进行手工收集。数据处理采用 STATA. MP16，对所有连续变量进行了上下 1% 的缩尾处理。

（二）模型构建

根据假设 H1a 和 H1b，为了验证大客户地理距离对企业社会责任表现（SCPS）的影响，构建模型如下：

$$SCPS = a + a_1 Dis + a_i \sum Controls + \varepsilon \qquad （1）$$

其中：SCPS 表示企业的社会责任表现，其值越大，表示企业社会责任履行情况越好；Dis 表示大客户地理邻近度，其值越小，表示大客户与企业间的距离越近。根据 Dis 的系数判断对假设的验证：如果 a_1 显著小于 0，则假设 H1a 成立；若 a_1 显著大于 0，则假设 H1b 成立。两种情况均表示大客户地理距离对企业社会责任具有显著影响。

（三）变量定义

1. 被解释变量

被解释变量是企业社会责任表现（SCPS），用上海证券交易所于 2008 年 5 月发布的《关于加强上市公司社会责任承担工作暨发布〈上海证券交易所上市公司环境信息披露指引〉的通知》中提出的每股社会贡献值进行计量。每股社会贡献值包括公司为股东创造的基本每股收益、缴纳的税收、向员工支付的工资、向银行等债权人支付的借款利息、对外捐赠等为各利益相关者所创造的价值，再扣除公司因环境污染等产生的其他社会成本后的差额，我们用年报中披露的排污费及清理费表示企业带来的社会成本。具体计算公式如下：

每股社会贡献值（SCPS）＝［（净利润＋所得税费用＋税金及附加＋支付给职工以及为职工支付的现金＋本期末应付职工薪酬－上期末应付职工薪酬＋财务费用＋捐赠－排污费及清理费）］÷发行在外股份的期初数和期末数的平均

按照上述公式计算得出每个样本公司每年的每股社会贡献值（SCPS）。每股社会贡献值越大，说明企业社会责任表现越好。

2. 解释变量

解释变量为样本公司总部距离大客户的地理距离邻近度（Dis）。上市公司在年度报告中通常要披露对前五大客户的销售额和销售占比。借鉴宛晴等（2019）的研究，我们将占报告年度销售额 10% 以上的客户作为大客户。企业与大客户之间的实际地理距离（D）取自国泰安数据库"供应链研究"专题中提供的企业与前五大客户的地理距离数据。考虑到部分企业在某些年度可能有不止一个大客户，参照宛晴等（2019）的做法，分别按大客户数量和销售比重对各大客户到样本公司总部的平均地理距离进行加权，再加 1 后取对数，测算出两个表示地理邻近度的值 Dis1 和 Dis2。Dis1 和 Dis2 的值越小，表明大客户越近，即公司与大客户的地理邻近性就越强。

第一种方法是按大客户数量（N）加权。具体计算公式如下：

$$D1 = \frac{1}{N}\sum_{i=1}^{n} D_i \tag{2}$$

$$Dis1 = \text{Ln}（1+D1） \tag{3}$$

第二种方法是按大客户销售收入（S_i）占大客户销售总额（S）的比重进行加权。具体计算公式如下：

$$D2 = \sum_{i=1}^{n} \left(\frac{S_i}{S} \times D_i \right) \tag{4}$$

$$Dis2 = \mathrm{Ln}\ (1+D2) \tag{5}$$

3. 控制变量

参考现有文献的做法，选取了公司规模（*Size*）、资产负债率（*LEV*）、董事会规模（*Board*）、总资产收益率（*ROA*）、成长性（*Growth*）、第一大股东持股比例（*Top1*）、产权性质（*State*）等作为控制变量（*Controls*）。一般认为，公司规模越大、盈利能力越强、资产负债率越低、成长性越好，企业的社会责任表现就越好；董事会规模和股权集中度是治理变量，会影响公司的社会责任决策；国有控股企业的社会责任表现整体要好于非国有企业，如为国有企业，取值 1；其他为 0。

各变量的定义如表 1 所示。

表 1　变量定义

变量类型	变量名称	符号	变量定义
被解释变量	每股社会贡献	*SCPS*	按上海证券交易所 2008 年《关于加强上市公司社会责任承担工作的通知》计算，反映企业对各利益相关者的贡献
解释变量	地理邻近度 1	*Dis1*	按大客户数量加权平均的距离+1，取自然对数
	地理邻近度 2	*Dis2*	按大客户销售比重加权平均后的距离+1，取自然对数
控制变量	资产负债率	*LEV*	期末总负债除以期末总资产，反映企业财务风险
	董事会规模	*Board*	年末在职董事会人数，反映公司治理状况
	总资产收益率	*ROA*	企业当年净利润除以期末总资产，反映企业盈利能力
	股权集中度	*Top1*	第一大股东所持股份占总股份的比例，反映股权集中度
	产权性质	*State*	虚拟变量，如属于国有企业，取值 1；否则为 0
	公司规模	*Size*	期末总资产账面价值的自然对数，反映企业规模
	成长性	*Growth*	营业收入年增长率，反映企业成长性
	年份	*Year*	年度虚拟变量
	行业	*Industry*	行业虚拟变量。参照证监会 2012 年行业标准进行分类

四、实证结果与分析

（一）描述性统计分析

各变量的描述性统计如表 2 所示。根据表 2，每股社会责任贡献（*SCPS*）的均值为 1.025，中位数为 0.824，标准差为 0.941，样本总体分布呈右偏状态，与陈峻和郑惠琼（2020）的研究结果相近。

按两种方法计算的大客户地理距离分别为 588.24 千米（*D*1）和 583.36 千米（*D*2），基本相等，与程小可等（2019）的计算结果相近。平均近 600 千米的距离显示企业与重要客户之间在空间上未呈现大规模聚集。虽然 *D*1 和 *D*2 的最大值与最小值之间相差 2 700 千米以上，但 *D*1 与 *D*2 的中位数都是 311.53 千米，均远小于均值，总体呈现右偏分布，说明在企业与客户的交往选择上存在一定程度的"本地倾向"（赵静等，2018），即相对而言，公司更可能与地理距离较近的大客户形成合作关系（宛晴等，2019）。

表 2　变量的描述性统计

变量	观察值	均值	标准差	最小值	中位数	最大值
SCPS	1 581	1.025	0.941	−1.124	0.824	4.632
Dis1	1 581	5.052	2.228	0.504	5.745	7.931
Dis2	1 581	5.033	2.228	0.504	5.745	7.931
*D*1	1 581	588.240	659.060	0.660	311.530	2 781.750
*D*2	1 581	583.360	660.980	0.660	311.530	2 781.170
LEV	1 581	0.450	0.216	0.044	0.452	0.923
Board	1 581	10.502	2.854	5.000	10.000	20.000
ROA	1 581	0.029	0.064	−0.292	0.030	0.204
Top1	1 581	35.426	15.380	8.410	31.810	74.000
State	1 581	0.485	0.500	0	0	1
Size	1 581	22.097	1.357	19.639	21.895	26.064
Growth	1 581	0.215	0.656	−0.651	0.093	4.792

为了更直观地观测企业与大客户的地理距离整体分布情况，我们把样本按大客户地理距离分成七组，如下页图所示。我们发现，约 29% 的样

本企业与大客户的平均距离在 50 千米以内，57%在 500 千米以内，76%在 1 000 千米以内，基本属于同一城市或同一省份，或者邻近的省份，也就是说，企业的供应链或客户群的空间分布总体上呈现出近距离偏好，或本地化倾向。

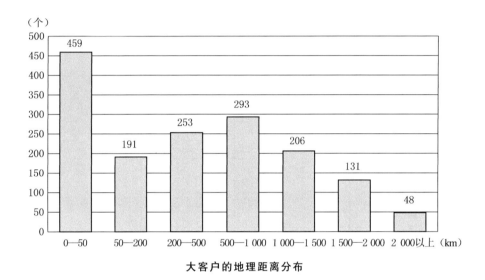

大客户的地理距离分布

（二）相关性分析

各变量之间的 Pearson 相关系数如表 3 所示。根据表 3，衡量地理邻近度的指标 Dis1 和 Dis2 之间的相关系数高达 0.998，一致性较好。Dis1 和 Dis2 与每股社会贡献（SCPS）之间均呈显著负相关关系，表示大客户与公司间地理距离越近，公司的社会责任水平越高，支持假设 H1a。此外，控制变量资产负债率（LEV）、董事会规模（Board）、总资产收益率（ROA）、股权集中度（Top1）、产权性质（State）、公司规模（Size）、成长性（Growth）也都与每股社会贡献（SCPS）之间存在显著相关关系。同时，除了 Dis1 和 Dis2 以外，各变量之间的相关系数均小于 0.5，说明控制这些变量是有效的。另外，我们还计算了各变量的方差膨胀系数（VIF），VIF 值均在 2.3 以下，故推断模型中的各变量之间不存在多重共线性。

表 3　变量的 Pearson 相关系数

变量	SCPS	Dis1	Dis2	LEV	Board	ROA	Top1	State	Size	Growth
SCPS	1									
Dis1	-0.107***	1								
Dis2	-0.107***	0.998***	1							
LEV	0.128***	-0.145***	-0.148***	1						
Board	0.119***	-0.064**	-0.069***	0.199***	1					
ROA	0.480***	-0.002	0.000	-0.383***	-0.079***	1				
Top1	0.195***	-0.123***	-0.126***	0.081***	0.098***	0.111***	1			
State	0.195***	-0.312***	-0.317***	0.316***	0.325***	-0.065***	0.331***	1		
Size	0.358***	-0.171***	-0.179***	0.450***	0.315***	0.031	0.350***	0.482***	1	
Growth	0.142***	0.032	0.034	0.032	-0.01	0.150***	0.008	-0.066***	-0.006	1

注：**、*** 分别表示在 5% 及 1% 的水平上显著。

（三）单变量检验

将样本分别按照 *Dis1* 和 *Dis2* 的中位数分为两组，即距离较近组和距离较远组，计算两组的每股社会贡献值，并对组间差异进行均值差异 T 检验，如表 4 所示。结果发现，距离较近组的每股社会贡献均值为 1.113/1.112，显著高于距离较远组的每股社会贡献值 0.937/0.938，这一结果也支持了假设 H1a，即大客户与企业间的距离越近，企业社会责任水平越高。

表 4　单变量检验

	距离较近组	距离较远组	均值差异检验
观察值	791	790	
按 *Dis1* 的 *SCPS*	1.113	0.937	0.176 ***
按 *Dis2* 的 *SCPS*	1.112	0.938	0.174 ***

注：*** 表示在 1% 的统计水平下显著。

（四）基本回归结果与分析

对模型（1）进行 OLS 回归的结果如表 5 所示。调整后的 R^2 达到了 43%，说明模型的整体拟合情况较好。采用两种方法计量的大客户地理邻近变量 *Dis1* 和 *Dis2* 的系数均为负，且在 1% 的水平上显著，表示大客户与企业间的地理距离越近，企业社会责任表现越好，验证了假设 H1a。

控制变量中，除了股权集中度（*Top1*）之外，其他变量都在 1% 或 5% 的水平上显著。其中：董事会规模（*Board*）的系数显著为正，说明董事会规模越大，董事所能代表的利益群体越多元化，更可能协调不同利益群体间的资源分配，提升企业的整体社会责任表现。总资产收益率（*ROA*）的系数也显著为正，表示盈利能力越强的企业，越有能力和资源投入企业社会责任行为。公司规模（*Size*）在 1% 的水平上显著正相关，这是因为规模大的企业更容易吸引社会的关注，因而更注重社会责任表现。此外，资产负债率（*LEV*）和成长性（*Growth*）都在 1% 的水平上显著为正，与陈峻和郑惠琼（2020）的研究结果一致。

表 5　大客户地理距离与企业社会责任的回归结果

变量	（1）	（2）
Dis1	−0.027 *** （−2.95）	
Dis2		−0.027 *** （−2.92）
Board	0.018 ** （2.55）	0.018 ** （2.54）
ROA	7.944 *** （24.30）	7.947 *** （24.31）
LEV	1.048 *** （9.40）	1.049 *** （9.41）
Top1	0.001 （0.89）	0.001 （0.89）
State	0.156 *** （3.30）	0.156 *** （3.30）
Size	0.178 *** （9.12）	0.178 *** （9.11）
Growth	0.102 *** （3.63）	0.102 *** （3.63）
Year	Yes	Yes
Industry	Yes	Yes
Constant	−3.664 *** （−8.01）	−3.659 *** （−7.99）
Observations	1 581	1 581
R^2	0.446	0.446
Adj. R^2	0.435	0.434

注：括号内为 t 值；*** 、** 分别表示在 1% 和 5% 的统计水平下显著。

（五）稳健性检验

1. 改变解释变量

参考刘文军（2014）的做法，将 Dis1 和 Dis2 按中位数分为两组：若 Dis 小于中位数，取值为 0，表示地理距离较近；若大于中位数，取值为 1，表示地理距离较远，从而分别生成新的解释变量 Dis1_dum 和 Dis2_dum。再次回归的结果如表 6 中的第（1）列和第（2）列所示，地理距离邻近度的系数仍然在 1% 或 5% 的水平上显著为负。

表 6　稳健性检验

变量	改变解释变量		改变被解释变量	
	（1）	（2）	（3）	（4）
Dis1_dum	-0.105 *** (-2.71)			
Dis2_dum		-0.010 ** (-2.58)		
Dis1			-0.113 *** (-3.97)	
Dis2				-0.116 *** (-4.04)
Board	0.017 ** (2.50)	0.017 ** (2.48)	0.011 (0.52)	0.011 (0.51)
ROA	7.952 *** (24.31)	7.948 *** (24.30)	13.769 *** (13.50)	13.781 *** (13.52)
LEV	1.547 *** (9.46)	1.054 *** (9.45)	3.999 *** (11.50)	4.002 *** (11.51)
Top1	0.001 (0.88)	0.001 (0.89)	0.011 ** (2.57)	0.011 ** (2.56)
State	0.163 *** (3.49)	0.164 *** (3.51)	0.469 *** (3.19)	0.467 *** (3.17)
Size	0.177 *** (9.06)	0.177 *** (9.05)	0.397 *** (6.51)	0.396 *** (6.51)
Growth	0.103 *** (3.64)	0.103 *** (3.64)	0.153 * (1.75)	0.154 * (1.75)
Year	Yes	Yes	Yes	Yes
Industry	Yes	Yes	Yes	Yes
Constant	-3.727 *** (-8.16)	-3.727 *** (-8.16)	-7.832 *** (-5.49)	-7.801 *** (-5.46)
Observations	1 581	1 581	1 581	1 581
R^2	0.446	0.446	0.349	0.349
Adj. R^2	0.434	0.434	0.335	0.335

注：括号内为 t 值；*** 、** 、* 分别表示在 1%、5% 和 10% 的统计水平下显著。

2. 改变被解释变量

按照上海证券交易所的定义，每股社会贡献值（SCPS）中没有包括对客户的贡献。企业对客户的贡献包括提供的产品或服务的数量、质量、售后服务、客户满意度等。鉴于数据的可得性和指标的可测量性方面存在的难度，我们参照冯聪和彭新艳（2016）、王清刚和李琼（2015）的做法，用销售额反映企业对客户的责任。故我们尝试在每股社会贡献的计算中加入对大客户的销售额，构建出新的每股社会贡献值（SCPSc），再放入模型中进行检验，结果如表6中的第（3）列和第（4）列所示，地理距离变量仍然在1%的水平上与每股社会贡献值（SCPSc）显著负相关，结果不变。

（六）产权异质性分析

产权性质对上市公司行为的影响是研究中国资本市场时通常要考虑的一个独特因素。中国社会科学院连续多年发布的《企业社会责任蓝皮书》显示，国有企业的社会责任发展指数一直显著高于民营企业和外资企业。根据上述表5和表6的回归结果，国有企业的社会责任整体表现要优于非国有企业。究其原因，有以下几点。其一，除了利润目标，国有企业还承载了政府的许多社会性目标，如社会稳定、保障就业、环境保护、抗险救灾、精准扶贫等。国有企业主要通过履行社会责任来落实这一系列目标和任务（翟华云，2012）。其二，尽可能多地履行社会责任有助于提升国有企业的社会合法性，破除国有企业在人们心目中"效率低下"的刻板印象和负面标签。也就是说，国有企业通常需要投入更多的资源和精力来维护与各利益相关者之间的关系，包括客户、供应商、债权人、投资者、环境和社区、员工等。其三，对于客户来说，国有性质的供应商可能会提供更高程度的产品保障、更广泛的商业联结以及政治关系，因而客户更有动力关注和督促国有企业进行利益相关者关系的维护。对处于供应商地位的企业来说，在激烈的市场竞争中，稳定的大客户同样关乎企业的生存和发展。综上所述，国有企业有足够的内在动力维护与大客户之间的商业关系，尤其是本地区或邻近区域的市场份额和营商关系，因此对大客户的压力更为敏感。基于此，我们提出以下假设：

　　H2：大客户地理邻近对企业社会责任的促进效应在国有企业中更为显著。

　　我们按照产权性质把全部观察值分为国企和非国企两组，其中：国有企业767个，非国有企业814个。两组样本的每股社会责任（SCPS）、大客户地理临近度（Dis1和Dis2）及其均值差异如表7所示。表7显示，国企的每股社会责任贡献值（1.214）显著高于非国有企业（0.847），与大客户的地理距离（4.337/4.306）也显著较近。这是因为，国有企业一般成立较早，在区域市场中拥有占先优势。同时，国有企业一般是当地最大的税收来源，提供大量的就业岗位，是一个地区的经济"地标"。企业高管通常还具有本地的政治身份，因此国企不但会受到地方政府的区域性经济政策保护，也承担着带动本地经济发展的重任，更偏向于选择本地的供应商，从而在产业分布上体现出"本地倾向"。

表 7　国有企业与非国有企业的组间比较

企业性质	国有企业	非国有企业	均值差异
样本数量	767	814	—
SCPS	1.214	0.847	0.367***
DIS1	4.337	5.726	−1.389***
DIS2	4.306	5.717	−1.411***

注：***表示在1%的统计水平下显著。

　　按国企样本和非国企样本进行分组回归的结果如表8所示。国有企业的大客户地理距离的系数在1%的水平上显著为负，非国有企业的大客户地理邻近的系数则非常小且不显著。也就是说，大客户地理邻近与企业社会责任表现的关系主要体现在国有企业中，国有企业的邻近大客户更容易促进企业提升社会责任表现，非国有企业并无此表现，从而验证了假设H2。

表 8　按产权性质分组的回归结果

变量	国企样本		非国企样本	
	（1）	（2）	（3）	（4）
Dis1	−0.045*** (−3.42)		−0.000 (−0.00)	

变量	国企样本		非国企样本	
	（1）	（2）	（3）	（4）
Dis2		-0.045 ***		-0.001
		（-3.35）		（-0.07）
Board	0.038 ***	0.038 ***	-0.020 **	-0.020 **
	（3.84）	（3.83）	（-2.12）	（-2.11）
ROA	9.817 ***	9.825 ***	6.560 ***	6.580 ***
	（18.54）	（18.55）	（16.48）	（-16.48）
LEV	1.580 ***	1.584 ***	0.773 ***	0.773 ***
	（8.54）	（8.56）	（5.83）	（5.83）
Top1	-0.001	-0.001	0.002	0.002
	（-0.33）	（-0.34）	（1.21）	（1.21）
Size	0.146 ***	0.145 ***	0.179 ***	0.179 ***
	（5.13）	（5.10）	（6.66）	（6.66）
Growth	0.189 ***	0.189 ***	0.045	0.045
	（4.01）	（4.01）	（1.35）	（1.35）
Year	Yes	Yes	Yes	Yes
Industry	Yes	Yes	Yes	Yes
Constant	-3.002 ***	-2.987 ***	-3.274 ***	-3.269 ***
	（-4.91）	（-4.89）	（-3.64）	（-3.63）
Observations	767	767	814	814
R^2	0.501	0.501	0.421	0.421
Adj. R^2	0.480	0.480	0.397	0.397

注：括号内为 t 值；*** 、** 分别表示在1%和5%的统计水平下显著。

五、进一步研究

（一）基于行业竞争程度的进一步分析

行业内竞争也体现为对优质客户和供应商的争夺。为了保持在行业中的竞争优势，企业会投入更多的资源来维护与客户和供应商的关系，一方面提供更高质量的产品和服务，另一方面提高对供应商的合规性与商业伦理要求，以保证供应商的可靠性和上下游产业链的健康生态。尤其是在竞争激烈的市场中，失去大客户很可能会使企业遭遇灭顶之灾。这种来自行业竞争环境的压力能够推动企业更加注重大客户的利益诉求，并通过负责任的社会形象吸引大客户，尤其是保持距离邻近的大客户和市场，而邻近的大客户也有动机利用地理位置优势监督供应商的商业和社会行为。故此，提出以下假设：

H3：行业竞争程度越高，大客户地理邻近与企业社会责任表现的关系就越显著。

以营业收入为基础计算的赫芬达尔指数（HHI）通常被用于衡量市场的竞争程度。HHI指数是指行业内各公司主营业务收入与行业主营业务收入总额之比的平方之和，用以表示一个行业的市场集中度。HHI指数越小，表示行业内相同规模的企业和企业数量就越多，行业内的竞争就越激烈。我们按照赫芬达尔指数的中位数将全部样本分为市场竞争水平高和市场竞争水平低两组，样本量分别为797个和784个，分组进行回归，结果如表9所示（为了节省篇幅，省略了控制变量的回归结果）。显然，在行业竞争程度高的环境中，$Dis1$ 和 $Dis2$ 均与 $SCPS$ 在5%的水平上显著负相关；而在行业竞争程度低的样本中，$Dis1$ 和 $Dis2$ 的系数均不显著。这一结果验证了假设 H3，即行业竞争的压力能够推动企业的负责任行为。这意味着，积极履行社会责任有助于吸引客户并提升市场占有率，从而增强企业的竞争优势。

表 9　行业竞争程度、大客户地理邻近与企业社会责任

变量	竞争程度高		竞争程度低	
	（1）	（2）	（3）	（4）
$Dis1$	−0.025 ** (−1.99)		−0.015 (−1.09)	
$Dis2$		−0.027 ** (−2.12)		−0.013 (−0.94)
Observations	797	797	784	784
R^2	0.468	0.469	0.448	0.448

注：括号内为 t 值；** 表示在5%的统计水平下显著。

（二）基于市场化程度的进一步研究

制度压力是影响企业社会责任的环境因素。一个地区的市场化程度反映了该地区的地理环境、资源要素和法律环境，是企业所处制度环境的综合映射。一般认为，高度市场化的地区具有较为完善的法律保护制度、较低的交易成本和较高的信息透明度，违法成本相对较高，企业更愿意在商业关系上进行长久的投入，这些因素对企业履行社会责任具有正向促进作用。相应地，公司所在地区的市场化程度越高，经济越发达，大众的社会责任意识和企业家精神也越高（王柏杰等，2020）。另一方面，根据信号理论，良好的社会责任表现可以向资本市场和公众传递积极的"信号"，从而获得更多的融资机会和商业机会，增强上游供应商和下游客户的信任。从供应链利益共同体的角度来看，声誉卓越且负责任的供应商能够增强客户在内的整个供应链的声誉，产生溢价效应，最终惠及客户。当然，践行社会责任需要付出成本，在市场化程度较高的环境中，社会责任是一种积极、有效且符合市场运行规则的信号，是企业更愿意采用的一种竞争手段。基于此，提出以下假设：

H4：企业所处地区的市场化程度能够强化大客户地理邻近与企业社会责任表现的关系。

我们参考王小鲁、樊纲和胡李鹏编制的《中国分省份市场化指数报告》，选用2008—2019年间的"市场化指数"作为衡量各个地区市场化进程的指标。该指标考虑了五个方面的内容：政府与市场的关系、非国有经济的发展、产品市场的发育程度、要素市场的发育程度、市场中介组织的发育和法治环境，系统地衡量并评价了全国各省份的市场化程度。按照市场化指数的中位数将全部样本分为两组：市场化程度较高组和市场化程度较低组，样本量分别为791个和790个，再按照模型1分别对两组样本进行回归，结果如表10所示（为了节省篇幅，省略了控制变量的回归结果）。第（1）和第（2）列的系数在5%的水平上显著负相关，显示较高的市场化程度强化了大客户地理邻近对企业社会责任表现的促进作用。这意味着，在市场化程度较高的地区，大客户更了解也更接受供应商的良好商业行为，供应商也更愿意对社会责任投入资源，以维护与大客户之间的商业关系。

表 10　市场化程度、大客户地理邻近与企业社会责任

变量	市场化程度高		市场化程度低	
	（1）	（2）	（3）	（4）
Dis1	-0.027** （-2.06）		-0.011 （-0.81）	
Dis2		-0.028** （-2.18）		-0.009 （-0.67）
Observations	791	791	790	790
R²	0.489	0.489	0.457	0.458

注：括号内为 t 值；** 表示在 5% 的统计水平下显著。

六、研究结论与启示

本文对 2008—2019 年沪深交易所 A 股上市公司的大客户地理距离与社会责任表现之间的关系进行了实证检验。研究发现，由于大客户的地理邻近对企业形成监督压力，整体上提升了供应商企业的社会责任表现；国有企业因承载更多的社会性目标且面临更大的合法性压力，需要通过积极履行社会责任来提升综合竞争力，因此国有企业的社会责任表现整体上优于非国有企业。

进一步的研究发现：无论是出于保持企业竞争优势的动机还是大客户的监督需求，行业竞争环境所产生的压力都会对企业因客户地理邻近而受到的压力起强化作用；当企业处于市场化程度高的地区时，大客户为了确保自己能够分享供应商形象价值溢价带来的好处，并降低因社会责任履行不当造成的供应链声誉损失、竞争力下降、供应商不稳定等负面影响，会对企业的社会责任表现有更高的监督需求。

本文从供应链和地理距离的视角解释了企业履行社会责任的底层动因，丰富了企业社会责任影响因素的相关研究；但由于上市公司大客户的非实名披露或大客户属于非上市公司、地理位置信息难以获取等因素，本文的研究存在一定的局限。本文的研究结论对于在近几年疫病流行和国际贸易市场不确定性的双重冲击下，探讨在地理区域内进行产业布局，强化本土化经济共同发展、产业升级和供应链社会责任，具有一定的启发性。随着

我国在国内交通和信息技术等基础设施方面的大力投资，企业之间的空间距离已从"绝对距离"变成了"相对距离"，未来可以结合高铁开通、城市通航和信息网络普及的情况，将现代科技带来的"时空压缩"效应纳入考量，创建更为完善和综合的"地理邻近"指标，拓展现有研究。

参考文献

陈峻、郑惠琼，2020，《融资约束、客户议价能力与企业社会责任》，《会计研究》第 8 期：50—63。

程小可、宛晴、李昊洋，2019，《大客户地理邻近性对供应商企业会计稳健性的影响研究》，《审计与经济研究》第 34 卷第 5 期：65—74。

方雨晨，2021，《基于客户角度的企业社会责任研究》，《海峡科技与产业》第 34 卷第 4 期：26—29。

冯聪、彭新艳，2016，《企业社会责任评价指标体系构建研究——以利益相关者为视角》，《西南交通大学学报（社会科学版）》第 17 卷第 6 期：130—135。

李欣融、孟猛猛、雷家骕，2022，《地理距离对企业社会责任的影响研究》，《管理学报》第 2 期：254—262。

刘文军，2014，《审计师的地理位置是否影响审计质量?》，《审计研究》第 1 期：79—87。

南方周末中国企业社会责任研究中心，2020，《智库专家解读两会：供应链社会责任大变局时代降临》，http://www.infzm.com/contents/185101。

容庆、湛红晖，2008，《全球供应链社会责任运动的发展及对策研究》，《改革与战略》第 10 期：180—183。

田虹，2006，《从利益相关者视角看企业社会责任》，《管理现代化》第 1 期：23—25。

宛晴、程小可、杨鸣京，2019，《大客户地理邻近性能够抑制公司违规吗?》，《中国软科学》第 8 期：100—119。

王柏杰、孟晓晓、席建成，2020，《企业家精神、政府支持与军工企业技术创新效率》，《统计学报》第 1 卷第 6 期：33—44。

王清刚、李琼，2015，《企业社会责任价值创造机理与实证检验——基于供应链视角》，《宏观经济研究》第 1 期：116—127。

吴德军，2016，《公司治理、媒体关注与企业社会责任》，《中南财经政法大学学报》第 5 期：110—117。

吴定玉，2013，《供应链企业社会责任管理研究》，《中国软科学》第 2 期：55—63。

翟华云，2012，《产权性质、社会责任表现与税收激进性研究》，《经济科学》第 6 期：80—90。

张长海、耿歆雨，2021，《供应链议价能力与企业社会责任绩效》，《海南大学学报（人文社会科学版）》第 39 卷第 6 期：159—167。

赵国宇、魏帅军，2021，《多个大股东治理与企业社会责任》，《经济与管理评论》第 5 期：150—160。

赵静、黄敬昌、刘峰，2018，《高铁开通与股价崩盘风险》，《管理世界》第 34 卷第 1 期：157—168。

Carroll, Archie B. 1991. "The Pyramid of Corporate Social Responsibility: Toward the Moral Management of Organizational Stakeholders." *Business Horizons*, 34 (4): 39—48.

Ciliberti, F., Pontrandolfo, P., Scozzi, B. 2008. "Logistics Social Responsibility: Standard Adoption and Practices in Italian Companies." *International Journal of Production Economics*, 113 (1): 88—106.

Kale, J., Shahrur, H. 2007. "Corporate Capital Structure and the Characteristics of Suppliers and Customers." *Journal of Financial Economics*, 83 (2): 321—365.

Patatoukas, N. 2012. "Customer-Base Concentration: Implications for Firm Performance and Capital Markets." *The Accounting Review*, 87 (2): 363—391.

《东方金融评论》征稿启事

《东方金融评论》(*Oriental Financial Review*) 是由上海外国语大学国际金融贸易学院携手上海人民出版社推出的学术性集刊。《东方金融评论》定位为国内顶级金融研究专业集刊,主要进行国内外金融学理论与实践动态、金融市场问题研究。本刊关注货币银行、资产定价、金融市场与金融机构、金融监管、公司财务与治理、金融工程、国际金融等国内外金融改革、创新、发展领域的难点和热点问题研究,倡导研究成果科学性与应用性相结合,体现经济金融理论研究与实务分析的结合。

本刊热诚欢迎经济金融领域内的专家学者、业内精英和政策制定者投稿。本刊实行匿名评审制度。

投稿请关注以下信息:

1. 投稿文章应为作者原创、未公开发表、无知识产权争议的文章。来稿应注重学术性和理论性,选题、观点、材料、方法新颖,内容充实,论证严谨。

2. 中英文稿件均可,稿件应文字精练,中文正文字数应在 1.2 万字左右。

3. 所投稿件需附中英文标题、200 字以内的中英文摘要及 3—5 个关键词、格式规范的参考文献。

4. 来稿需附作者简介,注明作者姓名、单位、职务、职称、研究方向、学历,以及详细的联系地址、邮编、电话、电子邮箱等(如为 Word 格式请单独放置在文章末尾)。

5. 来稿文责自负，但本刊有删改权，如不同意，来稿时请注明。

6. 切勿一稿多投。若投稿三个月内未接到编辑部通知，可对稿件自行处理。未经采用的稿件恕不退还。

7. 本刊拟加入相关数据库，来稿如不同意编入电子数据库，请书面声明。

投稿邮箱：orfs324@ 163.com

通讯地址：上海市文翔路 1550 号 3 号楼 324 室《东方金融评论》编辑部

邮政编码：201600

联系电话：021-67701319

图书在版编目(CIP)数据

东方金融评论. 第 3 辑 / 章玉贵主编. -- 上海 ：上
海人民出版社，2024. -- ISBN 978-7-208-19148-8

Ⅰ. F830-53

中国国家版本馆 CIP 数据核字第 2024MZ3060 号

责任编辑 王　琪
封面设计 谢定莹

东方金融评论(第三辑)

章玉贵　主编

出	版	上海人民出版社
		（201101　上海市闵行区号景路 159 弄 C 座）
发	行	上海人民出版社发行中心
印	刷	苏州市古得堡数码印刷有限公司
开	本	720×1000　1/16
印	张	21
插	页	4
字	数	317,000
版	次	2024 年 11 月第 1 版
印	次	2024 年 11 月第 1 次印刷

ISBN 978-7-208-19148-8/F·2893

定　价　88.00 元